JN338918

安道寄書

안도에게 보낸다

퇴계退溪 이황李滉(1501~70)

자는 경호, 호는 지산 · 퇴계, 본관은 진성, 시호는 문순.

34세 때 대과 과거시험 식년시에 합격하여 벼슬길에 나갔으며, 43세 때는 『주자전서』를 얻어보고 벼슬에서 물러나 학문에 매진할 뜻을 가졌다. 46세 때는 토계리 하계 마을 동암 곁에 양진암을 짓고, 시내 이름이 '토계' 이던 것을 '퇴계' 로 고치고 자신의 호로 삼았다. 50세 때에 비로소 토계리 상계 마을에 터를 잡고 살게 되었다. 그리고 그 시내 서쪽에 한서암을 지었고, 그 이듬해 시내 동북쪽에 한서암을 옮겨서 서당을 짓고 '계상서당'이라고 하였다. 이때부터 사람들이 배우러 찾아오기 시작하였다. 57세 때는 도산 기슭에 터를 잡고 서당을 짓기 시작하여 5년 만인 61세 때 완공하여 '도산서당'이라고 이름하였다. 68세 때는 거듭 부르는 선조의 명령을 견디지 못해 상경했다가, 「무진육조소」와 「성학십도」 등을 올린 다음, 그 이듬해에 고향으로 돌아왔다. 1570년 70세의 나이로 정침에서 서거하였다. 문묘와 선조의 묘정에 배향되었다. 주자를 깊이 연구하였고, 이언적의 주리설을 계승 발전시켰다. 저서로 『계몽전의』 · 『송계원명이학통록』 · 『퇴계집』 등이 있다.

옮긴이 · **정석태**

고려대학교 대학원에서 한문학으로 문학박사 학위를 받았다. 포항공대 인문사회학부에서 오랫동안 강의를 하다가 지금은 고려대에서 강의를 하고 있으며, 퇴계학연구원에서 추진하는 『퇴계전서』 정본 편찬 사업에 참여하고 있다. 그동안 도산서원 및 퇴계 종택 소장자료(총 240책 · 34,000컷) 촬영을 총괄하고, 『퇴계 이황』(퇴계 이황전 도판, 예술의 전당, 2001년), 「도판해설(수정판)」, 「도산서원 광명실 및 상계 광명실 소장자료 촬영 결과 해제」(『퇴계학보』 104호, 퇴계학연구원, 2003년) 등의 글을 썼다.

저서로 『퇴계선생연표월일조록』(1 · 2 · 3)이 있다.

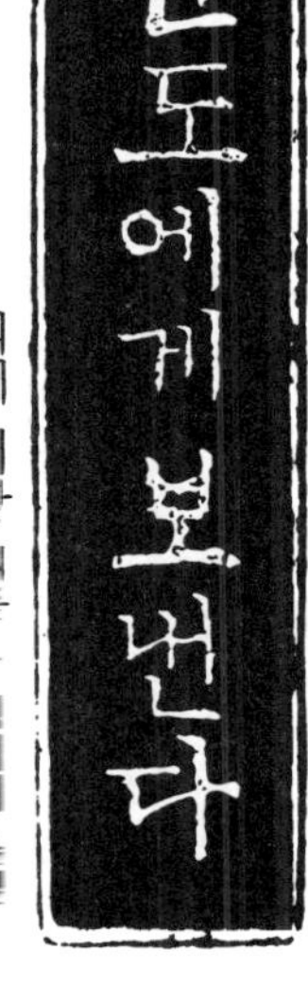

안도에게 보낸다

퇴계가 손자에게 보낸 편지

퇴계 이황 지음 — 정석태 옮김

들녘

안도에게 보낸다

초판 1쇄 2005년 9월 27일
초판 4쇄 2021년 9월 23일

지은이 이 황
옮긴이 정석태

출판책임 박성규
편집주간 선우미정
편집 이동하·이수연·김혜민
디자인 김정호
마케팅 전병우
경영지원 김은주·나수정
제작관리 구법모
물류관리 엄철용

펴낸이 이정원
펴낸곳 도서출판 들녘
등록일자 1987년 12월 12일
등록번호 10-156

주소 경기도 파주시 회동길 198
전화 031-955-7374 (대표)
031-955-7376 (편집)
팩스 031-955-7393
이메일 dulnyouk@dulnyouk.co.kr
홈페이지 www.dulnyouk.co.kr

ISBN 978-89-7527-497-8(03810)

* 본문에 실린 유묵(안도 소장)은 퇴계 종택 소장자료입니다.
값은 뒤표지에 있습니다. 잘못된 책은 구입하신 곳에서 바꿔드립니다.

| 차례 |

退寄寫

蒙兒昨年十五不可無

別紙書去依此命

釋詩義而教之且令謹藏

毋致遺失大抵此道之於人

倫日用如飲食裘葛流不可須

臾無亦莫非平常之理也今人

纔說道字便以為異事非致

力於學問而後知此意故詩中

云爾

孫兒阿蒙命名曰

安道于二絶云

失教今當大學年

命名為道蓋歟

然他時見此如寃

福始信吾非濫託

賢記誦工夫在幼

年從今[illegible]發致宜

然但知學曰由專

力莫道難攀古

聖賢

嘉靖甲寅五月初八日老漢

系書寄安

갑인년

_1554년, 퇴계 54세, 준 32세, 안도 14세

12월 8일

준寯에게 보낸다

몽아蒙兒*는 내년이면 열다섯이 되니 언제까지 아이 때의 이름을 부를 수는 없다. 별지에 적어 보내니 그렇게 이름을 짓고, 다울러 시의 의미도 풀이해서 가르쳐 주거라. 그리고 이 글은 잘 보관시켜 잃어버리지 않도록 하거라. 이름에 들어 있는 '도'道는 사람이 살아가는 데 있어 먹는 음식과 입는 옷과 같아서 잠시라도 없을 수 없는 것이니, 역시 일상의 도리가 아닐 수 없다. 하지만 지금 사람들은 '도'라는 글자를 말하기만 하면 곧바로 자신과는 상관없는 별스러운 것으로 생각해버린다. 오직 학문에 힘을 쏟은 뒤에야 이 도의 의미를 알게 되기 때문에 시에서 그렇게 말한 것이다.

갑인년 12월 8일 서울에서 아버지가

| 별지 |

「손자 아몽阿蒙의 이름을 안도安道라고 짓고 시 두 수를 지어서 보여준다」

제1수

『대학大學』 배울 나이*건만 가르치질 못했으니,

'도'道자 넣어 이름 지음이 속이는 것 같으리라.

훗날에 이를 보고 의복처럼 여긴다면,

옛 성현을 둘러댄 것 아님을 알게 되리.

제2수

읽고 외는 공부야 어릴 때 할 것이고,

이제부턴 깊은 도리 탐구를 하여야지.

온 힘을 다 쏟아서 학문에 매진할 뿐,

옛 성현을 따르기가 어렵다고 하지 말라.

(가정嘉靖* 갑인년 섣달 초여드레에 서울에서 지어서 보낸다.)

해설 옛날에는 아이가 태어나면 먼저 아이 때 부를 이름을 지어주고, 어른이 되는 나이인 15세가 될 무렵에는 아이 때 부르는 이름 대신 어른에게 맞는 이름을 다시 지어준다. 퇴계가 맏손자에게 지어준 아이 때 이름은 '아몽'阿蒙이다. 여기서 '아'는 사람을 친근하게 부르기 위해서 붙이는 말이고, '몽'은 '어리다' 또는 '어둡다'는 뜻이다. 특히 퇴계가 산골짜기에서 솟아나는 샘물을 흔히 몽천蒙泉이라 이름 짓고 있는 것을 볼 때, 아몽의 몽은 『주역周易』 64괘 중 네 번째 괘인 몽괘蒙卦의 의미를 취한 것이 분명하다. 몽괘는 산골짜기에서 솟아나는 작은 샘물의 형상을 하고 있다. 산골짜기에서 솟아나는 작은 샘물이 처음에는 비록 보잘것없지만, 꾸준히 나아가다 보면 강에 이르고 바다에 이르듯이, 처음에는 비록 어리고 몽매할지라도 앞으로 꾸준히 노력하면 얼마든지 발전할 수 있다는 것이 몽괘에 대한 『주역』의 풀이다. 곧 퇴계는 맏손자 안도가 앞으로 훌륭한 사람으로 자라줄 것을 기대하면서 그의 아이 때 이름을 아몽이라고 지어준 것이라 하겠다.

퇴계가 맏손자에게 그의 아이 때 이름인 아몽 대신 어른이 되어서 부르는 이름으로 지어준 것은 '안도'安道이다. 특히 이 편지와 그에 동봉한 별지의 시 내용을 살펴볼 때, 퇴계가 안도의 이름에 넣은 '도'道는 바로 『대학』에서 말하는 도임을 알 수 있다. 옛날에는 15세가 되면 『대학』을 배웠다. 『대학』은 작게는 가정과 사회, 크게는 나라와 세계에서 어른이 익히고 행해야 할 도리를 밝혀 놓은 책이다. 사람은 누구나 자라서 어른이 되고, 어른이 되면 당연히 어른으로서 행해야 할 도리를 익히고 실천하기 때문에, 그 도리는 일반 사람들이 생각하는 것처럼 별스러운 것이 아니다. 하지만 그 의미를 깊이 탐구하지 않으면 올바르게 알기 어려운 것 또한 사실이다. 이러한 도리를 깊이 탐구해서 실천한 사람이 성현이 아니던가. 성현은 인류의 역사 발전에 큰 기여를 한 위대한 사람이다. 그렇다면 퇴계는 맏손자가 성현의 가르침을 배우고 익혀 장래에 위대한 사람이 되기를 소망하면서 안도라는 이름을 지어준 것이라고 하겠다.

이 편지는 퇴계가 아들 준에게 보낸 것이고, 그에 동봉한 별지의 시는 맏손자 안도에게 보낸 것이다. 이 둘은 특히 서로 분리할 수 없는 것이라서 아들 준에게 보낸 편지도 함께 실어두었다. 퇴계는 이때 벼슬살이를 하느라 서울에 올라와서 서소문에서 살고 있었고, 준과 안도는 현 경상북도 안동시 와룡면 오천리 외내 마을에서 살고 있었다. 오천리 외내 마을은 준의 처가, 곧 안도의 외가가 있는 곳으로, 퇴계가 살던 현 경상북도 안동시 도산면 토계리 상계 마을에서 그리 멀지 않은 곳에 있었다. 이 해에 안도의 바로 아래 동생인 순도純道·淳道가 태어났다. 안도는 이 별지의 시를 받은 그 이듬해 1555년에 15세의 나이로 관례를 치렀다.

* 몽아 : '몽'은 안도의 아이 때 이름인 '아몽'의 줄인 말임. 그리고 '아'는 '내 아들' 또는 '내 손자'라는 의미로, 아버지나 할아버지가 자신의 아들이나 손자의 이름 뒤에 붙여서 친근하게 부르는 말임. 퇴계는 안도가 어릴 적에 그를 늘 '몽아'라고 불렀음.

* 『대학』 배울 나이 : 『대학』은 사서 중 하나. 옛날에는 8세가 되면 초등교육 기관인 소학에 들어가 『소학小學』을 배웠고, 15세가 되면 고등교육 기관인 태학에 들어가 『대학』을 배웠음. 이때 안도는 14세로 곧 『대학』을 배울 나이인 15세가 되기 때문에 이렇게 말한 것임.

* 가정 : 중국 명나라 세종(世宗, 1522~66)의 연호. 우리나라에서는 근대 이전까지 연대를 표기할 때 중국 황제의 연호를 앞에 붙여서 기록하였음.

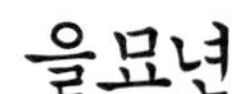

_1555년, 퇴계 55세, 준 33세, 안도 15세

2월 16일

안도에게 보낸다

근자에 오천烏川의 여러 수재秀才들*이 서울에 올라와서 네가 잘 지내고 있음을 알게 되니 마음이 놓인다. 네 아버지는 오늘 시험을 보는 일로 일찍 이조吏曹*에 들어가서 편지를 쓰지 못한다. 이런 사정을 네 어머니에게 일러주면 좋겠다. 나는 19일경에 출발하려고 하지만, 아직 배를 구하지 못해서 그 날 꼭 출발할 수 있을지 모르겠다. 만약 미루어진다면 21일에는 틀림없이 출발할 것이다. 나머지는 돌아가는 사람이 바쁘다고 해서 다 적지 못한다.

을묘년 2월 16일 서울에서 할아버지가

해설

이 편지는 서울에서 벼슬살이를 하던 퇴계가 벼슬을 사직하고 고향으로 돌아갈 무렵에 보낸 것이다. 안도는 이때 오천리 외내 마을의 외가에서 그의 어머니와 함께 살고 있었고, 준은 음직蔭職에 채용되는 시험을 치르기 위해 서울에 올라와 있었다. 음직이란 과거시험을 거치지 않고 아버지나 할아버지 또는 조상의 공덕으로 벼슬을 하는 것을 말한다. 준은 이 해에 음직으로 제용감참봉濟用監參奉에 임명되었다가, 곧이어 경주의 집경전참봉集慶殿參奉으로 자리를 옮겨 1558년까지 재직하였다. 제용감은 나라의 진상품과 하사품, 화폐 등을 관장하는 기관이고, 집경전은 조선 태조의 어진御眞을 모신 전각이며, 참봉은 조선시대 각 관청과 능원 및 전각 등에 소속된 종9품의 하급 관직이다.

* 오천의 여러 수재들 : 오천은 안도가 이때 살고 있었던 오천리 외내 마을이며, 수재는 아직 과거시험에 합격하지 못한 선비를 일반적으로 지칭하는 말임. 특히 오천리 외내 마을에는 안도의 외가인 봉화奉化 금씨琴氏와 외외가인 광산光山 김씨金氏가 한 마을을 이루어 살고 있었음. 따라서 그곳의 여러 수재들이라고 하면 안도의 외숙부들과 외외오촌숙부들을 가리킴.

* 이조 : 조선시대 정무를 담당하던 육조六曹의 하나. 관리들의 인사를 관장함.

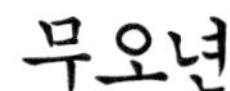

무오년

_1558년, 퇴계 58세, 준 36세, 안도 18세

6월 6일

안도에게 보낸다

너를 따라갔던 사람이 들아와서 네가 무사히 그곳으로 가서 접接에 참여하였음을 알게 되니 마음이 놓인다. 그러나 큰물이 져서 논밭이 많이 망가졌는데, 그중에도 양평羊坪* 쪽이 특히 심하니 안타깝구나. 그곳은 어떠냐? 연동이에게 상세히 물어보고, 추후 이곳으로 오는 사람을 통해 알려주면 좋겠다. 황균黃鈞*은 접에 참여하였느냐? 『후한서後漢書』*는 즉시 보내야 하지만, 꼭 참고할 것이 있어서 아직도 못 보내고 있다. 늦어지지는 않겠느냐? 이런 사정을 전해주거라. 모든 것을 조심해서 소홀히 하지 말고 부디 열심히 노력하거라.

무오년 6월 6일 토계에서 할아버지가

해설

이 편지는 접에 참여하기 위해 영주 의원醫院에 간 안도에게 보낸 것이다. 접은 조선시대 과거시험을 준비하는 선비들의 모임을 지칭한다. 안도는 접에 참여해서 과거시험을 준비하려고 영주 의원에 간 것이다. 의원은 현 경상북도 영주시 영주2동 구성공원龜城公園 내에 있었고, 구원龜院이라고도 하였다. 의원은 조선시대 국립병원이었지만, 주로 경상도 북부 지역에 사는 선비들이 모임을 만들어 과거시험을 준비하는 장소로도 사용되었다. 곧 영주의 의원은 병원 외에 현재의 고시원과 비슷한 기능도 하였다. 안도는 1557년 여름에 영주 의원의 접에 처음 참여한 뒤, 이번에 두 번째로 참여하는 것이었다. 영주 의원의 접에는 안도뿐만 아니라, 퇴계와 준도 참여한 적이 있었다. 퇴계는 이때 토계리 상계 마을에 있었다.

* 양평 : 현재 경상북도 안동시 도산면 토계리 퇴계 종택이 있는 상계 마을에서 온혜리 도산면사무소로 가는 중간에 있는 첫 마을임.

* 황균 : 미상.

* 『후한서』 : 중국 후한의 역사를 기록한 책. 범엽范曄이 지음.

기미년

_1559년, 퇴계 59세, 준 37세, 안도 19세

9월 14일

안도에게 답한다

보낸 편지를 받고 절에서 글을 읽으며 잘 지내고 있음을 알게 되니 마음이 놓인다. 네 아버지는 고리점古里岾*에 갔고, 네 어머니는 출산 후에 대체로 평안하지만, 어제부터 때때로 복통이 조금씩 있어서 다소 걱정이다. 간장 한 병과 민어 작은 상자 하나를 편지를 가지고 온 스님 편에 보내니 받아두거라. 어제 억수가 영주*에 있는 논의 타작을 근간에 하려 한다고 알려왔더라. 네가 머지않아 이곳으로 올 것이기에 이만 그친다.

기미년 9월 14일 토계에서 할아버지가

해설

이 편지는 도곡암道谷庵에서 글을 읽고 있던 안도가 보낸 편지에 답한 것이다. 도곡암은 현 경상북도 안동시 도산면 운곡리에 있었던 암자로 추정된다. 이때 퇴계는 토계리 상계 마을에 있었고, 준도 벼슬살이를 하지 않은 채 토계리 상계 마을에서 살고 있었다. 당시 토계리 상계 마을에는 시내 토계를 사이에 두고 동쪽에는 퇴계의 살림집이 있었고, 서쪽에는 준의 살림집이 있었다. 이 해 9월 11일에 안도의 막내 동생 영도詠道가 태어났다. 특히 이 편지는 영도가 태어나고 나흘 뒤에 보낸 것이다.

* 고리점 : 현 경상북도 안동시 도산면 가송리 소두들 마을에서 이건한 농암聾巖 이현보李賢輔의 종택으로 넘어가는 고리재임.

* 영주 : 조선시대에는 영천榮川이었으나, 여기에서는 현재 지명인 영주로 옮겼음.

경신년

_1560년, 퇴계 60세, 준 38세, 안도 20세

9월 20일

안도에게 보낸다

어제 혼례는 잘 치렀느냐? 혼인 서약을 할 때, "너를 도울 사람을 삼가 맞이하여 우리 집안의 일을 계승하되, 공경하는 마음으로 거느려 돌아가신 어머니의 뒤를 잇게 할지니, 너는 언제나 변함이 없어야 할 것이다" 하면, "오직 감당하지 못할까 두려울 뿐, 감히 이 명령을 잊을 수는 없습니다" 하고 대답한다. 너도 잘 알고 있을 것이다. 거듭 경계하거라. 부부란 인륜의 시작이고 만복의 근원이므로, 비록 지극히 친밀한 사이이기는 하지만, 또한 지극히 바르게 하고 지극히 조심해야 할 처지이기도 하다. 그 때문에 "군자의 도는 부부에서부터 시작된다"고 한 것이다. 그러나 세상 사람들은 부부간에 서로 예를 갖추어 공경해야 함을 싹 잊어버리고 곧바로 너무 가깝게만 지내다가 마침내는 서로 깔보고 업신여기는 지경에까지 이르고 만다. 이 모두 부부간에 서로 예를 갖추어 공경하지 않았기 때문에 생겨나는 일이다. 그래서 자기 가정을 바르게 하려면 의당 그 시작부터 조심해야 하는 것이다. 거듭 경계하거라.

경신년 9월 20일 토계에서 할아버지가

해설 이 편지는 토계리 상계 마을에 있던 퇴계가 안동에 가서 혼례를 치른 안도에게 보낸 것이다. 안도의 부인은 조선시대 함창현, 곧 현 경상북도 상주시 공검면 양정리에 세거하던 안동安東 권씨權氏 권소權紹의 따님이다. 권소는 이때 안동부사安東府使로 재직하면서 가족을 데리고 안동 관아에서 살고 있었다. 옛날 혼례는 신부집에서 거행되었기 때문에 안도는 안동 관아로 가서 혼례를 치른 것이다. 요즘과는 달리 옛날 혼례에는 조부모나 부모 등 신랑집의 가족들이 별도로 참석하지 않았다. 신랑과 신랑집을 대표해서 신랑의 아버지 또는 신랑집 집안 어른 한 사람이 상객上客으로 참석할 뿐이었다. 당연히 퇴계도 이때 안동 시내에서 그리 멀지 않은 토계리 상계 마을에 살고 있었지만, 그 당시의 풍속대로 안도의 혼례에는 참석하지 않았다. 대신 안도가 혼례를 치른 그 다음 날 새출발을 하는 안도에게 꼭 당부할 말을 적어서 안동 관아로 보낸 것이다. 부부간에 서로 예를 갖추어 공경해서 원만한 결혼 생활을 해나가라고.

안도는 이러한 할아버지 퇴계의 가르침을 잘 지켜서 원만한 결혼 생활을 하였다. 그리고 안도의 아내 권씨 부인도 시할아버지 퇴계의 가르침을 잘 받아서 집안을 수호하는 데 온 힘을 다 쏟았다. 특히 권씨 부인은 임진란 중에 퇴계가 남긴 글과 전적, 그리고 퇴계의 유품 등을 청량산淸凉山 축융봉祝融峯 아래에 잘 갈무리해서 후세에 전해질 수 있게 하였다. 후일 퇴계의 자손들은 그 장소를 기려 생이골〔生李洞〕, 곧 '이씨를 살린 골짜기'라고 이름지었다. 그리고 권씨 부인은 후사 없이 서거한 안도의 뒤를 영도의 아들로 하여금 잇게 해서 퇴계의 종가가 유지되게 하였다. 권씨 부인은 그런 다음 이 세상에서 자신이 해야 할 일을 다 마쳤다고 판단하고 자결을 하였다. 사후 나라에서는 정려문旌閭門을 내려 권씨 부인을 표창하였다. 정려는 충신 · 효자 · 열녀 등에 대하여 그들이 살던 고을이나 집에 정문旌門을 세워 기리던 일을 말한다.

12월 2일

안도에게 보낸다

이곳으로 오는 사람을 통해 네가 현사사玄沙寺에 와 있음을 알게 되었다. 하지만 세월은 흐르는 물처럼 빨리 지나가니 더욱 열심히 노력하거라. 요즈음 너는 이렇게 하릴없이 세월만 보내고 있으니, 학업이 진보되지 못함이 전보다 배나 더 할까 걱정스런 마음이 놓이질 않는다.

서울에 사는 김취려金就礪*는 너도 전에 만나본 적이 있을 것이다. 오늘 한 선비와 가르침을 받기 위해 멀리 서울에서 이곳까지 찾아왔는데, 물리치지 못해서 지금 계재溪齋*에 묵고 있다. 다른 사람들은 이처럼 뜻을 굳건히 가지고 있는데, 너는 부끄럽지도 않느냐. 그가 너를 몹시 만나고 싶어하지만, 너는 자주 왕래할 수 없으니, 설에 와서 만나도 늦지 않을 것이다.

오늘 네 아내가 내 생일*이라고 두건과 버선을 보내왔더라. 성의는 고맙다만, 아직 서로 만나보지도 못하였는데, 이와 같은 선물을 받는 것이 마음에 편치 않구나. 아무쪼록 네가 이러한 내 뜻을 잘 일러주었으면 참 좋겠다. 김취려는 내가 붙인 『논어論語』의 토吐와 『논어』에 대한 내 해설을 몹시 보고 싶어한다. 그것을 어디에 두었는지 알려주면 좋겠다.

경신년 12월 2일 토계에서 할아버지가

이 편지는 글을 읽기 위해 토계리에서 그리 멀지 않은 현사사에 와 있던 안도에게 보낸 것이다. 현사사는 현 경상북도 안동시 와룡면 주계리 와룡산臥

龍山에 있었으나, 6 · 25 사변 때 화재로 소실되었다. 안도에게 신혼 초이기는 하지만, 세월을 헛되이 보내지 말고 학업에 더욱 힘쓸 것을 당부하였다.

퇴계는 이때 토계리 상계 마을에 있었고, 안도의 아내 권씨 부인은 신접살림을 차린 안동 관아에 살면서 아직 시댁으로 신행新行을 오지 않은 상태였다. 신행이란 친정에서 혼례를 치른 신부가 처음 시댁에 인사를 오는 것을 말한다. 권씨 부인은 혼례를 치른 그 이듬해인 1561년 11월에 시댁으로 신행을 왔다. 따라서 이 편지를 보낼 당시에는 퇴계와 권씨 부인이 서로 만난 적이 없기 때문에 생일 선물을 받는 것이 마음으로 편치 않다고 한 것이다.

조선시대만 해도 특별한 경우가 아니면, 남자는 혼례를 치른 다음 처가살이를 하는 것이 일반적인 풍습이었다. 이러한 풍습에 따라 안도는 장인의 근무지인 안동의 관아에 신접살림을 차렸고, 이후에도 안도는 주로 처가의 본댁이 있던 함창과 서울의 장인댁, 그리고 전근한 장인의 근무지인 함경도 덕원 등지에서 살았다.

* 김취려 : 자는 이정而精, 호는 정암整菴 또는 잠재潛齋, 본관은 안산安山, 안산에 살았음. 1526년에 출생, 졸년은 미상. 퇴계의 제자로 이 편지를 보내던 1560년 12월 서울에서 찾아와 가르침을 받기 시작하였고, 퇴계와 몹시 친근했음. 음직으로 벼슬이 시정寺正에 이름. 시정은 조선시대 정무를 담당하던 육조 산하 각 시寺의 장관으로, 정3품 당하관堂下官의 관직임.

* 계재 : 퇴계의 제자들이 퇴계를 가까이 모시면서 가르침을 받기 위해 1556년 토계리 상계 마을 아래쪽의 화암대花巖臺 곁에 세운 서재임. 퇴계남재退溪南齋 또는 계상모재溪上茅齋라고 하기도 하였음. 현재 이 건물은 남아 있지 않음.

* 내 생일 : 퇴계는 1501년 음력 11월 25일에 출생하였음. 안도의 아내 권씨 부인은 퇴계의 생일이 지난 직후에 퇴계에게 선물을 보낸 것임.

12월 11일

안도에게 답한다

편지가 와서 네가 편히 지내고 있음을 알게 되었다. 이곳도 모두 잘 지내고 있다. 증조할아버지 산소*에 드리는 제사에 참례參禮하는 일은 지난번에 일러준 대로 하면 된다. 하지만 다시 생각해보니 다른 곳에서 술과 과일을 준비해 가기에는 불편할 것이다. 지금은 준비하지 말라고 하고, 추후에 다시 일러주면 그대로 하거라. 너는 매사에 의당 조심해야 할 것인데도 지금 김취려에게 부친 편지를 보니, 큰 글씨로 마구 날려서 써놓았더구나. 이 무슨 짓이냐. 거칠고 분별이 없는 행동을 즐겨하지 말기를 바란다.

경신년 12월 11일 토계에서 할아버지가

해설 이 편지는 현사사에서 글을 읽고 있던 안도가 보낸 편지에 답한 것이다. 앞서 12월 2일자 편지를 보낸 이후로 12일 11일자 이 편지를 보내기 전까지 퇴계와 안도는 적어도 한 차례 이상 서로 편지를 주고받은 것으로 추정된다. 특히 이 편지는 그 사이 안도가 보낸 편지에 답한 것이다. 이때 퇴계는 토계리 상계 마을에 있었고, 안도는 현사사에 있었다.

* **증조할아버지 산소** : 증조할아버지는 퇴계의 증조할아버지 정禎임. 음직으로 벼슬길에 나갔다가, 함경도 지방의 여진족을 토벌한 공을 세워 선산부사善山府使가 됨. 후일 퇴계가 종1품 관직인 의정부좌찬성議政府左贊成이 된 결과, 종2품 관직인 호

조참판戶曹參判에 추증追贈됨. 처음 현 경상북도 안동시 와룡면 주하리 두루 마을에 들어와서 살았음. 생졸년은 미상. 산소는 두루 마을 서쪽 작산鵲山에 있음. 이 산소는 안도가 글을 읽고 있던 현사사에서 그리 멀지 않은 곳에 있기 때문에, 안도에게 그 산소에 드리는 제사에 참례하라고 한 것임. 추증은 죽은 사람의 관작官爵을 올려주는 것으로 2품 이상의 실직實職을 지낸 사람은 자신의 부父·조祖·증조曾祖 3대를 추증할 수 있었음.

寄安道孫
鳥川

近因諶秀(鳥川)未到未知
汝好在爲慰汝父今日
以試事入(早)[illegible]書未及
修簡此意告于汝母可
行次則以十九日間發
去但猶未得船故未定
是日[illegible]若退則二十一
日定發矣餘歸人忙
不一

[illegible]二月十六日祖大父

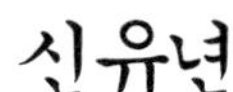

신유년

1561년, 퇴계 61세, 준 39세, 안도 21세

1월 14일

안도에게 답한다

부친 편지를 받아보고 절에서 별탈 없이 글을 읽고 있음을 알게 되니 마음이 놓인다. 뜻밖에도 서울로 올라오라는 임금님의 명령이 감사監司*에게 내렸다만 내가 직접 받은 것과 다를 바 없다. 의당 곧바로 올라가야 할 것이나, 봄 날씨가 이처럼 추운데다 지금 감기까지 심하게 앓고 있어서 어찌해야 할지 모르겠다. 두렵고 걱정스럽기 그지없다. 서울로 떠날 날짜를 아직 정하지 못하였으니 너는 이곳으로 오지 말고, 우선 조용히 학업에 진력하는 것이 좋겠다. 김취려 등도 이곳에 있기가 편치 않아 모레쯤 서울로 돌아갈 예정이다. 조희장曺希正*이 부친 편지 내용은 잘 알겠다만, 아파서 따로 답장을 하지 못한다. 고맙다는 말을 전해주면 좋겠다. 네 처남 형제들에게도 안부 전하거라. 지난번 이곳에 왔을 때 바빠서 서로 긴 이야기를 나누지 못해 떠난 뒤에 못내 아쉬웠다.

신유년 1월 14일 토계에서 할아버지가

해설 이 편지는 서악사西嶽寺에서 글을 읽고 있던 안도가 보낸 편지에 답한 것이다. 서악사는 현 경상북도 안동시 태화동에 있었다. 안도는 이곳에서 자신의 처남 형제들과 함께 글을 읽고 있었던 것으로 보인다. 퇴계는 이때 토계리 상계 마을에 있었는데, 얼마 뒤에 우리나라에 오게 될 명나라 사신들과 시문詩文을 주고받는 제술관製述官에 임명되어 서울로 올라오라는 명종明宗의 명령을 받았다.

* 감사 : 경상감사慶尙監司. 감사는 조선시대 지방 행정 단위의 하나인 도道의 장관으로 종2품 관직임.

* 조희장 : 자는 대이大而, 호는 애송당愛松堂, 본관과 생졸년은 미상. 서울에서 퇴계를 찾아와 용수사龍壽寺에 머물며 가르침을 받은 적이 있음. 용수사는 현 경상북도 안동시 도산면 운곡리에 있었으나, 구한말에 화재로 소실되었다가 근자에 재건되었음.

1월 20일

안도에게 답한다

어제 부친 편지와 과거시험 준비용으로 지은 글을 받아보았다. 네가 잘 지내고 있다니 마음이 놓인다. 뒤이어 약을 가지고 오는 사람 편에 부친 편지도 받아보았다. 잘 알겠다. 뜻밖에 예천에 사는 둘째 형수께서 돌아가시니 놀랍고 슬프기 그지없구나. 더욱이 흉년이라서 초상을 치르기가 몹시 어려울 것인데 도와줄 길이 없으니 마음만 몹시 답답하다.

나는 부음을 듣고 급히 온계溫溪로 가다가 청음석淸吟石* 밑에서 말[馬]이 넘어지는 바람에 그만 물에 빠져 옷이 모두 젖고 말았다. 다른 곳은 모르겠지만, 오른팔이 다쳐서 온 몸이 계속 쑤시고 또 한기가 들고 열이 나면서 오한으로 몹시 시달리니, 필시 물에 몸이 젖으면서 찬바람이 든 것으로 생각되었다. 치료하지 않을 수 없었기에 약을 구하였더니, 예안현감禮安縣監께서 세 가지의 약을 즉각 보내주었구나. 몹시 기쁘다. 예안현감께 감사하다는 말을 전해주면 좋겠다. 나머지는 지쳐서 다 적지 못한다.

신유년 1월 20일 토계에서 할아버지가

| 추신 |

네 아버지는 급히 예천의 상가로 달려가서 아직 돌아오지 않았다. 과거시험 준비용으로 지은 글은 나중에 평가해서 보내주마. 지금은 지쳐서 살펴볼 겨를이 없구나. 너는 일단 이곳으로 오지 않아도 괜찮겠다. 보내준 김취려 등의 편지는 돌려보낸다.

해설

이 편지는 안동 관아에 있던 안도가 연달아 보낸 두 통의 편지를 받고 답한 것이다. 그 두 통 편지 모두 19일에 보낸 것으로 추정된다. 특히 뒤에 보낸 안도의 편지는 퇴계가 다쳤다는 소식을 듣고 약을 구해 보내면서 부친 것이다. 퇴계는 둘째 형수 함양咸陽 박씨朴氏의 상을 당해 온계의 노송정老松亭 종택으로 급히 가다가 말이 넘어지는 바람에 물에 빠져 다치게 되었다. 온계는 현 경상북도 안동시 도산면 온혜리이고, 이곳에 퇴계 집안의 종택인 노송정이 있었다.

퇴계의 집안이 온계에 처음 터를 잡은 것은 조부 계양繼陽 때부터이다. 계양은 1424년에 출생, 1488년에 서거하였다. 소과 과거시험 진사시進士試에 합격한 다음, 잠깐 봉화훈도奉化訓導를 지냈다. 그러나 단종端宗이 세조世祖에게 왕위를 물려주고 영월로 갔다는 말을 듣고, 가족을 거느리고 산 깊은 온계로 들어와 다시는 벼슬을 하거나 과거에 응시할 생각을 버리고 숨어살았다. 이곳에 집을 짓고 뜰에 일명 뚝향나무라고 일컫는 만년송萬年松 한 그루를 심은 다음, 거처하는 집을 '노송정'이라고 이름하고, 자신의 호로 삼았다. 그리고 단종이 서거한 날에는 언제나 온계 북쪽 용두산龍頭山 국망봉國望峯에 올라서 영월을 향해 망배望拜했다고 한다. 후일 퇴계가 종1품 관직인 의정부좌찬성이 된 결과, 정2품 관직인 이조판서吏曹判書에 추증되었다.

계양은 식埴과 우堣 두 아들과 딸 둘을 두었다. 퇴계는 식의 막내아들이다. 퇴계의 위로는 잠潛 · 하河 · 의漪 · 해瀣 · 징澄 등 다섯 형님과 신담辛聃에게 시집간 누님이 있었다. 퇴계의 집안은 큰형님 잠이 후사가 없었기 때문에 형이 죽으면 그 바로 아래 동생이 종사宗事를 계승하던 당시의 풍습대로 둘째 형님 하가 종사를 계승하였다. 그러나 둘째 형님 하는 다른 형편 때문에 종택이 있던 온계에 살지 않고, 그의 처가가 있던 현 경상북도 예천군 용문면 금당곡리 금당실 마을에서 살았다. 그리고 1544년에 둘째 형님 하가 서거한 뒤에도 둘째 형수와 조카들은 온계의 노송정 종택을 그대로 둔 채 여전히 금당실 마을에서 살았다. 퇴계의 둘째 형수 함양 박씨는 이때 그 집안에 전염병이 돌자 이에 감염되어 서거한 것으로 보인다.

둘째 형님 하의 가족들은 이때 비록 금당실 마을에서 살고 있었지만, 온계의 노송정 종택은 그대로 유지되고 있는 상황이었다. 더욱이 그때 금당실 마을에는 전염병이 돌았기 때문에 온계 주변에 살고 있던 퇴계 집안 사람들은 우선 온계의 노송정 종택에 모였을 것으로 추정된다. 그래서 퇴계는 1월 18일 온계의 노송정 종택으로 급히 가다가 말이 넘어지는 바람에 물에 빠져서 다치게 된 것이다. 음력 1월은 양력으로 2월로 여전히 매서운 추위가 계속될 때이다. 이런 때 61세의 노인이 시냇물에 빠지게 되었으니, 말에서 떨어지면서 타박상을 입은 것 외에도 찬바람이 들어서 몹시 위험했을 것이다.

퇴계는 이때 토계리 상계 마을에 있었고, 안도는 그때 신접살림을 차렸던 안동 관아에 있었다. 그리고 준은 이때 온계에 살고 있었던 자신의 사촌 동생 건騫과 함께 금당실 마을로 문상을 갔다.

* **청음석** : 현 경상북도 안동시 도산면 온혜리 도산면사무소에서 퇴계 종택으로 가는 길목에 위치한 두계정사兜溪精舍 앞 시냇가에 있는 바위. 퇴계가 자신의 숙부 우를 기념해서 손수 이름을 지었음. 두계정사는 퇴계의 숙부 우의 정사임.

1월 21일

안도에게 답한다

부친 편지는 잘 받아보았다. 어제 순기산順氣散*을 복용하였지만, 땀이 시원스럽게 나오지 않아 오늘 새벽에는 도체산導滯散*을 복용하자 땀이 조금 나왔다. 이 약을 계속 복용할 생각이므로, 가감순기산加減順氣散*은 필요 없겠다.

오른팔의 상처는 통증이 그치지 않아서 지금 찜질 치료를 하고 있다. 서울로 올라가는 일은 그만둘 수 없는데 병세가 이와 같으니 걱정스럽구나. 그러나 다른 병에 비할 것이 아닌데도 관인官人이 폐가 되게 자주 찾아와서 문안을 하니 미안스럽다. 아무쪼록 위에 아뢰어서 그만두게 하는 것이 좋겠다.

예천의 둘째 형님 댁에는 전염병이 한창 심해서 네 종숙부 굉宏* 또한 전염되었다. 그러나 사람들이 왕래하지 못해서 형편이 어떤지 알 수 없으니 너무 걱정된다. 네 아버지와 네 종숙부 건騫*은 그곳으로 가던 길에 이 소식을 듣고 들어가 보지도 못한 채 그냥 돌아오고 말았다. 지쳐서 다 적지 못한다.

신유년 1월 21일 토계에서 할아버지가

| 추신 |

네 편지를 보니 문장이 끝나는 곳에 '뿐입니다'(이耳)라는 글자를 자주 쓰더구나. 그러나 어른들에게 올리는 편지에는 '뿐입니다'(이耳)라는 글자를 써서는 안 되니 그리 알거라.

해설 이 편지는 앞의 1월 20일자 퇴계의 편지를 받고 안도가 다시 보낸 편지에 답한 것이다. 먼저 자신의 병세와 상이 난 둘째 형님 댁의 형편을 언급한 다음, 추신에서는 윗사람에게 보내는 편지에서 문장 끝에 단정의 의미를 나타내는 '뿐입니다'[이耳]라는 조사를 자주 쓰는 것은 공손하지 않기 때문에 그렇게 하지 말 것을 당부하였다. 퇴계는 이때 토계리 상계 마을에 있었고, 안도는 그때 신접살림을 차렸던 안동 관아에 있었다.

* 순기산 : 몸 속의 기운을 소통시켜주는 약으로, 후박, 대황, 지실 등의 약재를 넣어서 지음.

* 도체산 : 외상으로 속에 어혈이 생긴 것을 치료하는 약으로 대황, 당귀, 사향 등의 약재 중 일부를 넣어서 지음.

* 가감순기산 : 순기산에 다른 약재를 더하거나, 아니면 순기산의 기존 약재를 빼서 처방한 약.

* 굉 : 자는 대용大容, 퇴계의 둘째 형님 하의 둘째 아들. 현 경상북도 예천군 용문면 금당곡리 금당실 마을에서 살다가, 후일 같은 예천군 호명면 백송리 선몽대 마을로 옮겨가 살았음. 1515년에 출생, 1573년에 서거함. 음직으로 찰방察訪을 지냄. 찰방은 조선시대에 각 도의 관찰사에게 소속되어 도로의 역참驛站을 관장하던 종6품의 지방 관직임.

* 건 : 자는 효장孝章, 호는 사봉思峯, 퇴계의 다섯째 형님 징의 둘째 아들. 예안의 은계에 살았음. 1527년에 출생, 1592년에 서거함. 효행으로 참봉에 임명되었다가 직장直長으로 승진함. 직장은 조선시대 중앙의 각 관청에 소속된 종7품 관직으로, 주로 궁중의 재정과 물품 담당 부서에 배치되어 비품 등의 출납 실무를 담당함.

5월 9일

안도에게 답한다

부친 편지는 받아보았다. 잘 알겠다. 신수재申秀才*가 가르침을 받기 위해 먼 곳에서 찾아오니 매우 훌륭하지만, 내가 그의 바람에 부응할 수 없으니 어찌해야 하겠느냐. 이뿐만이 아니다. 도산서당陶山書堂*에는 지금 묵을 곳이 없다는 것이 또 한 가지 난처한 일이니 어찌하면 좋으냐. 학업에 더욱 힘쓰기를 간절히 바란다.

신유년 5월 9일 토계에서 할아버지가

| 추신 |

『계몽전의啓蒙傳疑』*가 그곳에 있으면 후일 이곳으로 오는 사람 편에 보내거라.

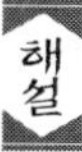

이 편지는 당시 안동 관아에서 처가살이를 하고 있던 안도가 보낸 편지에 답한 것이다. 퇴계는 이때 토계리 상계 마을에 있었다.

* 신수재 : 신씨 성을 가진 선비이나, 구체적으로 누구를 가리키는지는 미상임.
* 도산서당 : 퇴계가 자신의 학문 연구와 후진 양성을 위해 현 경상북도 안동시 도산면 토계리 도산 기슭에 지은 것임. 현재 도산서원陶山書院의 일부로 그 건물이 보존

되어 있음. 도산서당은 퇴계 자신이 거처하며 연구와 교육을 행하던 서당 본 건물과, 그 부속 건물로 제자들의 기숙사인 농운정사隴雲精舍의 두 채로 이루어져 있음. 뒤에 농운정사의 공간이 부족해서 그 아래에 제자들이 힘을 합쳐 '역락서재'亦樂書齋란 건물을 한 채 더 세웠음. 도산서당은 1557년 봄에 터를 잡고 공사를 시작하였으나, 중간에 재력이 부족해서 여러 차례 공사를 중단한 끝에, 그때로부터 무려 5년이 지난 1561년 가을에 완공하였음. 따라서 이 편지를 보낼 무렵에는 도산서당은 그 일부 건물만 완공되고 한창 공사가 진행 중이었기 때문에 편지에서 도산서당에는 지금 묵을 곳이 없다고 한 것임.

* 『계몽전의』 : 주자朱子의 『역학계몽易學啓蒙』이 난해하므로 퇴계가 자신이 심득心得한 것을 주기註記해서 알기 쉽게 풀이한 책. 1557년에 지음. 그리고 『역학계몽』은 주자가 지은 것으로 그냥 『계몽啓蒙』이라고도 하였음.

8월 2일

안도에게 답한다

서울로 떠난 뒤 소식이 없어 여행길이 어떠했는지 궁금하던 차에, 지금 네가 금천金遷에서 부친 편지를 받아보고 비로소 잘 올라갔음을 알게 되니 기쁘고 또 안심이 된다. 낡은 배를 타지 않은 것은 매우 잘한 일이다. 물길을 따라 서울로 잘 들어갔는지, 또 어느 곳에 묵고 있는지 궁금하다. 이곳은 모두 여전하다. 천연두가 돈 종들의 집 중 삼분의 이는 모두 병을 잘 치렀지만, 아이들이 아직 병을 치르지 않아서 이 때문에 마음이 쓰인다. 매사 조심하고 열심히 노력하거라. 이만 그친다.

신유년 8월 2일 토계에서 할아버지가

해설 이 편지는 생원과 진사를 뽑는 소과小科 과거 2차시험인 회시會試에 응시하기 위해 서울로 올라가던 안도가 금천에서 보낸 편지를 받고 답한 것이다. 금천은 현 충청북도 충주시 주덕읍 신양리에 있었다. 안도는 이 해 2월에 이미 소과 과거 생원시生員試 1차시험인 초시初試에 합격하였다. 그래서 서울에서 시행되는 생원시 2차시험인 회시에 응시하기 위해 큰처남 권경룡權景龍 등과 함께 상경하였다.

조선시대에 안동 등 경상도 북부 지역에서 서울로 올라갈 때는 일반적으로 육로로 말을 타고 죽령이나 조령을 넘어 일단 충주까지 간 다음, 그곳에서 남한강 물길을 따라 수로로 배를 타고 서울로 갔다. 그 반대로 서울에서 경상도 북부 지역으로 내려올 때는 대체로 남한강의 물길을 따라 수로로 일단 충주까지 온 다음, 그곳에서 다시 말을 갈아타고 육로로 자신의 목적지까지 갔다. 이처럼 충주는 경상도 북부 지역에 거주하는 사람들이 상경하거나 귀향할 때 배나 말을 갈아타는 곳이었기 때문에, 상경할 때는 올라가는 사람을 위해 종과 말이 이곳까지 따라갔다가 되돌아왔고, 귀향할 적에는 내려오는 사람을 맞이하기 위해 이곳에 종과 말을 보냈다. 특히 금천은 충주에서도 그러한 환승 장소로 발달한 마을이었다.

안도는 이때 충주 금천에서 남한강 물길을 따라 수로로 배를 타고 서울로 올라갔다. 그리고 서울에서 시행된 소과 과거 생원시 2차시험인 회시에 응시해서 큰처남 권경룡과 함께 합격하였다. 퇴계는 이때 토계리 상계 마을에 있었는데, 그 마을에 천연두가 돌았다.

8월 11일

안도에게 보낸다

근자에 명복이가 가지고 온 네 편지와 어제 네 장인이 부친 편지를 받아보고 네가 무사히 서울에 들어간 사실을 알게 되니 몹시 기쁘다. 다만 시험은 어떻게 보았는지 걱정이 끊이지 않는구나. 이곳은 모두 여전하다만, 지금도 여전히 천연두가 돌고 있는데 아이들이 아직 병을 치르지 않아서 그것이 염려된다. 김취려의 편지는 고맙게 받아보았으나, 답장은 지금 하지 못하고 나중에 해야겠다. 올해는 서리가 일찍 내려서 가을 수확의 손실이 크니 어쩌면 좋으냐. 정유일鄭惟一*의 편지도 잘 받았다. 서울 가는 사람이 바쁘다고 해서 나머지는 다음 편지로 미루고 이만 줄인다.

신유년 8월 11일 토계에서 할아버지가

해설 이 편지는 앞의 8월 2일자 편지에 이어서 보낸 것이다. 서울에 잘 도착해서 기쁘지만, 과거시험을 어떻게 보았는지 걱정이 끊이지 않는다고 하였다. 퇴계는 이때 토계리 상계 마을에 있었고, 안도는 서울 죽전동〔대전동大全洞, 죽전동竹箭洞 · 竹田洞〕에 있던 장인의 집에 묵고 있었다. 죽전동은 현 서울특별시 중구 수표동 · 을지로2가 · 장교동 지역에 걸쳐 있던 마을이다.

* 정유일 : 자는 자중子中, 호는 문봉文峯, 본관은 동래東萊, 봉화에 살았음. 1533년

에 출생, 1576년에 서거함. 퇴계의 제자로, 일찍부터 입문해서 가르침을 받았음. 1558년 대과大科 과거시험에 합격하여 벼슬은 대사간大司諫에 이르고, 저서로 『문봉집文峯集』이 있음. 대과 과거시험은 생원과 진사를 뽑는 소과 과거시험에 합격한 사람이 응시할 수 있는 고급 과거시험으로, 이 시험에 합격하면 관직에 등용되었음. 그리고 대사간은 조선시대 나라의 언론을 담당하던 사간원司諫院의 장관인 정3품 당상관堂上官 관직임.

8월 12~30일(그믐)

조카 영甯*과 손자 안도에게 보낸다

오늘 안동에서 보내온 과거시험 합격자 명단을 보고 너희들이 합격했음을 알게 되었다. 요행임을 알면서도 너무나 기뻐서 어찌할 바를 몰랐다. 네 종숙부 교嵡*와 민응기閔應祺* 등이 낙방한 것은 아쉽지만, 그 외의 친족들이 많이 합격하였으니 참으로 기쁨과 한스러움이 교차되는 마음은 어찌할 수가 없었다.

집에는 지금 천연두가 한창 돌고 있어서 아래 두 아이는 이미 잘 치렀지만, 위의 큰아이는 이제 막 치르고 있다. 이 때문에 네 아버지는 몹시 조심하느라 소식을 듣고도 서울로 사람을 보내지 못할 뿐만 아니라, 편지도 한 장 보내지 못해 한스럽다고 하더구나. 합격자 발표와 합격자 축하 등의 행사를 마치고 내려온다면 일찍 내려오지는 못할 것 같은데, 어떤지 모르겠다.

서군 · 권군 · 조군 · 오군 · 금군 · 안군* 등에게는 바빠서 따로 편지를 보내지 못하니, 나 대신 축하한다는 말을 전해주거라. 나머지는 다 적지 않는다. 매사 서로 상의해 치밀하게 하고 또 조심해서 다른 사람들의 비웃음을 사지 않기를 간절히 바란다.

신유년 8월 12~30일(그믐) 토계에서 할아버지가

| 추신 |

네 장인이 모레 이곳을 방문할 것이다. 네 큰처남에게도 합격 축하한다는 말을 꼭 전해주거라.

해설 이것은 안동에서 보내온 과거시험 합격자 명단을 보고, 소과 과거 2차시험인 회시에 합격한 조카 영과 손자 안도에게 보낸 합격 축하 편지이다. 퇴계는 이때 토계리 상계 마을에 있었고, 안도는 서울 죽전동 장인의 집에 있었다. 특히 이때 토계리 상계 마을 중 안도의 아버지 준의 살림집이 있었던 토계 서쪽에는 천연두가 한창 돌고 있었기 때문에 준은 이 소식을 듣고도 축하 편지 한 장도 보낼 수 없는 형편이었다. 이러한 형편도 아울러 언급하였다.

* 영 : 자는 노경魯卿, 호는 만랑漫浪, 예안의 온계에 살았음. 퇴계의 넷째 형님 해의 둘째 아들로, 1527년에 출생해서 1588년에 서거함. 퇴계에게 가르침을 받았고, 퇴계가 임종할 때는 퇴계의 명으로 유언을 받아썼음. 소과 과거시험 진사시에 합격한 다음 음직으로 현감縣監을 지냄. 현감은 조선시대 지방 행정 단위의 하나인 현縣의 수령으로 종6품 관직임.

* 교 : 자는 군미君美, 호는 원암遠巖. 퇴계의 넷째 형님 해의 셋째 아들, 곧 영의 바로 아래 동생임. 1531년에 출생, 1585년에 서거함. 예안의 온계에서 살다가 1564년 자신의 외가인 현 경상북도 영주시 이산면 신암리의 원암촌으로 옮겨가 살았음. 퇴계에게 가르침을 받았고, 음직으로 현감을 지냄.

* 민응기 : 자는 백향伯嚮, 호는 경퇴재景退齋 또는 우수尤叟, 본관은 여흥驪興, 영주에 살았음. 1530년에 출생, 졸년은 미상. 퇴계의 큰형님 잠의 외손자이면서 퇴계의 제자. 소과 과거시험 생원시에 합격한 다음 현령縣令을 지내고, 승지承旨에 추증됨. 현령은 조선시대 지방 행정 단위의 하나인 현의 수령으로 종5품 관직이며, 승지는 조선시대 왕명의 출납을 담당하던 승정원承政院의 정3품 당상관 관직임.

* 서군 · 권군 · 조군 · 오군 · 금군 · 안군 : 안도와 함께 서울로 올라가 과거시험에 응시한 사람들이나, 구체적으로 누구인지는 미상임.

10월 5일

안도에게 보낸다

종 용손이가 은어를 바치지 못한 일로 어려움을 호소하니 물어보고 선처해주는 것이 좋겠다.

신유년 10월 5일 도산에서 할아버지가

안도에게 보낸다

네 아버지가 돌아와서 네가 서울에서 안동으로 돌아왔다가 또 상주로 갔음을 알게 되었다. 이 또한 형편상 가지 않을 수 없겠구나. 그곳에서 돌아오는 15일에 가까운 곳에서 네 증조할머니*의 제사를 지내니, 그 제사에는 불가불 참례하지 않을 수 없겠다. 네 서숙부庶叔父 적寂*의 아내가 천연두에 걸린 지 이미 나흘이 되어, 나와 네 아버지 모두 제사에 참례할 수 없으니 네가 비록 바쁘더라도 꼭 참례했으면 좋겠다. 다만 네 아내의 신행新行은 부득이 또 뒤로 미루지 않을 수 없게 되었다. 그간 크게 장애가 되는 일이 생겨서 한스럽지만, 형편이 이러니 어쩔 수 없구나.

네가 이번에 상주에 가서는 물론이고, 그곳에서 함께 합격한 사람들과의 연회에서는 십분 조심해서 너무 기뻐한 나머지 분별이 없는 행동을 하지 말기를 바란다. 선배들이 시키는 것이야 어쩔 수 없겠지만, 그것도 잠시 하는 시늉만 해서 책망만 면할 뿐, 광대들이 하는 것처럼 극도로 난잡하고 더러운 짓을 해서 다른 사람에게 웃음거리나 제공하는 행동은 하지 말아야 할 것이다. 네가 평소에 술을 좋아하지 않아서 안심은 된다만, 내가 보기에 후생들이 아주 작은 이름을 얻게 되면, 스스로 일생의 큰 일을 해냈다고 생각하고 흔히 제정신을 잃어버린 채 미친 듯 취한 듯이 행동을 하니, 너무도 딱하고 가소롭다. 거듭 경계하거라. 하물며 너는 어른*을 모시고 참석하니, 다른 사람들보다 더욱 조심해야 할 것이다.

신유년 10월 5일 도산에서 할아버지가

해설 이 두 편지는 모두 같은 10월 5일에 서울에서 소과 과거 생원시 2차시험인 회시에 합격한 다음, 안동 처가로 내려왔다가 상주로 간 안도에게 보낸 것이다. 앞의 편지는 안도에게 증 용손이의 어려움을 해결해줄 것을 당부한 내용이고, 뒤의 편지는 과거 합격 축하연에 참석하기 위해 상주로 간 안도에게 연회석상에서 매사 각별히 조심할 것을 거듭 당부한 내용이다. 원래 안도의 아내 권씨 부인은 안도가 과거시험을 치르고 안동으로 내려온 다음 곧바로 신행을 올 계획이었으나, 안도는 과거 합격 축하연에 참석하기 위해 급히 상주로 갔고, 또 토계리 상계 마을에 천연두가 돌아서 그 일정을 뒤로 미룰 수밖에 없게 된 듯하다. 권씨 부인은 이 해 11월에 신행을 왔다. 이때 토계리 상계 마을 퇴계의 집에도 천연두가 돌아 퇴계는 당시 완공된 지 얼마 되지 않은 도산서당에 가 있었다. 퇴계는 이 해 9월 하순에 도산서당에 갔다가 추위 때문에 같은 해 11월 5일에 상계 마을로 돌아왔다.

* 네 증조할머니 : 퇴계의 생모인 춘천春川 박씨朴氏임. 춘천 박씨는 1470년 3월 18일에 출생, 1537년 10월 15일에 서거함. 따라서 이 편지에서 말하는 15일, 곧 10월

15일은 춘천 박씨의 제삿날임.

* 적 : 자는 정지靜之, 퇴계의 서자임. 1531년에 출생, 1608년 서거함. 정5품의 통덕랑通德郎을 지냄.

* 어른 : 당시 안동부사였던 안도의 장인 권소를 가리키는 것으로 추정됨.

11월 5~29일(그믐)

안도에게 답한다

네 아내가 신행을 왔다가 지금 친정으로 돌아갔으니, 네가 가보지 않을 수 없겠다. 하지만 그곳에 갔다가 곧바로 돌아와서 『주역周易』을 읽었으면 좋겠다. 생원 조목趙穆*은 이제 막 『주역』을 읽기 시작하였으므로, 네가 만약 일찍 돌아온다면 크게 뒤처지지는 않을 것이다. 그리 하면 좋겠다. 더욱이 너는 요즈음 하릴없이 분주하기만 한데, 어째서 마음을 다잡고 공부하지 않는 것이냐.

신유년 11월 5~29일(그믐) 토계에서 할아버지가

해설 이 편지는 신행을 왔다가 친정인 안동 관아로 돌아간 그의 아내를 뒤따라 안동으로 가면서 보낸 안도의 편지에 답한 것이다. 소과 과거시험 생원시의 합격과 아내의 신행 등 여러 가지 일로 분주하겠지만, 이런 때일수록 더욱 마음을 다잡고 공부할 것을 당부하였다. 퇴계는 이때 도산서당에서 상계 마을로 돌아와 있었다.

* 조목 : 자는 사경士敬, 호는 월천月川, 본관은 횡성橫城, 예안에 살았음. 1524년에 출생, 1606년에 서거함. 퇴계의 제자. 소과 과거시험 생원시에 합격한 다음, 이조의 추천으로 벼슬길에 나가 공조참판工曹參判에 이름. 15세 때부터 퇴계에게 수학하여 가장 오랜 기간 동안 모시고 가르침을 받았음. 퇴계 서거 후 도산서원의 건립과 퇴

계 문집의 발간을 주도하였고, 퇴계의 제자로는 유일하게 도산서원에 종사從祀됨. 저서로 『월천집月川集』이 있음. 공조참판은 조선시대 정무를 담당하던 육조 중 공조의 차관으로 종2품 관직임.

임술년

_1562년, 퇴계 62세, 준 40세, 안도 22세

5월 20일

안도에게 답한다

처음에는 네 처가 식구들이 서울로 떠나기 전에 네가 그곳에 도착하지 못할까 염려했다가, 편지를 받고 출발이 늦추어져서 네가 제때 도착하지 못한 아쉬움을 면하게 되었음을 알게 되니 참 기쁘구나. 이곳은 모두 여전하다.

한수韓脩* 와 신옥申沃* 두 사람에게 부치는 지난번에 쓴 답장과 이번에 다시 쓴 편지, 그리고 전 성주목사星州牧使*에게 부치는 편지 등을 보내니 네 큰처남에게 잘 일러서 전해주면 좋겠다. 그들의 편지를 가지고 온 병든 종이 서울로 돌아갈 때 미처 답장을 써서 부치지 못한 것이 나로서는 너무 미안하기 때문에, 속히 편지를 전해서 그들로 하여금 답장이 늦어진 까닭을 알게 하려는 것이다. 네 큰처남은 일이 많아서 혹 잊어버릴 수도 있을 것이니, 네 아내에게도 아울러 일러서 꼭 전해주면 좋겠다.

생원 한수의 집은 남소문동南小門洞 어귀의 개천 돌다리 동쪽에 있다고 하니 찾기가 매우 쉬울 것이다. 의정부사인議政府舍人 정윤희丁胤禧*에게 부치는 편지는 네 장인께 아뢰어서 전해주도록 하여라. 나머지는 편지를 가지고 가는 사람에게 물어보거라.

임술년 5월 20일 토계에서 할아버지가

해설 이 편지는 서울로 올라가는 처가 식구들을 전송하기 위해 함창의 처가 본댁에 가 있던 안도가 보낸 편지에 답한 것이다. 안도의 장인 권소는 이때 안동부사로 재직하다가 내직으로 전직되었다. 그래서 안도의 아내 권씨 부인을 포함한 처가 식구들은 장인 권소를 따라 서울로 올라갈 예정이었다. 안도는 이때 처가 식구들과 함께 서울로 올라가지 않고, 이 해 10월에 서울로 올라갔다. 퇴계는 이때 토계리 상계 마을에 있었다.

* 한수 : 자는 영숙永叔, 호는 석봉石峯, 본관은 청주淸州, 서울에 살았음. 1508년에 출생, 졸년은 미상. 퇴계의 제자. 소과 과거시험에 합격한 다음, 학행學行으로 천거되어 벼슬이 지평持平에 이름. 지평은 조선시대 국정 득실을 논하고, 관리들의 비리를 감찰 · 탄핵하는 사헌부司憲府의 정5품 관직임.

* 신옥 : 자는 계숙季叔, 본관은 고령高靈, 서울에 살았음. 1534년에 출생, 1621년에 서거함. 퇴계의 제자. 현감에 천거되어 벼슬이 동지중추부사同知中樞府事에 이름. 동지중추부사는 조선시대 서반西班의 최고기관인 중추부中樞府의 종2품 관직으로 명예직임.

* 전 성주목사 : 성주목사를 지낸 사람을 가리키나, 구체적으로 누구인지는 미상. 목사는 조선시대 지방 행정 단위의 하나인 목牧의 수령으로 정3품 관직임.

* 의정부사인 정윤희 : 의정부는 조선시대 최고 행정기관이고 사인은 그곳에 소속된 정4품 관직임. 정윤희의 자는 경석景錫, 호는 고암顧菴 또는 순암順菴, 본관은 나주羅州, 원주에 살았음. 1531년에 출생, 1589년에 서거함. 퇴계의 제자. 대과 과거시험에 장원 급제하여 벼슬이 강원감사江原監司에 이름. 저서로 『고암집顧菴集』이 있음.

11월 16일

안도에게 답한다

연수가 내려와서 네 편지를 받아보았다. 잘 있다니 몹시 기쁘다. 이곳도 모두 여전하다. 근자에 승정원주서承政院注書* 정유일이 서울로 올라가는 편에 편지를 보냈는데 받아보았느냐? 성균관成均館에서의 생활을 네 큰처남과 함께 하게 되었으니 매우 잘되었다. 무엇보다도 모든 언행은 언제나 지극히 조심하면 참 좋겠다. 함창에 문안을 갔다가 돌아온 사람이, 네 장인이 고향으로 내려온 뒤 며칠 동안 감기를 앓다가 이제 다 나았다고 하더구나. 너도 이미 알고 있을 것이다. 여러 곳에 부친 편지는 전한 뒤에 꼭 답장을 받으려고 하지 말고, 편지를 받은 사람이 답장을 하고자 할 경우에만 받아서 보내거라. 명나라의 일*이 이와 같으니, 지금 세상에도 이처럼 훌륭한 사람이 있음을 알게 되었다. 사람의 마음을 몹시 시원하게 해주는구나. 나머지는 네 아버지의 편지를 보거라. 이만 그친다.

임술년 11월 16일 토계에서 할아버지가

| 추신 |

지금 부치는 전주판관全州判官* 앞으로 가는, 글씨를 쓴 종이가 든 봉투는 서울에 주재하는 전주부의 아전을 불러다가 자세히 설명한 다음, 잃어버리지 말고 꼭 전하도록 당부해서 보내거라. 전주판관 조용趙容*은 사헌부대사헌司憲府大司憲*을 지낸 조광조趙光祖* 선생의 아들이다. 근자에 자신의 조카 조충남趙忠男*을 내게 보내 조광조 선생의 비문碑文*을 지어달라

고 하기에 내가 지을 수 없다고 거절하였다. 그 뒤 조충남은 또 지금 종이를 가지고 와서 글씨를 써 달라고 부탁하였지만, 이번에도 바로 써서 주지 못하였다. 이 사람이 천리 먼길을 찾아왔다가 두 가지 일을 모두 다 이루지 못하고 돌아간 것을 생각하면 너무 미안하다. 그래서 글씨를 써서 굿동이 편에 보내는 것이니, 너는 아무쪼록 이러한 사정을 잘 알아서 속히 전달될 수 있도록 조치하거라. 그의 집은 청파동靑坡洞에 있다고 한다. 그가 이미 서울로 돌아왔다던 곧바로 그 집에 가져다주라고 하거라. 그가 서울로 돌아왔다면 서울에 주재하는 전주부의 아전은 반드시 알고 있을 것이다. 전주판관 조용에게 부치는 편지 및 글씨를 쓴 종이와 동봉한 유이립柳而立*에게 부치는 편지도 전해주면 좋겠다.

나는 늘 추위를 두려워하기 때문에 털 가죽옷이 없어서는 안 된다. 하지만 양털 가죽옷 한 벌을 20년이나 입다 보니 지금은 죄다 해어져버렸다. 보통 일이 아니다만, 새로 구입할 비용이 없어서 걱정이구나. 그러나 그 가격을 알아보고 비용이 마련되는 대로 구입하려고 하니, 막동이를 불러다가 양털 가죽으로 만든 철릭,* 그리고 중치막*의 가격이 정확히 얼마인지 알아보고 알려주면 좋겠다. 전에 들으니 철릭의 가격은 25필이라고 하더구나. 이것은 필시 시중에 통용되는 일반 무명으로 계산한 것이 분명하다. 만약 좋은 무명으로 계산한다면 어찌 이렇게 많겠느냐. 만약 중치막의 가격이 싸다면 중치막도 구입할 생각이다.

이 편지는 서울에 올라가 있던 안도가 보낸 편지에 답한 것이다. 안도는 이 해 10월에 서울로 올라가 가족이 있는 죽전동 장인의 집에서 살면서 성균관

에서 공부를 하였다. 퇴계는 이때 토계리 상계 마을에 있었다.

* 승정원주서 : 승정원은 조선시대 왕명의 출납을 담당하던 기관이고, 주서는 그곳에 소속된 정7품의 관직임.

* 명나라의 일 : 미상.

* 전주판관 : 전주부의 판관. 판관은 조선시대 중앙 관청과 지방 관청에 소속된 종5품의 관직임.

* 조용 : 자는 대우大宇, 본관은 한양漢陽, 용인에 살았음. 1518년에 출생, 졸년은 미상. 조광조의 아들임.

* 사헌부대사헌 : 사헌부는 조선시대 국정의 득실을 논하고, 관리들의 비리를 감찰 · 탄핵하는 기관이며, 대사헌은 그 장관으로 종2품 관직임.

* 조광조 : 자는 효직孝直, 호는 정암靜菴, 시호는 문정文正, 본관은 한양. 1482년에 출생, 1519년에 서거함. 김굉필金宏弼의 제자. 1515년 천거로 벼슬길에 나가, 같은 해 대과 과거시험에 합격하여 중앙의 주요 요직을 두루 거친 다음, 1518년 대사헌이 됨. 사림파의 절대적인 지지를 바탕으로 이상적인 정치를 실현하려다가, 이에 반발한 훈구파가 일으킨 기묘사화로 능주에 유배되었다가 사사賜死됨. 후일 사림파가 정권을 잡게 되자, 선조宣祖 초에 신원伸寃되어 영의정領議政에 추증됨. 1610년에 김굉필 · 정여창 · 이언적李彦迪, 그리고 퇴계와 함께 동방오현東方五賢으로 문묘에 종사되었고, 저서로 『정암집靜菴集』이 있음. 영의정은 조선시대 최고 행정기관인 의정부의 으뜸이 되는 관직으로 정1품임. 좌의정左議政과 우의정右議政의 보좌를 받아 국정을 총괄함.

* 조충남 : 호는 빈소헌嚬笑軒, 아산에 살았음. 1528년에 출생, 졸년은 미상. 조광조의 종손자임.

* 비문 : 죽은 사람의 무덤에 세우는 빗돌에 새기는 글의 일종. 죽은 사람의 가계 ·

일생 사적 · 자손 등을 기록하는 것이 보통임. 지금은 이것을 비문이라고 하여 구별하지 않고 사용하지만, 조선시대까지는 신도비문神道碑文과 묘갈문墓碣文으로 엄격히 구별하여 사용하였음. 2품 이상의 벼슬을 지낸 사람은 그 무덤으로 올라가는 길가에 신도비神道碑를 세우는데 그 빗돌에 새기는 글을 신도비문 또는 비문이라고 하였고, 정3품 이하의 벼슬을 지낸 사람은 그 무덤 앞에 신도비보다 크기가 작은 묘갈墓碣을 세우는데 그 빗돌에 새기는 글을 묘갈문墓碣文 또는 갈문碣文이라고 하였음. 퇴계는 한평생 남의 비문을 지은 적이 없었기 때문에 조광조의 비문, 곧 신도비문을 지어달라는 조용의 부탁을 거절한 것임. 그 대신 퇴계는 1564년 9월에 조광조의 행장行狀을 지었음.

* 유이립 : 미상.

* 철릭 : 저고리와 치마가 붙은 형태로, 길이가 길고 허리에 주름을 잡은 겉옷. 일반적으로 무관이 입던 공복公服을 뜻하지만, 여기서는 현대의 외투에 해당하는 평상복을 의미하는 듯함.

* 중치막 : 조선시대 선비가 입던 길이가 긴 겉옷. 여름용은 홑옷으로 모시나 사紗로 만들었고, 겨울용은 명주 등의 견직물을 겹으로 누비거나 솜을 넣어서 누볐음.

12월 17일

안도에게 답한다

계근이가 내려올 때 가져온 편지를 받아보고 네가 잘 지내고 있으며, 이미 성균관에 들어가서 생활하고 있음을 알게 되니 마음이 한결 놓인다. 이곳은 모두 별일 없다. 네 아버지는 지난 12일 의령으로 떠났는데, 출발한 뒤 눈비가 계속 내려 도중에 어려움을 많이 겪지나 않았는지 몹시 걱정된다. 네 어머니는 어린 네 동생들을 데리고 오천에서 잘 지내고 있다.

전후로 여러 사람들이 보내온 답장은 모두 다 받아보았다. 한수와 신옥 두 사람의 편지에 대한 답장을 보내니 전해주면 좋겠다. 김근공金謹恭*은 학식이 빼어나니 필시 훌륭한 선비일 것이다. 찾아가서 만나보았느냐? 「도산기陶山記」*가 뜻밖에도 이렇게 널리 전파되니, 끝까지 갈무리해두지 않고 가볍게 다른 사람들에게 내보인 것이 깊이 후회된다. 그 글 가운데 지나친 말이나 저촉되는 말은 없더라도 다른 사람들이 합당치 않게 생각할까 두렵다.

성균관은 처신하기가 몹시 어려운 곳인데, 너의 경우는 더욱 어려운 점이 있을 것이다. 언행은 언제나 겸손하고 조심해서, 알지 못하는 것을 안다고 하지 말고, 반드시 몸가짐을 바르게 하거라. 방종하거나 오만한 행동도 하지 말고, 말도 많이 하지 말아라. 거듭 경계하거라. 그리고 논문論文과 책문策文*은 부지런히 익혀서 짓도록 하고, 짓지 못하겠다는 핑계를 대면서 늘 다른 사람의 손을 빌려 지어서 과제나 때우려고 하지 말아야 할 것이다. 가지고 있는 책은 반드시 부지런히 읽어서 강론 중 물음이 있을 때를 대비하는 것이 좋을 것이다.

예안현감*이 뜻밖에 파직되어 온 고을 사람들이 놀랍고 근심스러워 어찌 할 바를 모르고 있다. 무엇 때문에 이러한 일이 일어났는지 참으로 이상하다. 주서 정유일에게는 편지를 보내지 못한다. 설에 만나거든 이러한 사정을 전해주거라. 송강松岡 조사수趙士秀* 대감댁에는 설에 찾아가서 내 뜻이라 하고 문안드려라.

임술년 12월 17일 토계에서 할아버지가

| 추신 |

박점朴漸*이 병이 들었다고 하더구나. 몹시 염려된다.

이 편지는 서울 죽전동 장인의 집에 살면서 성균관에서 공부를 하고 있던 안도가 보낸 편지에 답한 것이다. 특히 성균관에서 매사 조심하고, 열심히 공부할 것을 당부하였다. 이때 퇴계는 토계리 상계 마을에 있었다.

* 김근공 : 호 척암惕菴, 그 외의 사항은 미상임.
* 「도산기」 : 퇴계가 도산서당의 조경과 그곳에서의 생활을 기록한 글로, 도산서당이 완공된 직후인 1561년 11월에 지었음. 이 글은 퇴계 생전부터 필사되어 널리 유통되었음.
* 논문과 책문 : 논문과 책문은 모두 과거시험에 출제되는 글의 일종임.
* 예안현감 : 녹사錄事 출신의 양성해(梁成海, 또는 양성의梁成義)임. 그는 일 처리가 분명하지 못해 당시 조정에서 벼슬살이를 하고 있던 퇴계의 제자 정유일 등의 탄핵

을 받고 파직되었음. 이 때문에 퇴계는 남의 구설에 오를까 한동안 몹시 조심하였음. 녹사는 조선시대 의정부와 중추부 등에 소속된 아전임.

* 조사수 : 자는 계임季任, 호는 송강松岡, 시호는 문정文貞, 본관은 한양. 1502년에 출생, 1558년에 서거함. 퇴계의 친구. 대과 과거시험에 합격하여 벼슬이 의정부우참찬議政府右參贊에 이름. 청렴하기로 이름이 났음. 이 편지를 보낼 때 조사수는 이미 서거한 뒤였으나, 퇴계는 평소 조사수와 관계가 각별하였기 때문에 안도에게 설에 그 댁에 찾아가서 자신의 뜻이라 하고 문안하라고 한 것임. 우참찬은 조선시대 최고 행정기관인 의정부의 정2품 관직임. 좌우 2인의 참찬參贊이 있었고, 이들은 종1품 관직인 좌우 2인의 찬성贊成과 함께 영의정 · 좌의정 · 우의정 3인의 정승을 보좌하는 역할을 함.

* 박점 : 자는 자진子進 또는 경진景進, 호는 복암復菴, 본관은 고령高靈, 서울에 살았음. 1532년에 출생, 1592년에 서거함. 퇴계의 제자. 대과 과거시험에 합격하여 내외 관직을 두루 거치고, 임진란 때 황해감사黃海監司로 재직하던 중 서거함. 퇴계는 그의 이름이 너무 일찍 알려져 실상이 이를 따라가지 못할까 늘 걱정하였음.

12월

안도에게 답한다

네 편지에 "아버지는 10일에 길을 떠나십니까?"(부정발어십일야?父定發於十日耶) 하고 묻는 말 중 끝의 '야'耶자는 '부'否자로 써야 한다. 여기에는 '야'자를 쓸 수 없다.

임술년 12월 토계에서 할아버지가

해설 이 편지도 앞의 편지와 같이 서울 죽전동의 장인댁에서 살면서 성균관에서 공부를 하고 있던 안도가 보낸 편지에 답한 것이다. '야'耶자와 '부'否자는 모두 의문을 나타내는 조사이기는 하지만, 윗사람을 두고 물을 때는 반드시 '부'자를 써야 하기 때문에 그 잘못을 바로잡아준 것이다.

孤兄哀前 答上

竹菴洞 李生員

孤人中便來見 得書 具知 得

哀侍支護 此實皆喜幸 而孤家累

同合是兩童得病出送後 更無他慮

料存內此無患則 得母悔爲當意

于此室寧云 有來人 得又不喜 …

未破云 得春間圖點 幾個 …

而得下來 卽一羞 … 而來不 …

前去書 學舊阿 卽 羊鬼

價已知 價物若備 從專人

送去爲宜 就中前緘亦被暇

今人言多 … 至爲 … 得 …

餘留此便 不中書 排不一

癸亥 正月 十二日 大父

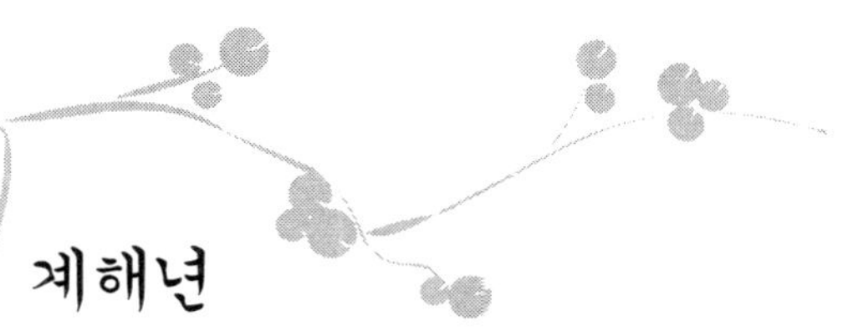

계해년

_1563년, 퇴계 63세, 준 41세, 안도 23세

1월 13일

안도에게 답한다

우리 고을 사람 신억년申億年*이 돌아오는 길에 가지고 온 편지를 받아보고 네가 잘 지내고 있음을 알게 되니 몹시 기쁘다. 이곳은 모두 별일 없다. 상계 서쪽의 집*에는 진동이와 합온이 두 아이가 전염병에 걸려 딴 곳으로 내보낸 뒤로는 다른 우환은 더 이상 없다. 앞으로 우환이 없어진다면, 네 어머니는 그믐(30일)경에 이곳으로 돌아올 수 있을 것이다. 근자에 의령에서 온 사람의 말로는 네 아버지도 별일 없이 그곳에서 잘 지내고 있다고 하더라.

너는 봄 동안에 원점圓點*을 얼마나 딸 수 있겠느냐? 그리고 언제 고향으로 내려올 수 있겠느냐? 형편을 헤아려서 내려올 때를 알려주면 좋겠다. 지난번에 보낸 편지들은 모두 전하였느냐? 양털 가죽옷의 가격은 이미 알아보았다. 구입할 비용이 마련되면 따로 사람을 보낼 생각이다. 전 예안현감이 탄핵을 당한 일에 대해서는 사람들의 말이 많아 마음이 지극히 불편하다. 네가 들은 바는 어떠냐? 들은 것이 있으면 편지로 알려주면 좋겠다.

계해년 1월 13일 토계에서 할아버지가

이 편지는 서울 죽전동의 장인댁에 살면서 성균관에서 공부를 하고 있던 안도가 보낸 편지에 답한 것이다. 퇴계는 이때 토계리 상계 마을에 있었다.

* 신억년 : 예안현의 아전으로 추정되나, 구체적인 사항은 미상임.
* 상계 서쪽의 집 : 이 집은 1550년 퇴계가 자신의 살림집으로 지은 것임. 퇴계는 1557년 상계의 동쪽에 새로 살림집을 지어서 이사한 다음, 이 집을 맏아들 준에게 주어서 들어와 살게 하였음.
* 원점 : 조선시대 성균관과 사학四學 학생들의 출석 점수로, 일년 단위로 계산함. 이 점수가 일정 이상이 되면 성균관과 서울에서 보던 대과 과거시험에 바로 응시할 수 있는 자격을 줌.

2월 15일

안도에게 답한다

신임 예안현감이 부임할 때 가지고 온 편지와 함창에서 부친 편지를 받아 보고, 네가 별일 없으며 원점도 다 따게 되어 곧 가족을 데리고 내려올 계획을 하고 있음을 알게 되니 기쁘고 또 안심이 된다. 다만 네 장인의 편지를 보니, 네 아내가 병이 들어 한 달이 넘도록 낫지 않아, 병이 나은 다음 데리고 내려오려고 하기 때문에 아직 떠날 날짜를 못 잡고 있다고 하였더구나. 그런데 네가 보낸 편지에서는 왜 이런 말을 하지 않았느냐. 무슨 까닭인지 알 수 없어 몹시 걱정된다. 네 장인은 편지에서 또 가까운 시일 내에 서울에서 사람이 내려올 것인데, 그 사람이 내려오면 네 아내의 병세와 네가 내려올 날짜를 알 수 있을 것이라고 하였기에 일단 소식을 기다리고 있다. 네 아버지는 오늘과 내일 안에 도착해야 하는데 아직도 도착하지 않고 있다.

상계 서쪽의 집은 그곳에 돌던 전염병이 수그러들어 지금은 평안하다. 다만 여종 은대가 전염병에 걸려 생사를 알 수 없을 정도로 위독한 상태다. 그 아비의 집으로 나가서 치료를 받고 있지만, 어찌될지 알 수 없어 몹시 걱정된다. 양털 가죽옷을 구입할 비용은 아직 마련하지 못했기 때문에 지금 보내지는 못하고, 네 종숙부 영이 이 달 안에 서울로 올라간다고 하니 그때 보내려고 한다. 매사 의당 다시 자세하게 알려주겠지만, 지금은 대략만 말한다. 나머지는 이 편지를 가지고 올라가는 생원 김부륜金富倫*에게 물어보거라.

계해년 2월 15일 토계에서 할아버지가

| 추신 |

왕실의 계통이 잘못 기록된 것을 바로잡는 일*과 별자리에 변괴가 생긴 일은 둘 다 끝내 어떻게 될지 참 걱정된다. 세자시강원설서世子侍講院說書* 정유일과 정자正字 정탁鄭琢* 등에게 보내는 답장은 생원 김부륜이 가지고 올라갔고, 김취려 등에게 보내는 답장은 네 종숙부 영이 올라가는 편에 보낼 생각이다.

이 편지는 성균관에서 하던 공부를 다 마치고 고향으로 내려올 계획을 하고 있던 안도가 보낸 편지에 답한 것이다. 안도는 이때 곧바로 내려오려고 했으나, 아내 권씨 부인의 병으로 일정이 지체되어 이 해 4월에 가족을 데리고 고향으로 내려왔다. 퇴계는 이때 토계리 상계 마을에 있었다.

* 김부륜 : 자는 돈서惇敍, 호는 설월당雪月堂, 본관은 광산光山, 예안의 오천리에 살았음. 1532년에 출생, 1599년에 서거함. 퇴계의 제자로, 16세 때부터 퇴계에게 배웠음. 유일遺逸로 천거되어 현감을 지냄. 오천칠군자烏川七君子의 한 사람이고, 안도의 외외오촌숙부임. 저서로 『설월당집雪月堂集』이 있음.
* 왕실의 계통이 잘못 기록된 것을 바로잡는 일 : 조선 태조 이성계李成桂의 아버지가 명나라 실록과 법전에 고려시대 권신인 이인임李仁任으로 잘못 기록된 것을 바로잡는 일을 가리킴.
* 세자시강원설서 : 세자시강원은 조선시대 세자의 교육을 담당하던 기관이고, 설서는 그곳에 소속된 정7품의 관직임.
* 정자 정탁 : 정자는 조선시대 홍문관弘文館 · 승문원承文院 · 교서관校書館 등에 소

속된 정9품의 관직임. 정탁의 자는 자정子精, 호는 약포藥圃, 시호는 정간貞簡, 본관은 청주淸州, 안동에 거주하다가 뒤에 예천에 옮겨가 살았음. 1526년에 출생, 1605년에 서거함. 퇴계의 제자. 대과 과거시험에 합격하여 벼슬이 좌의정에 이름. 호종공신扈從功臣 3등으로 서원부원군西原府院君에 봉해지고, 봉조하奉朝賀가 됨. 특히 임진란 때 이순신李舜臣 · 곽재우郭再祐 · 김덕령金德齡 등의 명장을 발탁함. 저서로 『약포집藥圃集』이 있음. 좌의정은 조선시대 최고 행정기관인 의정부의 정1품 관직임. 우의정과 함께 영의정을 보좌함.

2월 하순

안도에게 보낸다

지난번 계근이가 가지고 온 네 편지에서는 가족을 데리고 내려오려 한다 하였고, 함창에서 보내온 네 편지에서는 얼음이 녹기를 기다려 내려오겠다고만 하였으나, 네 장인의 편지에서는 네 아내가 병이 들어 한 달이 지나도록 낫지 않아 일단 내려올 계획을 보류하고 있고, 가까운 시일 내에 서울에서 사람이 돌아올 것인데, 그 사람이 돌아오면 네 아내의 병세가 어떠한지 알 수 있을 것이므로, 알아본 다음 사람을 보내 소식을 전해주겠다고 하였다. 그러나 아직까지 아무런 소식이 없으니 어찌된 일이냐? 내려오지 못할 형편이라면 왜 네 편지에서는 언급하지 않은 것이냐. 몹시 염려된다. 그리고 네 아버지는 처음에는 이 달 20일 네 숙부*의 제사에 오겠다고 하더니 아직까지 오지를 않는다. 이 또한 어찌된 까닭인지 알 수 없어 여간 걱정이 아니다.

지난번에 말한 양털 가죽옷을 구입할 비용은 의령에서 마련하기로 했으나, 네 아버지가 아직도 오지 않아서 비용이 다 마련되었는지 알 수가 없다. 네 종숙부 영이 올라가는 편에 함께 부치지 못하게 되어 아쉽구나. 수재 김근공은 그 편지를 보니 그 사람됨을 알 수 있겠구나. 네가 그와 사귀면서 배울 수 있으면 좋겠다. 한수와 신옥 등에게는 미처 편지를 쓰지 못하였고, 김취려와 이국필李國弼*은 모두 편지를 보내왔기 때문에 답장을 한 것이다. 만약 내려올 날짜가 정해지면, 속히 이곳으로 내려오는 사람을 찾아서 알려주면 좋겠다. 별자리에 생긴 변괴는 지금은 어떠냐? 나머지는 올라가는 네 종숙부 영에게 물어보거라. 다 적지 않는다.

계해년 2월 하순 토계에서 할아버지가

| 추신 |

금앙성琴仰聖의 아내*가 된 네 종고모가 병이 들어 몹시 고통을 받고 있으며, 성주목사 황준량黃俊良*도 병이 위독해서 끝내 어찌될지 알 수 없으니, 놀랍고 걱정스럽기 그지 없다.

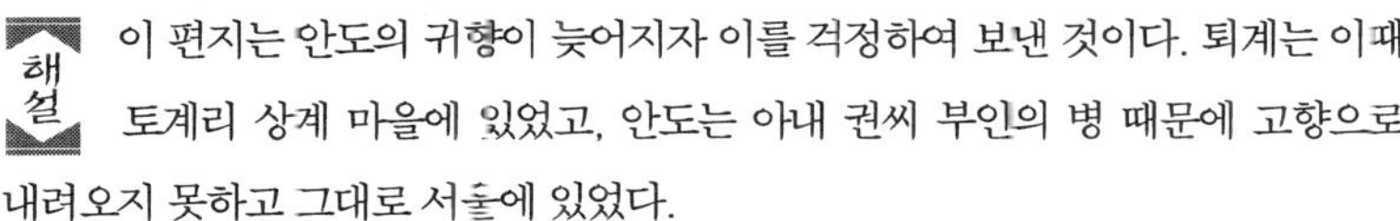
해설 이 편지는 안도의 귀향이 늦어지자 이를 걱정하여 보낸 것이다. 퇴계는 이때 토계리 상계 마을에 있었고, 안도는 아내 권씨 부인의 병 때문에 고향으로 내려오지 못하고 그대로 서울에 있었다.

* 네 숙부 : 1548년 2월 20일 22세로 요절한 퇴계의 둘째 아들 채寀를 말함. 채는 1527년에 출생하였고, 자신의 외종조부 허련許璉의 양자(상속자)가 되어 의령에서 살다가 결혼도 하지 못한 채 서거하였음.

* 이국필 : 자는 비언棐彦 또는 비경棐卿, 본관은 용인龍仁, 서울에 살았음. 1540년에 출생, 졸년은 미상. 퇴계의 제자로 현감을 지냄.

* 금앙성의 아내 : 퇴계의 다섯째 형님 징의 셋째 딸. 금앙성의 본관은 봉화, 그 외의 사항은 미상임.

* 황준량 : 자는 중거仲擧, 호는 금계錦溪, 본관은 평해平海, 풍기에 살았음. 1517년에 출생, 1563년 서거함. 대과 과거시험에 합격하여 벼슬길에 나감. 성주목사로 재직하다 병을 얻어 사직을 하고 고향으로 돌아가던 도중 예천에서 서거함. 처음에는

퇴계의 시우詩友였다가, 뒤에 퇴계에게 가르침을 받으며 주자학朱子學의 연구와 그 전파에 힘을 쏟았음. 퇴계가 특별히 행장을 지어서 그의 일생을 기림. 저서로 『금계집錦溪集』이 있음.

갑자년

__1564년, 퇴계 64세, 준 42세, 안도 24세

2월 4~7일

안도에게 보낸다

네 아버지가 서울에서 돌아올 때 가지고 온 네 편지를 또 받아보고, 네가 별탈 없이 잘 지내고 있음을 알게 되니 마음이 놓인다. 이곳 대소가*는 모두 여전하다만, 넷째 형수*가 모친상을 당해서 몹시 놀라웠다. 이 달 9일에 서울로 떠나는 계획은 변동이 없느냐? 만약 너무 늦추어지면 원점을 다 다지 못할까 염려되지만, 봄 날씨가 아직도 몹시 쌀쌀하니, 가는 길에 부디 조심하기 바란다.

갑자년 2월 4~7일 토계에서 할아버지가

해설 이 편지는 서울 성균관에서 시행되는 대과 과거 1차시험인 초시에 응시하기 위해 상경할 예정인 안도에게 보낸 것이다. 퇴계는 이때 토계리 상계 마을에 있었고, 안도는 함창의 처가 본댁에 있었다. 한편 준은 1558년 집경전참봉을 그만둔 뒤 벼슬을 하지 않고 고향에 있다가, 이 해 1월에 안기도찰방安奇道察訪에 임명되었다. 안기도는 안동을 중심으로 한 경상도 일정 지역 도로의 역참을 관장하던 기관으로, 찰방이 주재하던 안기역은 현 경상북도 안동시 안기동에 있었다. 조정에서는 퇴계를 봉양하는 편의를 고려해서 준에게 안기도찰방에 임명한 것이다. 준은 이 해 1월에 서울에 올라가서 사은하고 부임한 다음, 1567년까지 재직하다가 1568년에 사온서직장司醞署直長으로 전직하였다. 사온서는 조선시대 궁중에서 쓰던 술과 감주를 빚어 공급하던 관청이다.

* 대소가 : 가까운 일가 친척들을 이르는 말.

* 넷째 형수 : 퇴계의 넷째 형님 해의 아내 연안延安 김씨金氏임. 1499년에 출생, 1568년에 서거함.

2월 15일~30일(그믐)

안도에게 보낸다

안기安奇*에 온 예천 사람을 통해 네가 이 달 13일에 서울로 떠났음을 알게 되었다. 봄 날씨가 아직도 몹시 쌀쌀한데 올라가는 길에 어려움은 없었는지, 그리고 서울에 들어가 어느 곳에 묵고 있는지 걱정이 끊이지 않는다. 이곳은 모두 별일 없다. 네 아버지는 오늘 임금님의 명령을 맞이하기 위해 선산으로 갔다. 종 손이가 뜻밖에 병이 들어 어제 밤에 죽었다. 이 종은 우리 집안의 일을 잘 처리했는데, 자식도 없이 일찍 죽으니 너무도 불쌍하다. 이를 어쩌면 좋으냐.

네 아버지가 서울에서 돌아올 때 그곳의 벗들이 부친 편지를 많이 가지고 왔다. 그중 천천히 답장을 해도 될 것은 잠시 놓아두고, 지금 몇 곳만 답장을 써서 보낸다. 네 종숙부 영은 바빠서 전달하기 어려울 것 같으니, 네가 형편이 되는 대로 전달해서 중간에 분실되지 않게 해주면 좋겠다. 이 편지들은 모두 답장이므로 잘 전달하기만 하고, 회답은 달라고 하지는 말거라. 너는 원점을 다 딸 수는 있겠느냐? 공조정랑工曹正郎 이담李湛* · 김취려 · 이국필, 별좌別坐* 한수 · 신옥 등에게는 이번에 답장을 보내지 못한다. 그들을 보거든 이러한 사정을 전해주거라. 그 외 모든 일에 조심하고 또 노력하거라. 다 적지 않는다.

갑자년 2월 15~30일(그믐) 토계에서 할아버지가

| 추신 |

평장수平章守*가 그린 장례원掌隷院* 문서는 잊어버리지 말고 찾아서 보내거라.

해설 이 편지는 성균관에서 시행되는 대과 1차시험인 초시에 응시하기 위해 상경한 안도에게 보낸 것이다. 퇴계는 이때 토계리 상계 마을에 있었고, 준은 안기찰방으로 왕명을 맞이하기 위해 선산에 가 있었다.

* 안기 : 안기역을 말함.

* **공조정랑 이담** : 공조는 조선시대 정무를 담당하던 육조의 한 기관이고, 정랑은 그곳에 소속된 정5품 관직임. 이담의 자는 중구仲久, 호는 정존재靜存齋, 본관은 용인龍仁, 서울에 살았음. 1510년에 출생, 1575에 서거함. 대과 과거시험에 합격하여 벼슬길에 나감. 지평으로 있을 때 이기李芑가 정승이 되는 것을 공박하였다가, 1545년 을사년에 이기가 권력을 잡자 퇴계와 함께 관작이 삭탈됨. 1547년 양재역 벽서사건이 일어나자 양산으로 귀양을 갔다가 1551년 복직되어 벼슬이 충청감사忠淸監司에 이름. 『주역』을 깊이 연구하였고, 만년에는 퇴계를 좇아 학문을 강론하였음.

* **별좌** : 조선시대 교서관 · 군기시軍器寺 · 예빈시禮賓寺 등 중앙 관청에 소속된 종5품 관직임. 녹봉은 없었으나, 1년을 근무하면 다른 관청으로 옮겨갈 수 있었음.

* **평장수** : 평장平章의 수령을 말하는 듯함. 그러나 구체적으로 누구인지는 미상. 그리고 평장이 어디를 가리키는지 미상임.

* **장례원** : 조선시대 노비 관련 문서와 노비 관련 소송을 맡아보던 기관임.

3월 1일

안도에게 보낸다

성균관에서 잘 지내고 있느냐? 걱정스런 마음이 끊이지 않는다. 이곳은 모두 별일 없다. 네 아버지는 임금님의 명령을 맞이하기 위해 선산에 갔다가 어제 안기로 돌아왔다. 근간에 이곳에 올 것이다. 네 종숙부 영이 가지고 올라간 편지는 모두 전했느냐? 말린 꿩 한 마리를 보낸다. 받아두거라. 나머지는 앞서 보낸 편지에서 말하였기에 다 적지 않는다.

갑자년 3월 1일 토계에서 할아버지가

| 추신 |

네 큰처남은 잘 있느냐? 김부의金富儀*와 김부륜, 그리고 네 종숙부 영은 모두 무사히 서울에 도착했을 것이다. 서울로 가는 사람이 바쁘다고 해서 그들에게 미처 편지를 보내지 못한다. 이러한 사정을 전해주거라. 네 종고모부 최덕수崔德秀*에게도 편지를 보내지 못한다. 그에게도 이러한 사정을 전해주거라.

이 편지는 서울에 있는 안도에게 보낸 것이다. 퇴계는 이때 토계리 상계 마을에 있었고, 준은 선산에서 안기로 돌아와 있었다.

* 김부의 : 자는 신중愼仲, 호는 읍청정挹淸亭, 본관은 광산, 예안 오천리에 살았음. 1525년에 출생, 1582년에 서거함. 퇴계의 제자. 천거로 참봉에 임명되었으나 취임하지 않았음. 오천칠군자의 한 사람이고, 안도의 외외오촌숙부임. 저서로 『읍청정유고挹淸亭遺稿』가 있음.

* 최덕수 : 자는 자수子粹, 본관은 전주全州, 서울에서 살았음. 생졸년은 미상. 퇴계의 넷째 형님 해의 사위로, 퇴계의 제자임. 현감을 지냄.

3월 11일

안도에게 보낸다

지난번 네가 보낸 편지에는 돌아올 날짜를 잡았다는 말이 없더니, 지금 이 달 4일에 보낸 네 편지를 받아보고, 네가 7일에 배를 타고 출발해서 11일경에는 금천에 도착할 수 있을 것이라는 사실을 알게 되었다. 그러나 이곳에서 내가 네 편지를 받은 날이 바로 네가 금천에 도착할 날이라서, 종과 말을 때맞추어 보낼 수 없게 되었다. 너는 필시 오래 그곳에 머물러 있어야 되겠구나. 어쩌면 좋으냐. 왜 일찍 날짜를 정해서 미리 알려주지 않았느냐. 참 걱정이다. 이곳 대소가는 모두 별탈 없이 잘 지내고 있다만, 네 종고모인 권호문權好文의 어머니*가 이 달 초하루에 별세하였다. 뜻밖의 일이라서 참으로 슬픔을 견딜 수가 없구나. 나머지는 네 아버지의 편지를 보거라. 이만 그친다.

갑자년 3월 11일 도산에서 할아버지가

해설 이 편지는 서울에서 고향으로 돌아오는 안도에게 보낸 것이다. 특히 안도는 서울에서 내려오면서 일찍 그 소식을 알리지 않아, 퇴계는 안도가 배에서 내리는 때에 맞추어 금천으로 그가 타고 올 말과 그 말을 끌고 올 종을 보낼 수가 없었다. 편지에서 그렇게 된 사정을 알리고 있다. 안도는 이때 퇴계가 제자 및 자질子姪 등과 청량산에 갈 계획을 하고 있어서 함창의 처가로 가지 않고 토계리 상계 마을로 올 예정이었다. 퇴계는 이때 도산서당에 있었다.

* 권호문의 어머니 : 퇴계의 큰형님 잠의 둘째 딸로, 권호문은 그의 아들임. 권호문의 자는 장중章仲, 호는 송암松巖, 본관은 안동安東, 안동에 살았음. 1532년에 출생, 1587년에 서거함. 퇴계의 제자. 소과 과거시험 진사시에 합격했으나, 연이어 부모를 여의자 벼슬길에 나갈 것을 단념하고, 삼년상을 지내며 안동 청성산青城山 기슭에 무민재無悶齋를 짓고 일생 처사로 살았음. 저서로 『송암집松巖集』이 있음.

5월

안도에게 답한다

지난번 네가 부친 편지를 받아보고 네 외숙부 형제와 함께 김생암金生庵에서 글을 읽고 있음을 알게 되었다. 매우 잘한 일이다. 네 외숙부 형제는 얼마나 머물러 있을 계획이라더냐? 깊고 조용한 절간에서는 학업에 열중하는 것이 중요하지, 하릴없이 세월만 보낸다면 무익할 뿐이다. 『춘추집해春秋集解』 전질을 보낸다. 그리고 참조기 여덟 마리를 모두 보내니, 각 암자에서 글을 읽고 있는 사람들과 나누어 먹거라. 그리고 그들이 부친 편지에 대해서는 답장을 하지 못한다. 이 말도 전해주거라.

갑자년 5월 도산에서 할아버지가

해설 이 편지는 청량산 김생암에서 글을 읽고 있던 안도가 보낸 편지에 답한 것이다. 안도는 퇴계를 따라서 청량산에 갔다가, 오는 8월에 있을 대과 과거시험에 대비하기 위해 자신의 외숙부인 금응협琴應夾·금응훈琴應壎 형제와 함께 그곳 김생암에서 글을 읽고 있었다.

금응협의 자는 협지夾之, 호는 일휴당日休堂. 1526년에 출생하였고, 1589년에 서거하였다. 소과 과거시험 진사시에 합격하여 학행으로 여러 차례 관직에 천거되었으나, 나가지 않았다. 저서로 『일휴집日休集』이 있다. 그리고 금응훈의 자는 훈지壎之, 호는 면진재勉進齋. 1540년에 출생하였고, 1616년에 서거하였다. 소과 과거시험 진사시에 합격하고, 천거되어 벼슬이 현감에 이르렀다. 임진란 때는 의병장에 추대되었고, 도산서원 원장을 10년간 역임하기도 하였으며, 퇴계 문집을 발간할 때는 그 책임을 맡았다. 저서로 『면진재집勉進齋集』이 있다. 이 두 사람 모두 예안의 오천리 외내 마을에 살았고, 오천칠군자의 한 사람으로, 퇴계의 제자이면서 안도의 외숙부이다.

안도는 이때 『춘추집해』를 읽을 계획으로 퇴계에게 그 책을 보내달라고 한 것으로 보인다. 퇴계는 지난 4월 14일에 청량산에 갔다가 같은 달 17일에 집으로 돌아와서 도산서당에 가 있었다.

『춘추집해』는 중국 남송南宋 여본중呂本中이 『춘추春秋』에 대한 여러 해설들을 모아서 엮은 책으로 총 30권이다. 이 책은 일반적으로 같은 남송의 여조겸呂祖謙이 엮은 것으로 알려져 있으나 이는 잘못된 것이다. 김생암은 현 청량산 청량사淸凉寺 오른쪽 오산당吾山堂 자리에 있었던 암자이다.

7월 27일

안도에게 답한다

부친 편지를 받아보고 네가 청량산에서 내려올 계획을 하고 있음을 알게 되었다. 네 큰처남에게는 집으로 돌아갈 때, 이곳에 들러서 나를 만나고 가면 좋겠다고 전하거라. 경상감사慶尙監司가 이 달 28일 예안현에 오기 때문에 네 아버지도 그 날 이곳에 온다. 그때 오면 서로 만날 수 있을 것이다. 나머지는 어제 보낸 편지에서 언급하였기에 이만 그친다.

갑자년 7월 27일 토계에서 할아버지가

해설 이 편지는 청량산 김생암에서 글을 읽고 있던 안도가 곧 있을 대과 과거시험에 응시하기 위해 상경하려고 산에서 내려오겠다고 알린 편지에 답한 것이다. 특히 안도의 큰처남 권경룡은 퇴계가 청량산에 갈 때 함께 따라갔다가 그곳에서 글을 읽고 있었다. 그도 이때 함께 내려올 계획이었기에, 퇴계는 그가 내려오는 길에 토계로 와서 준을 만나고 가라고 하였다. 준은 7월 28일에 경상감사의 행차를 수행하고 예안현에 오는 길에 고향집에 들를 예정이었다. 퇴계는 이때 토계리 상계 마을에 있었다.

8월 1~5일

안도에게 답한다

지난번 보낸 편지를 받아보고 그간의 소식은 잘 알았다만, 요즈음 어떻게 지내고 있느냐? 이곳과 안기에는 모두 별일 없다.* 약수탕*에 갔던 네 어머니 일행은 무사히 돌아왔고, 네 아버지는 요즈음 중앙에서 파견된 관리의 행차를 맞이하기 위해 진보眞寶*에 가 있다. 너는 이곳으로 올 때 영주에 들러 제사를 지내고 와야겠다. 듣기로는 연동이가 제사에 쓸 고기를 이달 10일 제사 때까지 구하지 못할까 걱정이라고 한다는구나. 혹 네가 이곳으로 오는 때와 서로 어긋나면 어떻게 하느냐. 염려된다.

용궁현감龍宮縣監*이 갑자기 서거하였다. 너도 부음을 들었을 것이다. 어찌 이처럼 좋지 못한 일이 있단 말이냐. 슬픈 마음을 가눌 길 없어 부의賻儀로 백지 두 묶음과 조문하는 글을 보낸다. 네가 이곳으로 오는 길에 그곳에 꼭 들러서 빈소에 절하고, 내 뜻이라 하고 상가에 부의를 전하도록 하여라. 또 유가족들에게도, 서거했다는 소식을 듣고 몹시 슬펐으나 병 때문에 달려와서 문상하지 못하는 사정을 전하고, 아울러 언제 발인인지, 두 사위*는 언제 나를 찾아올 수 있는지를 물어보고 오면 좋겠다. 손님을 맞이하고 있어서 나머지는 다 적지 못한다. 미처 적지 못한 것은 편지를 가지고 가는 덕만이에게 물어보거라.

갑자년 8월 1~5일 토계에서 할아버지가

해설

이 편지는 함창 처가에 가 있던 안도가 보낸 편지에 답한 것이다. 퇴계는 이때 토계리 상계 마을에 있었고, 안도는 함창 처가에서 안기로 올 예정이었다. 안도에게 안기로 오는 길에 영주에서 제사를 지내고, 용궁현감의 빈소에 조문하고 올 것을 당부하고 있다.

* 이곳과 안기에는 모두 별일 없다 : 준의 가족은 준의 근무처인 안기역에 살았기 때문에 함께 언급한 것임.

* 약수탕 : 현 경상북도 봉화군 물야면 오전리의 오전약수탕을 말함. 종기와 피부병 등의 치료에 큰 효과가 있었음. 안도의 어머니 봉화 금씨가 가슴에 생기는 종기인 유종乳腫을 치료하기 위해 이곳에 간 것으로 보임.

* 진보 : 현 경상북도 청송군 진보면 일원에 있었던 진보현임.

* 용궁현감 : 그때 용궁현감으로 재직하던 사람을 가리키나, 구체적으로 누구인지는 미상임. 용궁현은 현 경상북도 예천군 용궁면 일원에 있었던 고을임.

* 두 사위 : 이때 서거한 용궁현감의 두 사위를 지칭하나, 구체적으로 누구인지는 미상임.

9월

안도에게 답한다

금천에서 부친 편지와 의손이가 가지고 온 편지를 받아보고, 네가 무사히 서울에 도착하였음을 알게 되니 마음이 놓인다. 이곳은 모두 여전하다. 다만 민시원閔蓍元의 아내가 된 네 종고모*가 별세하였다. 올해에 두 자매가 모두 죽으니 너무나 슬프구나. 대과 과거시험을 본 결과는 어떻게 되었느냐? 지난번에 네 아내가 편치 않다고 했는데, 중간에 받아본 네 아내의 언문 편지로는 이미 나았을 것으로 생각되지만, 그래도 상세히 알 수 없어서 염려된다. 네 아내의 병이 이미 다 나았다면, 너는 겨울 동안 성균관에서 공부하는 것이 좋겠다. 나머지는 상경하는 네 아버지에게 물어보거라. 다 적지 않는다.

갑자년 9월 토계에서 할아버지가

안도에게 보낸다

금난수琴蘭秀*가 찾아와서 편지를 받아보고, 네가 별탈 없이 잘 지내고 있음을 알게 되니 마음이 놓인다. 네가 대과 과거시험에 낙방한 것이야 이상할 것이 없지만, 우리 고을의 여러 사람들이 모두 네 큰외숙부 금응협 한 사람에게 양보하고 만 것은 어찌된 일이냐? 아직 합격자 명단을 보지 못해서 다른 가까운 사람들의 합격 여부는 알지 못하고 있다. 네 큰외숙부는 경전의 의미를 풀이하는 시험*을 어떻게 보았느냐? 자꾸만 기다려진다. 네가 서울에서 겨울을 지내기로 작정했다면 그대로 하거라. 하지만 경전에 대한 공부가 보잘것없으니, 비록 원점을 다 따서 과거에 응시하더라도 아무런 소득이 없을까 걱정이다.

붓실이가 가지고 온 약은 내 병에는 잘 맞지 않을 듯하여 먹지 않고 있었다. 그러다가 요 근자에 문의해서 알아본 다음 복용을 하고 대체로 나았지만, 아직도 증세가 남아 있다. 네 아버지가 서울에 올라갈 때 증세를 적어 갔기에 지금 다시 써서 보내지는 않는다. 김취려 · 남언경南彦經* · 이이李珥* · 이국필의 편지는 모두 잘 받아보았다. 하지만 편지를 가지고 갈 사람이 서둘러서 미처 답장을 하지 못한다. 이들을 만나거든 답장을 보내지 못하는 사정을 말해주면 좋겠다. 나머지는 매사에 조심하고 또 노력하거라.

갑자년 9월 토계에서 할아버지가

해설 이 두 편지는 대과 과거시험에 응시하기 위해 상경한 안도에게 부친 것이다. 앞의 편지는 상경하던 안도가 보낸 편지에 답한 것이고, 뒤의 편지는 서울에 있는 안도에게 보낸 것이다. 이 해의 대과 과거시험에는 안도의 큰외숙부인 금응협만 합격하고 모두 낙방하였다. 안도는 그 무렵 가족이 서울에 있었기 때문에, 상경한 김에 겨울 동안 성균관에서 공부를 하려고 하다가 그냥 고향으로 내려왔다. 준도이 달에 공문을 전하는 일로 상경하였다. 퇴계는 이때 토계리 상계 마을에 있었다.

* 민시원의 아내가 된 네 종고모 : 민시원의 자는 서경筮卿, 본관은 여주驪州, 영주에 살았음. 생년은 미상, 1565년에 서거함. 생원임. 퇴계의 큰형님 잠의 맏사위로, 앞서 나온 민응기의 아버지임. 민시원의 아내는 바로 이 해 3월에 서거한 권호문의

어머니 언니이므로, 올해에 두 자매가 모두 죽었다고 한 것임.

* 금난수 : 자는 문원聞遠, 호는 성재惺齋, 본관은 봉화, 예안현 가송리에 살았음. 1530년 출생, 1604년 서거함. 퇴계의 제자. 소과 과거시험 진사시에 합격하여 천거로 벼슬길에 나가 현감에 이름. 임진란 때는 군량을 조달하는 데 큰 공을 세우고, 뒤에 공신으로 책록되어 좌승지左承旨에 추증됨. 저서로 『성재집惺齋集』이 있음.

* 경전의 의미를 풀이하는 시험 : 강경講經이라고 함. 대과 과거 2차시험인 회시에서 보였음.

* 남언경 : 자는 시보時甫, 호는 동강東岡 또는 정재靜齋, 본관은 의령宜寧. 1528년 출생, 1594년 서거함. 학행으로 천거되어 벼슬길에 나가 전주부윤全州府尹에 이름. 처음에는 서경덕徐敬德에게 배우다가 나중에는 퇴계에게 배움. 1589년 전주부윤에서 물러나 경기도 양평군 영천동에 은거하였음. 부윤은 현 광역시에 해당하는 조선시대 지방 행정 단위의 하나인 부府의 수령으로 종2품 관직임.

* 이이 : 자는 숙헌叔獻, 호는 율곡栗谷 · 석담石潭 · 우재愚齋, 시호는 문성文成, 본관은 덕수德水, 파주에 살았음. 1536년에 출생, 1584년에 서거함. 1548년 진사시에 합격하고, 어머니 신사임당의 사후 한때 금강산에 들어가 불교를 공부하다가 하산하여 성리학性理學에 전념함. 1558년 2월에는 토계리 상계 마을로 퇴계를 찾아와서 3일간 머물다가 돌아가기도 함. 같은 해 특별 과거시험에서 장원을 하고, 이때부터 1564년에 응시한 대과 과거시험 전시殿試에 이르기까지 아홉 차례의 과거시험에서 모두 장원을 하여 '구도장원공'九度壯元公으로 일컬어짐. 벼슬길에 나가 내외 관직을 두루 거치고 의정부우찬성議政府右贊成에 이름. 1575년 40세 무렵부터 정국을 주도하는 인물로 부상하여 동서 붕당의 조정에 힘을 쏟았고, 1583년에는 경연經筵에서 선조에게 닥칠 전란에 대비해서 국방을 강화할 것을 건의함. 문묘에 종사되고, 저서로 『율곡전서栗谷全書』가 있음. 우찬성은 조선시대 최고 행정기관인 의정부의 종1품 관직임. 좌찬성과 함께 영의정 · 좌의정 · 우의정 3인의 정승을 보좌하는 역할을 하였음.

10월 10일

안도에게 답한다

지금 유운룡柳雲龍*의 종이 가져온 네 편지와 책문을 받아보니 마음이 놓인다. 그러나 편지는 오래 전에 보낸 것이고, 그 사이 금난수가 가지고 온 편지를 보기는 했지만, 요 근자의 소식은 전혀 듣지 못하고 있다. 네 아버지는 지난달 그믐이나 이 달 초에는 서울에 도착했을 것인데 따라갔던 종이 아직도 돌아오지 않는다. 네 큰외숙부도 필시 속히 돌아올 것인데 아직도 돌아오지 않고 있다. 몹시 걱정된다. 이곳은 모두 여전하다. 오천의 네 외조모는 네 재종숙부 빙憑*의 집 잔치에 왔다가, 토계의 너희 집*에서 묵은 뒤 내일 돌아갈 것이다. 내 병은 거의 나았다. 나머지 증세는 네 아버지가 적어 가기는 했지만, 먼 곳에 가서 약을 구하다 보니 약을 구하고 나면 증세는 이미 달라져, 이 때문에 어려움이 있구나. 내가 지금 앓고 있는 병은 뱃속에서 열이 나서 열을 내는 약은 먹을 수가 없으니 아쉽구나. 유운룡에게 부치는 답장을 보낸다. ……

갑자년 10월 10일 토계에서 할아버지가

해설 이 편지는 서울 죽전동 장인의 집에 있던 안도가 보낸 편지에 답한 것이다. 퇴계는 이때 토계리 상계 마을에 있었고, 준은 공문을 전하는 일로 상경해 있었다. 안도는 대과 과거시험에 응시한 다음 고향으로 돌아와서, 이 해 12월에 계재에서 김취려와 함께 주자의 글을 읽었다.

* 유운룡 : 자는 응현應見, 원래 자는 이득而得, 호는 겸암謙菴, 시호는 문경文敬, 본관은 풍산豐山, 안동에 살았음. 1539년에 출생, 1601년에 서거함. 퇴계의 제자. 성리학 연구에 힘을 쏟았고, 퇴계 서거 후 퇴계 문집을 편찬하는 작업에 참여함. 원주목사原州牧使에 이르고, 이조판서에 추증됨. 저서로 『겸암집謙菴集』이 있음. 판서는 조선시대 정무를 담당하던 육조의 장관인 정2품 관직임.

* 빙 : 자는 보경輔卿, 호는 만취헌晩翠軒, 퇴계의 숙부 우의 맏손자임. 1520년에 출생, 1585년에 서거함. 퇴계에게 가르침을 받았음. 퇴계 서거 후 퇴계 저작을 수집하는 작업에 참여하였고, 유일로 천거되어 벼슬이 첨정僉正에 이름. 첨정은 조선시대 왕실의 친척과 임금의 외척을 예우하던 돈녕부敦寧府, 그리고 정무를 담당하던 육조 산하 기관의 종4품 관직임.

* 토계의 너희 집 : 토계리 상계 마을 서쪽에 있었던 준의 살림집을 말함.

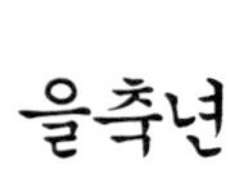

을축년

_1565년, 퇴계 65세, 준 43세, 안도 25세

4월

잠명제훈箴銘諸訓 대한 발문

가정嘉靖 을축년 초여름에 써서 손자 안도에게 주노니, 학문하는 요령은 여기에 남김없이 갖추어져 있다. 그러나 진실로 깊이 체득해서 힘써 실행하지 않으면, 비록 격언格言과 지론至論을 날마다 앞에 펼쳐놓는다 하더라도 아무런 도움이 되지 않을 것이다. 하물며 글 한 편을 다 읽기도 전에 졸려서 하품을 하며 책을 서가에 얹어두고 먼지가 쌓이고 좀이 슬게 하는 경우야 더 말할 나위가 있겠느냐. 너는 잘 생각해서 노력하거라.

해설 이것은 퇴계가 안도에게 주기 위해 송나라 유학자들의 잠箴·명銘·찬贊·시詩 등 총 39편을 뽑아서 손수 쓴 다음, 그 끝에 붙인 짧은 글이다. 그때 퇴계가 손수 써서 안도에게 준 유묵遺墨이 현재 전하고 있다.

嘉靖乙丑孟夏書與孫兒安
道為學之要悉具於此於
苟不深體而力行之雖揭座
坐誤日係於前猶亦無益
況汝曾讀未終篇矣則
思惟而束之高閣付之塵
蠹者乎汝其思勉

5월

안도에게 보낸다

높은 산 조용한 곳에서 글읽기는 어떠하냐? 『주역』은 쉽게 읽을 수 있는 책이 아니니, 아무쪼록 대충대충 보지 말기를 바란다. 이곳은 모두 여전하다. 내 눈병은 이제 차차 나아가고 있지만, 눈이 너무 침침해져서 괴롭구나. 의흥현감義興縣監 김립金立*은 나를 방문하고 돌아갔으나, 데리고 온 그의 아들 김수회金壽恢*는 이곳에 머물고 있다. 지금 도산서당의 농운정사隴雲精舍에 기거하면서 『논어』 등을 배우고 있는데, 머지않아 집으로 돌아갈 것이다. 김수회는 김수개金壽愷*의 동생이다. 지금 대혜선사大慧禪師*의 어록語錄를 보낸다.

을축년 5월 도산에서 할아버지가

해설 이 편지는 청량산 연대사蓮臺寺에서 『주역』을 읽고 있던 안도에게 보낸 것이다. 안도는 이때 자신의 작은외숙부 금응훈과 함께 연대사에서 『주역』을 읽고 있었다. 연대사는 현 청량산 청량사 자리에 있었던 절이다. 퇴계는 이때 도산서당에 있었다.

* 의흥현감 김립 : 의흥현은 현 경상북도 군위군 의흥면 일원에 있었던 고을임. 김립의 자는 입지立之, 호는 성재惺齋, 본관은 서흥瑞興, 한훤당寒暄堂 김굉필金宏弼의

손자. 1497년에 출생, 1583년에 서거함. 음직으로 벼슬길에 나가 선공감정繕工監正에 이름. 퇴계와 교유하였음. 선공감정은 조선시대 토목 · 건축 등의 공사를 관장하던 선공감의 장관으로 정3품 당하관 관직임.

* 김수회 : 자는 이도而度, 본관은 서흥, 김립의 둘째 아들. 생졸년은 미상. 음직으로 벼슬길에 나가 현감에 이름.

* 김수개 : 자는 군도君度, 호는 성재省齋, 본관은 서흥, 김립의 큰아들. 1528년 출생, 졸년은 미상. 벼슬은 좌랑佐郎에 이름. 좌랑은 조선시대 정무를 담당하던 육조에 소속된 정6품 관직임.

* 대혜선사 : 중국 당나라 때 선승. 간화선看話禪의 독창적인 전개로 사상계에 큰 영향을 미침.

6월 24일

안도에게 답한다

편지가 와서 네가 만월암滿月庵으로 옮겨 거처하고 있음을 알게 되었다. 그곳은 청량산에서 특히 아름다운 곳이니 매우 좋겠다 다만 네가 『주역』을 공부하는 데 있어 그 깨끗하고 정밀한 이치, 그리고 도서圖書*와 괘卦 그림*의 근원은 알지 못한 채, 강론하는 자리에서 대답할 거리만 얻기 위해 읽고 있으니 애석할 뿐이다. 김취려가 네게 부친 편지는 큰물로 길이 막혀서 보내지 못해, 네가 지금 답장을 하지 못하는 것이 아쉽구나. 그러나 내가 김취려에게 부치는 편지에서 네가 답장을 하지 못하는 까닭을 이미 설명하였다.

을축년 6월 24일 토계에서 할아버지가

해설 청량산 연대사에서 만월암으로 장소를 옮겨 그의 작은외숙부 금응훈과 함께 『주역』을 읽고 있던 안도가 보낸 편지에 답한 것이다. 『주역』을 공부함에 있어 그것의 이치와 근원은 탐구하지 않은 채, 과거시험에 대비하기 위해 내용의 암기에만 몰두하고 있는 태도를 나무랐다. 만월암은 청량산 자소봉紫霄峯 백운암白雲庵 아래 만월대滿月臺 곁에 있었던 암자이다. 퇴계는 이때 토계의 상계 마을에 있었다.

* 도서 : 하도河圖와 낙서洛書를 말함. 하도는 중국 복희伏羲 때 황하黃河에서 나온 용마龍馬의 등에 나타난 도형이고, 낙서는 중국 하夏나라 우왕禹王이 홍수를 다스릴 때 낙수洛水에서 나온 신령스런 거북의 등에 쓰여 있었다는 글임. 『주역』의 근원

으로 인식되고 있음

* 괘 그림 : 『주역』의 골자가 되는 8괘와 64괘의 생성 변화를 밝힌 그림. 주자는 『역학계몽』에서 이에 대해 소옹의 설을 근거로, 복희의 「선천도先天圖」에서 유래한 네 가지 그림과 문왕文王의 「후천도後天圖」에서 발전된 두가지 그림 등 여섯 가지 그림을 들어서 설명하고 있음.

7월 21일

안도에게 답한다

스님이 가져온 편지를 받아보았다. 잘 있다니 마음이 놓인다. 이곳은 모두 별일 없다. 네 아버지는 내일쯤 안기에 갈 것이다. 스님이 돌아간다기에 급히 몇 자 적는다. 이만 그친다.

을축년 7월 21일 토계에서 할아버지가

| 추신 |

김전金墺*이 찾아와서 김성일金誠一*과 함께 계재에서 『통감通鑑』*을 읽고 있다. 토곡土谷*에 사는 전 봉화현감 이희량李希樑*이 지난 19일에 서거하였다. 슬프기 그지없구나.

해설

이 편지는 작은외숙부 금응훈과 함께 청량산 만월암에서 『주역』을 읽고 있던 안도가 보낸 편지에 답한 것이다. 퇴계는 이때 토계리 상계 마을에 있었다.

* 김성일 : 자는 사순士純, 호는 학봉鶴峯, 시호는 문충文忠, 본관은 의성義城, 안동에 살았음. 1538년에 출생, 1593년에 서거함. 퇴계의 제자. 1568년 대과 과거시험에 합격하여 벼슬은 경상감사에 이름. 저서로 『학봉집鶴峯集』 등이 있음. 1556년 토계리 상계 마을로 퇴계를 찾아와 제자가 되었고, 1565년에는 퇴계에게 도통道統 전수

의 의미를 담은 병명屛銘을 받았음. 퇴계 서거 후에는 퇴계 문집 편찬을 주관하는 한편, 나주목사羅州牧使로 재직하는 기간 동안에는 그때까지 퇴계 문집의 간행이 이루어지지 않는 현실이 안타까워 퇴계의 여러 저작을 간행하기도 하였음.

* 『통감』 : 『통감절요通鑑節要』. 『통감절요』는 중국 북송北宋 때 강지江贄가 사마광司馬光이 편찬한 『자치통감資治通鑑』 중에서 대요를 뽑아 만든 역사서로 총 50권임. 이 책은 강묵江默이 주자에게 질정을 구한 뒤로 널리 알려짐. 주자의 사관에 영향을 받아 촉한蜀漢을 정통으로, 위魏를 비정통으로 보았음. 이런 이유로 주자학을 신봉하던 조선시대에 특히 많이 읽혀졌으며, 초학자들의 한문 학습 교재로도 널리 이용되었음.

* 김전 : 자는 자후子厚, 호는 구봉九峯, 본관은 광산, 예안의 오천리 외내 마을에 살았음. 1538년에 출생, 1575년에 서거함. 퇴계의 제자임.

* 토곡 : 현 경상북도 영주시 봉현면 두산리의 토곡 마을인 듯.

* 이희량 : 자는 가허架虛, 호는 호암虎巖, 본관은 영천永川. 1501년에 출생, 1565년에 서거함. 봉화현감을 역임함. 농암 이현보의 아들로, 퇴계와 친구임.

7월 23일

안도에게 답한다

스님이 와서 편지를 받아보니 걱정하던 마음이 몹시 위로가 된다. 이곳 대소가는 모두 잘 지내고 있다. 상주의 선비들이 도내에 통문을 돌렸는데, 그 대의는 보우普雨*를 처벌하라고 요구할 때마다 임금님께서는 지금은 문정왕후文定王后*의 상중이라 사람을 죽일 수 없다는 말로 전교를 하셨으나, 이제 삼우三虞와 졸곡卒哭*을 마치게 되었으니 바로 보우를 처벌할 수 있는 때이므로 온 도道가 힘을 모아 대궐 앞에서 임금님께 청해야 한다는 것이다. 이 주장은 매우 훌륭해서 상주에서는 소매를 걷어붙이고 일어나는 사람들도 있었다고 한다.

그러나 나는 몹시 옳지 않다고 생각했기 때문에 예안의 선비들에게 함께 모여서 의논하게 하였고, 또 그들을 힘껏 타일러서 중지시켰던 것이다. 하지만 김부필金富弼*과 조목 등은 내가 중지시킨 것이 몹시 부당하다고 생각해서 가슴속에 울분을 품고 있으나, 일단 나 때문에 억지로 참고 있다고 한다. 그러나 내가 늙고 보잘것없지만 어찌 근거 없이 함부로 다른 사람들의 불의에 분개하는 충성심을 저지시켰겠느냐. 이러한 일은 의리에 입각해서 판단해야지 추호도 객기로 처리해서는 안 된다. 시간이 지나면 의당 잘 알 수 있을 것이다. 지금으로서는 일일이 설명하기는 어렵겠다.

어제 조보朝報*를 보니, 왕대비인 인성왕후仁聖王后*께서 오래도록 편찮으셔서 계산군桂山君*의 처소에서 치료하고 계시고, 임금님의 환후患候도 심상치 않더구나. 비록 먼 곳에 물러나 사는 처지이지만 걱정스럽기 그지

없다. 문정왕후의 능*을 조성하는 공사는 이 달 15일에 이미 마쳤을 것이고, 오는 28일은 졸곡이다. 졸곡 뒤에는 검은 갓과 검은 띠를 해야 한다. 알고 있느냐?

을축년 7월 23일 토계에서 할아버지가

해설 이 편지는 바로 앞의 편지와 마찬가지로 그의 작은외숙부 금응훈과 함께 청량산 만월암에서 『주역』을 읽고 있던 안도가 보낸 편지에 답한 것이다. 퇴계는 이때 토계리 상계 마을에 있었다.

* 보우 : 호는 허응당虛應堂 또는 나암懶庵. 1548년 명종의 모후인 문정왕후의 신임을 얻어 봉은사奉恩寺 주지가 되어 불교의 부흥에 주도적 역할을 함. 1515년에 출생, 1565년에 사사됨.

* 문정왕후 : 성은 윤씨尹氏, 본관은 파평坡平. 조선 중종의 계비繼妃로, 1545년에 아들 명종이 즉위하자 수렴청정을 하였음. 이때 남동생 윤원형尹元衡이 권력을 쥐게 되자, 을사사화를 일으켜 대윤大尹인 윤임尹任 일파를 몰아내고 외척 정치의 막을 엶. 승 보우를 우대하여 숭유억불의 국시를 무시하고 불교 중흥을 도모하였음. 명종 이외에 의혜懿惠 · 효순孝順 · 경순敬順 · 인순仁順 공주 등 1남 4녀를 둠.

* 삼우와 졸곡 : 삼우는 장례 후 삼일 동안 지내는 제사이고, 졸곡은 삼우를 지내고 석 달 만에 지내는 제사임.

* 김부필 : 자는 언우彦遇, 호는 후조당後凋堂, 시호는 문순文純, 본관은 광산, 예안의 오천리에 살았음. 1516년에 출생, 1577년에 서거함. 퇴계의 제자. 소과 과거시험 진사시에 합격하고 세 차례나 참봉에 임명되었으나 나가지 않음. 이조판서에 추증됨. 저서로 『후조당집後凋堂集』이 있음. 오천칠군자의 한 사람으로 앞서 나온 김

부의의 형님이고, 안도의 외외오촌숙부임.

* 조보 : 조선시대에 왕명의 출납을 맡았던 승정원에서 매일 아침 중요 소식들을 필사해 중앙 및 지방 관청과 전현직 관리 등에게 배포한 일종의 신문임.

* 인성왕후 : 성은 박씨朴氏, 본관은 반남潘南. 조선 인종의 비. 1514년에 출생, 1577년에 서거함. 슬하에 소생이 없음. 능은 경기도 고양시 덕양구 원당동에 있는 효릉孝陵임.

* 계산군 : 성종의 둘째 아들 계성군桂城君 순恂인 듯.

* 문정왕후의 능 : 현 서울특별시 노원구 공릉동에 있는 태릉泰陵임.

8월 1일

안도에게 답한다

스님이 가지고 온 편지를 보고 연대사로 내려와서 무사히 글을 읽고 있음을 알게 되니 마음이 놓인다. 이곳과 안기에서는 모두 별탈 없이 잘 지내고 있다. 계재에는 어제부터 우성전禹性傳*이 다시 와서 묵고 있고, 오늘은 이덕홍李德弘* 일행 세 사람이 또 왔다. 그러나 거처할 곳이 좁고 사람도 많아서 이덕홍 일행은 오래 머물 수 없겠다고 하는구나.

을축년 8월 1일 토계에서 할아버지가

이 편지는 만월암에서 다시 연대사로 내려와서 그의 작은외숙부 금응훈과 함께 『주역』을 읽고 있던 안도가 보낸 편지에 답한 것이다. 퇴계는 이때 토계리 상계 마을에 있었다.

* 우성전 : 자는 경선景善, 호는 추연秋淵, 본관은 단양丹陽, 시호는 문강文康, 서울에 살았음. 1542년에 출생, 1593년에 서거함. 퇴계의 제자. 1568년 대과 과거시험에 합격하여 내외 관직을 두루 역임함. 남인南人의 거두로, 1591년 서인西人의 정철鄭澈이 물러날 때 북인北人에 의해 삭직削職됨. 이듬해 임진란이 일어나자, 경기도에서 수천 의병을 모집, 추의군秋義軍이라 하고 강화에 들어가 김천일金千鎰 등과 함께 도처에서 전공을 세움. 그 뒤 의병장으로서 계속 활약, 퇴각하는 일본군을 의령까지 추격하였음. 이조판서에 추증됨. 『주역』에 특히 밝았음. 저서로 『역설易說』,

『이기설理氣說』, 『계갑일록癸甲日錄』 등이 있음.

* 이덕홍 : 자는 굉중宏仲, 호는 간재艮齋, 본관은 영천, 예안의 원천리에 살았음. 1541년에 출생, 1596년에 서거함. 퇴계의 제자. 천거로 벼슬길에 나가 현감에 이름. 임진란 때는 선조를 의주까지 호종하였음. 이조참판吏曹參判에 추증됨. 『주역』에 특히 밝았고, 저서로 『간재집艮齋集』 등이 있음. 퇴계가 서거할 때 자신의 전적典籍을 관리하게 하였음.

8월 3일

안도에게 보낸다

정사성鄭士誠*이 이곳을 지나는 길에 전해준 편지를 받아보고 네 소식을 알게 되었다. 김성일과 우성전은 지금 『역학계몽易學啓蒙』을 읽으려고 한다. 네가 이미 『주역』을 읽었다고 하더라도 『역학계몽』을 읽지 않을 수 없다. 그러므로 이 기회를 놓치지 말아야 할 것이다. 비록 『주역』을 다 읽지 못하였더라도, 일단 그 책을 읽는 것을 중단하고 곧바로 산에서 내려와 이들과 함께 『역학계몽』을 읽었으면 참 좋겠다.

전에 너의 뜻을 살펴보니 학문에는 전혀 마음을 두지 않고 있더구나. 나는 네가 아직 정자程子*와 주자朱子*의 글을 읽지 않아서 그럴 것이라고 생각했다. 그러다가 지난겨울에 주자의 글을 읽고서도* 깨닫고 분발해서 힘껏 유익함을 구하려는 뜻을 볼 수 없어서 나는 마음속으로 크게 실망하였다. 일전에 또 편지를 보내 네가 『주역』을 읽으면서도 도서와 괘 그림의 근원, 그리고 그 깨끗하고 정밀한 이치를 알지 못하는 것이 아쉽다고 했지만, 너는 내 편지를 받은 뒤로 이에 대해 한마디 말도 없으니, 모르는 것을 알려는 뜻은 없고, 오로지 과거시험에 합격해서 벼슬자리를 얻는 데만 마음을 두고 있음을 알 수 있었다.

뜻을 세움이 이처럼 보잘것없으니, 비록 이제 네게 억지로 이 책을 읽게 하더라도 그것은 노래를 부르기 싫어하는 사람에게 억지로 노래를 부르게 하는 것과 무엇이 다르겠느냐. 그렇지만 나로서는 이 때문에 너를 끝내 바른길로 인도하지 않을 수 없기에 종과 말을 보내는 것이니, 너만 유독 분발해서 고치려고 하지 않아서야 되겠느냐. 네가 산에서 나려오고 나면, 네 작은외숙부만 혼자 산에 있을 수 없을 듯하다. 그래서 김전이 돌아가는 편에 네 큰외숙부에게 이 사실을 알렸다. 필시 종과 말을 보냈을 것으로 생각된다만, 확실히 알 수는 없는 노릇이다.

을축년 8월 3일 토계에서 할아버지가

| 별지 |

『주역』을 읽는 것 또한 한 가지 큰 공부이다. 네가 올해 산에 들어가 굳게 자리잡고 앉아서 『주역』을 읽은 것은 매우 잘한 일이다. 나는 네가 『주역』을 읽는 것이 잘못되었다는 것이 아니다. 도대체 학문에 대한 열정도 없으면서 참으로 마음쓰기를 이와 같이 한다면, 비록 모든 경전을 한 글자도 착오 없이 다 외운다고 하더라도 실제 무슨 도움이 되겠느냐. 이를 두고 주자께서는 눈앞의 달콤한 복숭아나무를 버려두고, 온 산을 다 뒤져서 신 배나무를 찾는다고 한 것이다.

요사이 김성일과 우성전 두 사람을 살펴보니, 목표하는 것이 매우 좋아서 오로지 올바른 학문에 전념하고 있다. 이처럼 뜻을 세운 것이 진실되고 간절하다면, 무엇을 구한들 얻지 못할 것이며, 무슨 공부를 한들 이루지 못하겠느냐. 이와 같은 벗이 현재 서재에 있는데도 너는 크게 도움 받을 생각을 하지 않고, 한결같이 네 멋대로 해서 끝내 정자께서 너무 멀리 사냥을 나가서 돌아올 줄 모른다고 한 잘못을 범하고 있으니, 진정 이래서야 되겠느냐. 지금 시 한 수*를 지어서 말로 다할 수 없는 내 뜻을 보이니, 너는 깊이 생각하거라.

추만秋巒 정지운鄭之雲*이 소장하던 『역학계몽』 두 책은 도산서당 서가에 있다. 너는 부포浮浦* 쪽으로 내려와서 도산서당에 들러 그 책을 가지고 오너라. 도산서당의 열쇠는 정일淨一*이 가지고 있다.

해설 이 편지는 만월암에서 다시 연대사로 내려와서 그의 작은외숙부 금응훈과 함께 『주역』을 읽고 있던 안도에게 보낸 것이다. 종과 말을 보내면서 지금 『주역』을 읽는 것을 그만두고, 곧바로 이곳 토계로 와서 『역학계몽』을 읽으라고 지시하였다. 안도는 이 편지를 받고 곧바로 토계로 와서 『역학계몽』을 읽었다. 퇴계는 이때 토계리 상계 마을에 있었다.

* 정사성 : 자는 자명子明, 호는 지헌芝軒, 본관은 청주淸州, 안동에 살았음. 1545년에 출생, 1607년에 서거함. 퇴계의 제자로, 1561년부터 퇴계에게 가르침을 받았음. 퇴계는 이름과 자를 지어주고, 손수 쓴 잠명과 『계몽도서절요啓蒙圖書節要』를 줌. 소과 과거시험에 합격하고, 천거되어 벼슬이 현감에 이름. 물러나 살면서 한평생 학문에 힘썼고, 저서로 『지헌집芝軒集』이 있음.

* 정자 : 중국 북송 중기의 성리학자인 정호程顥와 정이程頤 형제를 가리킴. 정호의 자는 백순伯淳, 호는 명도明道, 저서로 『정성서定性書』와 『식인편識仁篇』이 있음. 1032년에 출생, 1085년에 서거함. 정이의 자는 정숙正叔, 호는 이천伊川, 저서로 『역전易傳』이 있음. 1033년에 출생, 1107년에 서거함. 이 두 사람의 저작을 묶은 『이정전서二程全書』라는 책이 간행되어 있음.

* 주자 : 중국 남송의 대유학자. 성리학을 집대성하였음. 이름은 희熹, 자는 원회元晦·중회仲晦, 호는 회암晦菴·회옹晦翁·운곡산인雲谷山人·창주병수滄洲病叟·둔옹遯翁. 1130년에 출생, 1200년에 서거함. 저서로 『주자대전朱子大全』과 『사서집주四書集註』 외에 다수가 있음.

* 지난겨울에 주자의 글을 읽고서도 : 이 편지를 보내기 한 해 전인 1564년에 안도는 김취려와 함께 계재에서 주자의 글을 읽은 적이 있음.

* 시 한 수 : 「계상에서 김부의 · 김부륜 · 김성일 · 금응훈 · 우성전과 함께 『역학계몽』을 읽고, 시 두 수를 지어서 내 뜻을 보인 다음, 손자 안도에게도 보여준다〔溪上, 與金愼仲 · 惇敍 · 金士純 · 琴壎之 · 禹景善, 同讀『啓蒙』, 二絶示意, 兼示安道孫兒〕」는 시 제1수임. 그 원문은 다음과 같음. "우주 이치 밝힌 소옹邵雍 주자께 전하시니, 『주역』의 속 알맹이 이 책에 환하구나. 얼마나 연구하고 찾아가 물었던고. 늙어서도 공부가 서툰 것 안타깝네.〔邵壟乾坤傳我朱, 『易』中心髓洞玆書. 幾加研索兼咨訪? 到老猶嫌術業疎.〕" 계상은 현재 퇴계 종택이 있는 상계 마을을 말함.

* 정지운 : 자는 정이靜而, 호는 추만秋巒 또는 가옹稼翁, 본관은 경주慶州, 고양에 살았음. 1509년에 출생, 김안국金安國과 김정국金正國에게서 성리학을 배움. 「천명도설天命圖說」을 지은 다음, 1553년에 퇴계를 만나 수정을 받음. 이로 인해 후일 퇴계와 기대승 사이에 사단칠정四端七情 논쟁이 이루어짐. 성격이 곧아서 다른 사람과의 교제에도 퍽 신중하였고, 벼슬에 천거되어도 사양하였음. 1561년 개성의 천마산天磨山에 갔다가 병이 나서 고향으로 되돌아오던 도중에 서거함. 퇴계는 그의 묘갈문을 지었음.

* 부포 : 현 경상북도 안동시 예안면 부포리임.

* 정일 : 예안 용수사의 스님으로, 법련法蓮의 뒤를 이어 도산서당의 건축 공사를 맡아서 하였고, 도산서당이 완공된 뒤에는 농운정사에 기거하면서 도산서당을 지키는 책임을 맡았음.

8월 4~5일

안도에게 보낸다

지금 정탁의 편지를 받아보니, 어떤 재상이 내가 부당하게도 가벼이 후배들을 접촉하고 있으며, 요사이 상소를 올려 정부의 시책의 옳고 그름을 시끄럽게 따지는 것도 모두 내가 그렇게 하도록 시킨 것이라고 했다니, 우스운 일이다. 그리고 내가 지은 시문詩文이 서울에 전파된 것도 부당하다고 했다니, 이는 지당한 말이다. 우성전이 내가 지은 시문을 모아서 책으로 만들기까지 했으니, 어찌 다른 사람들이 이상하게 생각하고 노여워하지 않겠느냐. 그 책이 지금 다행히 내 손에 들어왔으니, 다시는 찾지 말라고 하거라. 또 『계몽전의』 원본은 이곳에 찾아다 놓았다. 박지화朴枝華*가 베껴서 소장하던 것은 네가 가지고 갔지만, 박지화에게는 다른 말로 둘러대고 그대로 갈무리해둔 채 내놓지 않는 것이 좋은 방책일 것이다. 너도 이러한 사정을 알아서 그때그때 잘 대처하면 좋겠다.

을축년 8월 4~5일 토계에서 할아버지가

이 편지는 안도가 청량산에서 내려오기 직전에 보낸 것이다. 퇴계는 이때 토계리 상계 마을에 있었다.

* 박지화 : 자는 군실君實, 호는 수암守菴, 본관은 정선旌善. 정선 박씨의 시조. 1513

년에 출생, 1592년에 서거함. 서경덕徐敬德의 제자로 특히 기수학氣數學에 뛰어났음. 현감을 지냄. 1592년 임진란이 일어나자 친구 정굉鄭宏과 함께 백운산白雲山에 피신했다가, 적이 가까이 닥치자 두보杜甫의 시 한 수를 써서 나뭇가지에 걸어놓고 강물에 몸을 던져 죽었음. 저서로 『수암유고守菴遺稿』가 있음.

9월 22일

안도에게 보낸다

붓실이가 오는 편에 부친 편지를 받아보고 모두 잘 있음을 알게 되었다. 그리고 그 편지 중에 한 말도 모두 다 잘 알겠다. 이곳은 모두 여전하다.

일전의 편지에서 말한 것은 다른 사람의 비난을 듣고서 스스로 돌이켜 반성하는 도리로 당연히 그렇게 한 것일 뿐이지, 실제로는 크게 놀랄 만한 일은 아니다. 예안의 선비들이 상소하는 데 참여하려는 것을 막았다고 한 것은 실제 내가 막은 것이니, 내 어찌 그러한 비난을 피하겠느냐. 그리고 제군들 또한 어찌 꼭 나를 이상하게 생각하겠느냐. 사람들은 제각기 자신의 입장이 있는 것이다. 제군들은 제군들대로 자신들의 입장에 따라 상소하였고, 나는 나대로 나 자신의 입장에 따라 예안의 선비들이 상소하는 것을 중지시킨 것이다. 그에 대한 시비와 득실은 절로 후세의 공론이 있을 것이니, 지금 어찌 제각기 한쪽에만 의거해서 시비와 득실을 따질 수 있겠느냐. 만약 물어보는 사람이 있으면, 너는 의당 사실대로 일러주어야 할 것이다. 예안의 선비들의 경우는 상관이 있기 때문에 중지시킨 것이고, 안동의 선비들은 그들대로 일찍이 상소한 적이 있기 때문에 그곳에 가지 않은 것일 뿐, 제 할아버지께서 막은 것이 아니라고 말해주면 될 것이다.

뒤에 이곳에서 들은 것은 네가 들은 것과 모두 같았다. 그렇다면 정탁이 말한 것은 필시 또 다른 한 사람의 비난일 것이다. 네가 서울에 올라가도 여가가 없을 듯하다만, 먼 곳이 아니니 아무쪼록 정탁을 한번 찾아가서 물어보고 남모르게 알려주기 바란다. 이러한 비난은 모두 마음에 담아둘 것이 못 된다. 다만 가볍게 후생들을 접촉하고 시문을 전파시켰다는 등의 비난은 비록 내 본의는 아니었지만, 나로서는 의당 경계해야 할 것이기 때문에 지난번 고응척高應陟*에게도 그렇게 말한 것이고, 또 네게 보낸 편지에서도 그렇게 말한 것이다. 이는 한편으로는 뜻하지 않게 이곳으로 몰려오는 사람들을 막고, 또 한편으로는 우성전 등을 경계시켜 내가 지은 시문을 좋아하지 않는 사람들에게 함부로 전파하지 못하게 하려는 것일 뿐이다. 진실로 이로 인해서 너희들과 이쪽 사람들이 마침내 평소 가지고 있는 뜻을 잃어버리게 되어 학문을 폐하고 시속을 따르게 하려는 것은 아니다.

박지화는 서울에 살고 있다. 그가 베껴서 소장하던 『계몽전의』는 보지 말아야 하는데도 보는 사람이 있을까 염려되어 속히 돌려주지 않으려고 한 것이다. 그러나 어찌 끝내 돌려주지 않을 수 있겠느냐. 지금은 미처 다 수정하지 못했으니, 나중에 모두 수정해서 돌려주겠다고 말하면 될 것이다. 네가 덕원으로 가는 길에 전해주어야 할 편지들을 써서 보낸다. 불편한 줄 알면서도 그치지 못하니 어쩌겠느냐. 덕원으로 떠나는 일 때문에 어수선한 데다 출발할 날짜가 임박했으니, 어느 겨를에 이곳에 다시 오겠느냐. 그곳 함창에 있으면서 준비를 해서 떠나는 것이 좋겠다. 아이가 젖이 적어서 병이 났다고 하던데, 어찌되었느냐. 염려된다. 이만 그친다.

을축년 9월 22일 토계에서 할아버지가

해설 이 편지는 함창의 처가 본댁에 있던 안도에게 보낸 것이다. 당시 안도의 장인은 함경도 덕원부사德源府使에 임명되어 안도의 아내 권씨 부인을 포함한 처가 식구들이 덕원으로 떠날 예정이었다. 덕원부는 현 함경남도 동남부에 위치한 원산시이다. 원산은 원래 덕원부 소속의 한 항구였다가, 근대 이후 동해안 최대의

항구로 성장하여 원산시가 되면서 덕원부의 모든 지역을 편입하게 되었다. 퇴계는 이때 토계리 상계 마을에 있었다. 한 가지 첨언할 것은 덕원의 한자 표기 문제이다. 퇴계는 안도에게 보내는 편지에서 덕원을 모두 '德原'으로 기록해놓고 있으나, 덕원의 일반적인 한자 표기는 '德源'이다. 퇴계 당시에는 '德源'과 '德原'을 통용해서 쓴 것이 아닐까 한다.

* **고응척** : 자는 숙명叔明, 호는 두곡杜谷 또는 취병翠屛, 본관은 안동安東, 선산에 살았음. 1531년에 출생, 1605년에 서거함. 대과 과거시험에 합격하여 경주부윤慶州府尹을 지냄. 그러나 벼슬살이를 하기보다는 고향에서 학문을 연구하는 데 힘을 쏟았음. 저서로 『두곡집杜谷集』이 있음.

9월 24~30일(그믐)

안도에게 보낸다

덕원으로 떠나는 계획에는 변동이 없느냐? 이곳은 모두 별일 없다. 아이를 데려오는 일로 여종을 보냈다만, 어미와 멀리 떨어져 있으면 키우기가 배나 어려울 것인데 어떻게 하려는 것이냐? 사면령이 내린 다음 임금님의 환후가 심상치 않아서 온 조정이 경황이 없었다고 하니, 놀랍고 걱정스럽기 그지없었다. 곧이어 이미 회복되셨다는 말을 다시 듣게 되니, 기쁘고 경사스러움을 어찌 말로 다할 수 있겠느냐. 네 아버지는 또 일본 소이전少二殿* 사신의 호송 관원이 되어 대기하던 중에 다시 살대발*의 비리를 적발하는 관원이 되어 예천과 풍기 등지로 갔다가, 내일쯤 이곳에 도착할 것이다. 나는 요즈음 잇달아 일이 생겨서 상계에 있었다. 오늘은 고모님의 신주를 보내는 일로 온계로 가려고 하는데, 떠나기 전에 급히 몇 자 적는다. 나머지는 말을 끌고 가는 사람 편에 적어서 보내겠다.

을축년 9월 24~30일(그믐) 토계에서 할아버지가

해설 이 편지는 안도가 함경도 덕원으로 갈 때 본댁에 맡겨놓고 갈 안도의 큰딸 단숙端淑이를 데리러 함창으로 사람을 보내는 편에 보낸 것이다. 퇴계는 이때 토계리 상계 마을에 있었다.

* **소이전** : 일본 막부의 제후. 구전九殿 중의 하나로, 조선 태종 때부터 우리나라에 사신을 보내어 조공을 바쳤음. 여기서는 소이전少二殿으로 썼으나, 주로 소이전小二殿으로 표기하였음.

* **살대밭** : 화살의 대를 만드는 재료인 대나무를 재배하는 밭으로 나라에서 관리하였음.

10월 2일

안도에게 답한다

함창에 갔던 사람이 아이를 잘 데리고 돌아와서 매우 기쁘다. 이 아이를 보니 눈은 새까만 것이 총명하고 사랑스럽다. 만약 이와 같은 사내아이를 얻었다면 범상치 않은 인물이 되었을 것이다. 이곳에 다시 와서 하직 인사를 할 수 없는 것은 형편이 그러해서이니 한스러워도 어찌하겠느냐. 산통죽算筩竹*은 받았다. 『독서록讀書錄』*은 이미 그 표지 제목을 써서 집에 두었다. 추후 그곳으로 가는 사람 편에 보내마. 다만 지난번에는 이 책이 김부의의 것이라고 하더니, 지금은 너의 소유가 되었느냐? 철원군수鐵原郡守*에게 부칠 편지는 종과 말이 돌아갈 때 써서 보내겠다. 임금님이 평안하시다는 소식은 이곳에서도 들었다. 나머지는 그곳으로 돌아가는 사람에게 물어보거라.

을축년 10월 2일 토계에서 할아버지가

이 편지는 함경도 덕원으로 출발하기 직전 잠깐 안동에 와 있던 안도가 부친 편지에 답한 것이다. 퇴계는 이때 토계리 상계 마을에 있었다.

* 산통죽 : 점을 치는 데 쓰이는 산가지를 넣어두는 통인 산통을 만들 대나무임.

* 『독서록』 : 중국 명나라 학자 설선薛宣이 지은 성리학 관련 저작임.

* 철원군수 : 당시 철원군수로 재직하던 사람을 가리키나, 구체적으로 누구인지는 미상임. 군수는 조선시대 지방 행정 단위의 하나인 군郡의 수령으로 종4품 관직임.

10월 4~5일

안도에게 보낸다

근자에 또 편지를 받아보고 덕원으로 떠나는 날짜에 변동이 없음을 알게 되었다. 철원군수에게 부치는 편지를 써서 보낸다. 전해줄 수 있으면 전해주고, 긴요하지 않은 것이니 꼭 전해주지 않아도 된다. 그 외 지나는 각 곳의 가마꾼을 구하는 일 등은 어찌되었느냐? 걱정된다.

김취려에게 부치는 조문吊問 편지와 네 종고모부 최덕수에게 부치는 병풍 글씨는 조심해서 전해주었으면 좋겠다. 그 외 서울의 벗들 모두에게는 편지를 하지 못한다. 만약 그들을 만났을 때 물어보면, 그리워하면서도 편지를 하지 못해서 한스러워하더라고 잘 말해주면 좋겠다. 지금 들으니 네 재종숙부 결潔*은 집에 큰 도둑이 들어 겨우 목숨을 부지했다고 하는구나. 놀랍고 가슴 아픈 일이지만, 그래도 그만하니 다행이다. 그러나 자세한 사정을 알 수 없어서 네 재종숙부 빙에게 편지를 보내 알려달라고 하였다.

『계몽전의』 가운데 잘못된 곳을 수정해서 보내니 살펴보거라. 박지화가 베껴서 소장한 책은 이에 의거해서 수정하면 된다. 함경도 지방에는 함께 학문을 갈고 닦을 만한 선비가 없을 것이다. 그렇더라도 절대로 어정대지 말고 더욱더 노력해서 학업에 힘쓰기를 바란다. 표지 제목을 써두었던 『독서록』을 보낸다. 한필이는 본래 말을 끌고 가게 할 작정이었지만, 그 말은 다리를 절어서 보내지 못하게 되었다. 그러나 한필이는 덕원으로 가는 행차에 필요할지 몰라서 그대로 보내니 알아서 처리하거라. 나머지는 그곳으로 가는 종들에게 물어보아라. 다 적지 않는다.

을축년 10월 4~5일 토계에서 할아버지가

해설

이것도 앞의 10월 2일자 편지처럼 안도가 함경도 덕원으로 떠나기 직전에 보낸 것이다. 퇴계는 이때 토계리 상계 마을에 있었고, 안도는 함창의 처가 본댁에 있었다.

* 결 : 빙의 동생으로, 퇴계의 숙부 우의 둘째 손자임. 그 외의 사항은 미상임.

10월 하순

안도에게 보낸다

한필이 등이 아직 돌아오지 않아 떠난 뒤의 소식을 몰라 걱정하던 차에, 이제 네 큰처남이 부친 편지를 받아보고, 네가 14일에 무사히 금천에 도착해서 곧바로 배를 타고 올라갔음을 알게 되니 매우 기쁘다. 다만 그 뒤로 물길과 산길을 어떻게 가는지 또 몹시 걱정된다. 이곳은 모두 여전하다. 네 아버지는 남쪽 지방으로 출장을 떠났는데, 무사히 갔다고 하더라. 서울에 있는 철금이가 여종 개똥이를 데리고 살기를 원치 않아 속히 고향으로 데리고 내려가기를 바란다고 하더라. 그래서 개똥이를 어찌해야 할지 몹시 난처했는데, 네가 마침 이번에 덕원으로 가면서 서울에 들를 것이므로, 네가 덕원으로 데려가게 하겠다고 네 아버지에게 편지로 알렸다. 네가 데려가겠느냐? 지금 함창에서 온 사람이 오늘 중으로 그곳으로 되돌아가려고 문밖에 서서 편지를 기다리고 있기 때문에 다 적지 못한다.

을축년 10월 하순 도산에서 할아버지가

| 추신 |

네 장인에게도 미처 편지를 쓰지 못한다. 이러한 사정을 말씀드리면 좋겠다. 부디 부지런히 학업에 힘쓰기를 바란다.

해설

이 편지는 함경도 덕원으로 가기 위해 서울로 올라간 안도에게 보낸 것이다. 퇴계는 안도가 떠난 뒤 소식이 없어서 걱정을 하고 있다가, 함창에 있던 안도의 큰처남 권경룡이 보낸 편지를 받았다. 그 편지를 받고 보낸 것이 이 편지이다. 퇴계는 이때 토계의 상계 마을에 있었고, 안도는 서울에 도착해서 덕원으로 떠날 준비를 하고 있었던 것으로 보인다.

11월 하순

안도에게 보낸다

네가 서울에 있을 때 김취려의 종이 이곳으로 내려오는 편에 부친 편지 등 몇 통의 편지를 받아보고, 네가 이 달 보름에 덕원으로 출발하였음을 알게 되었다. 그러나 그 뒤로는 소식이 없으니, 어떻게 덕원으로 가고 있느냐? 한창 추운 겨울에 산을 넘어 먼길을 가는 그 고생스러움이 어떠한지 잘 알고 있다. 그리고 신임 강원감사江原監司가 임지로 부임하기 위해 서울을 떠난 뒤, 가마꾼을 구했는지 알 수 없어서 더욱 걱정된다.

이곳 대소가는 모두 여전하다. 단숙端淑이도 잘 있다. 네 어머니는 근간에 오천에 갔다가 이곳으로 와서 애를 돌볼 계획이다. 네가 길을 떠나고 겨울이 반 이상 지나가 버렸다. 그곳 덕원에 도착한 뒤에는 다른 일은 모두 제쳐두고 부지런히 글을 읽었으면 참 좋겠다. 김성일과 우성전은 계재에 묵으면서 다시 『역학계몽』을 읽기 시작해서 이미 다 마쳤다. 그 사이 새로 깨우친 곳이 더러 있지만, 네가 이것을 함께하지 못하는 것이 아쉽구나. 김명일金明一* · 이봉춘李逢春* · 정사성 등은 도산서당에 거처하면서 때때로 찾아와서 『논어』와 『맹자孟子』 등을 배우고 있다.

백지 한 권을 보낸다. 함경도 지방에는 종이가 귀하기 때문에 보내는 것이다. 듣자하니 네 말〔馬〕이 병이 들어서 팔았다고 하던데, 내년 봄에 서울이나 고향 등으로 내려올 때 탈것이 없을 것이니 어찌하려고 하느냐? 함창의 네 큰처남이 급히 사람을 보내 편지를 써서 달라고 하는구나. 그래서 등잔불 아래에서 침침한 눈으로 글을 쓰느라 다 적지 못한다. 그리고 이 때문에 전에 받았던 네 장인의 편지에 대한 답장도 급하게 써서 보내게 되니 아쉽구나. 이러한 사정을 말씀드리면 좋겠다.

을축년 11월 토계에서 할아버지가

이 편지는 서울에서 함경도 덕원으로 떠난 안도에게 보낸 것이다. 그곳에서도 부지런히 공부할 것을 당부하였다. 퇴계는 이때 토계리 상계 마을에 있었다.

* 김명일 : 자는 언순彦純, 호는 운암雲巖, 본관은 의성, 안동에 살았음. 1534년에 출생, 1569년에 서거함. 앞서 나온 김성일의 형으로, 퇴계의 제자. 소과 과거시험 진사시에 합격하였고, 저서로 『은암일고雲巖逸稿』가 있음.

* 이봉춘 : 자는 근회根晦, 호는 학천鶴川, 안동에 살았음. 1542년에 출생, 1631년에 서거함. 퇴계의 족증손族曾孫이며 제자. 대과 과거시험에 합격하였지만, 벼슬살이를 하기보다는 고향에서 후진을 양성하는 데 힘을 쏟았음.

蒼史道
西京

人還後兒孫來去添是兒此
兒眼如點漆明悟可愛若得
男如此定昭庵諸人也未要來
聲揚之多然似乎之母算得
竹嶺之後讀出錄之題標在家
諸兩人付送但前日謂覺會情
仲之冊乃西海冊印識原出當
從前人兩時修送
上候安慶此中無聞如覺喜不可名言
諸亞四人
乙丑仲月初二之少大兄

封

병인년

_1566년, 퇴계 66세, 준 44세, 안도 26세

1월 26일

안도에게 보낸다

붓실이 등이 돌아올 때 가지고 온 편지를 받아보고, 너희 일행이 무사히 덕원에 도착하였음을 알게 되니 말로 다할 수 없을 정도로 기쁘다.

이곳 대소가는 모두 여전하다. 다만 겨울이 끝날 무렵 안기에 있는 네 아버지는 진상품을 바치러 서울로 올라가는 안동 아전 편에 편지를 부쳤고, 나는 네 종고모부 박세현朴世賢*이 서울로 올라가는 편에 편지를 부쳤으나, 이윽고 박세현이 서울로 올라가지 않게 되는 바람에 그 편지는 중간에 분실되고 말아 몹시 아쉬웠다.

나는 뜻밖에 서울로 올라오라는 임금님의 명령을 받고 부득이 추위를 무릅쓰고 길을 나선다. 하지만 스스로 생각해봐도 병이 깊어서 서울까지 가기는 어려울 것 같다. 형편을 보아서 올라가는 도중에 사직을 청하려고 하지만, 언제 윤허를 받을 수 있을지 알 수 없어서 답답하고 또 걱정된다.

너는 언제 성균관에 들어가려 하느냐? 그곳 덕원에서는 게으름을 피우지 말고 열심히 노력하고, 성균관에 들어가서는 모든 일을 조심하거라. 나는 지금 출발하면서, 덕원으로 떠날 네 큰처남 편에 부치려고 급히 편지를 쓰느라 다 적지 못한다.

병인년 1월 26일 토계에서 할아버지가

| 추신 |

붓실이 등이 가져온 물건은 잘 받았다. 네 장인께 고맙다는 말을 전해주면 좋겠다. 단숙이는 별탈 없이 잘 지낸다. 백지 한 권과 부채 두 자루를 보내니, 부채 한 자루는 네 장인께 드려라. 네 종고모부 민시원이 지난해 12월에 종전의 병이 더쳐서 세상을 떠나고 말았다. 슬프기 그지없구나. 서울에 와서 성균관에 들어가면 매사 지극히 조심해야 할 것이며, 말을 더욱 조심하지 않으면 안 된다. 지금은 처신하기가 지극히 어려운 때이니, 여느 때처럼 처신해서는 안 될 것이다.

해설 이 편지는 함경도 덕원에 있는 안도에게 보낸 것이다. 퇴계는 이때 종2품의 가선대부嘉善大夫 동지중추부사同知中樞府事에 임명해서 서울로 올라오라는 명종의 명령을 받고 어쩔 수 없이 길을 떠날 예정이었다. 특히 이 편지는 퇴계가 토계리 상계 마을에서 길을 떠나던 당일에 덕원으로 갈 예정인 안도의 큰처남 편에 부치려고 급히 쓴 것이다.

* 박세현 : 자는 공보公輔, 본관은 무안務安, 영해에 살았음. 1521년에 출생, 1593년에 서거함. 퇴계의 다섯째 형님 징의 셋째 사위. 무과武科에 급제하여 벼슬이 수군절도사水軍節度使에 이름. 수군절도사는 조선시대 각 도의 수군을 지휘하는 책임을 맡은 정3품 무관직임.

2월 13~21일

안도에게 답한다

오랫동안 소식을 듣지 못하고 있다가 지난달 28일에 부친 편지를 받아보고 잘 지내고 있으며, 또 네 처가 식구들도 모두 평안함을 알게 되니 몹시 기쁘구나. 고향집에도 모두 별일 없다.

나는 서울로 올라오라는 임금님의 명령을 받고, 매번 집에 앉아서 사직을 청하기가 미안스러워 지난달 26일에 길을 나서서 27일에 영주에 도착했다. 하지만 때마침 눈이 몰아치며 추운데다 병까지 심해서, 사직을 청하는 글을 올리고 풍기에서 임금님의 명령을 기다리고 있었다. 그러다가 이 달 10일에 사직을 허락하지 않는 대신 천천히 조리해서 올라오라는 임금님의 명령을 받았다. 그리고 임금님께서는 내의內醫*를 보내 약을 하사하고, 또 지나가는 곳마다 나를 우대하도록 지시하였다. 일이 이렇게 되고 보니 황송해서 어찌할 바를 모르겠다. 죽령竹嶺은 길이 좋지 않아 조령鳥嶺을 통해서 올라가려고 예천까지 왔지만, 더는 갈 수가 없어서 또 사직을 청하는 글을 올리고 이곳에서 임금님의 명령을 기다리고 있다. 어찌될지 알 수 없어서 지금 몹시 걱정하고 있다. 만약 윤허를 받지 못하면 다시 사직을 청하는 글을 올릴 작정이고, 서울에는 올라가지 못할 형편이다.

너는 네 큰처남이 덕원에 도착하면 그와 함께 서울로 오겠구나. 그러나 네 큰처남은 지금 함창에서 덕원으로 출발한데다가, 그곳에 갔다가 곧바로 떠나올 수 없을 것이 분명하다. 너는 의당 네 처남과 함께 움직여야 하겠지만, 성균관에 들어가기 위해 서울로 오든지, 아니면 고향에 내려오든지 무더운 때를 피해서 움직였으면 좋겠다. 편지에서 언급한 책들을 읽는 것은 당연하다만, 네가 글을 너무 대충대충 읽어서 외우지 못하는 것이 문제이다.

계재에 있던 사람들은 내 형편이 이와 같아서 모두 돌아갔다. 조목은 공릉참봉恭陵參奉*이 되었다만, 들리는 말로는 부임하려고 해도 가난해서 길 떠날 준비를 할 수 없어 고민이라고 하는구나. 다른 일들은 필시 네 아버지가 보내는 편지에서 말하였을 것이다. 나는 고단해서 누워야겠기에 다 적지 않는다. 그리고 네 장인께도 편지를 보내지 못한다. 미안하다는 말씀을 전해드리거라.

병인년 2월 13~21일 예천에서 할아버지가

해설 이 편지는 함경도 덕원에서 보낸 안도의 편지에 답한 것이다. 퇴계는 이때 예천 관아에 있었다. 이보다 앞서 퇴계는 서울로 올라오라는 명종의 명령을 받고 길을 떠나 영주와 풍기를 거쳐 죽령까지 갔었다. 하지만 추위와 병 때문에 서울로 올라가기가 어려워서 사직을 청했으나, 명종이 이를 허락하지 않고 그 대신 내의를 보내 약을 하사하는 한편, 천천히 조리해서 올라오라는 교지를 내렸다. 그래서 길이 험한 죽령 대신 조령으로 올라가려고 예천에 오게 된 것이다. 그러나 병 때문에 서울로 올라가기는 어려운 형편이라서 할 수 없이 또 사직을 청하는 글을 올리고 명종의 명령을 기다리고 있었다.

한편 명종은 2월 15일 퇴계의 상경을 촉구하려고 벼슬까지 높여 정2품의 자헌대부資憲大夫 공조판서工曹判書에 임명하였다. 퇴계는 이 편지를 보낼 때 아직 그 소식을 듣지 못한 상태였다. 하지만 공조판서는 나라의 정무를 담당하던 육조 중 공조의 장관이었기 때문에, 추후 그 소식을 듣고는 더더욱 서울로 올라갈 수 없게 된 것이다. 그래서 예천 관아를 떠나 현 경상북도 안동시 서후면 자품리 학가산鶴駕山 기슭에 있는 광흥사廣興寺로 가서 또 사직을 청하는 글을 올리고, 이곳에서 얼마간 머물다가 다시 자리를 옮겨 같은 서후면 태장리 천등산天燈山 기슭에 있는 봉정사鳳停寺로 가서 명종의 명령을 기다렸다. 그러나 명종이 끝내 사직을 허락하지 않자, 봉정사에서 이번 길에 네 번째 사직을 청하는 글을 올린 다음 명종의 명령도 기다리지 않은 채 집으로 돌아왔다. 3월 15일의 일이다.

* 내의 : 조선시대 궁중의 병원인 내의원內醫院에 소속된 의관醫官 가운데 당하관을 이르는 말.
* 공릉참봉 : 공릉은 경기도 파주시 조리읍 봉일천리에 있는 조선 예종睿宗의 원비 장순왕후章順王后의 능. 참봉은 조선시대 각 관청과 능원 및 전각 등에 소속된 종9품의 하급 관직임.

6월 18일

안도에게 보낸다

지난번에 들으니 네가 병 때문에 네 큰처남과 함께 서울로 오지 못하였다고 하더구나. 무슨 병인지 알 수 없어 온 집안이 걱정하고 있다. 중간에 김성일이 보낸 편지로 네가 좀 아파서 네 큰처남과 함께 출발하지 못하고 뒤에 출발하였다가, 짐 실은 말이 물에 넘어져 옷과 짐이 다 젖고, 종도 병이 나서 덕원으로 돌아갔음을 알게 되었다. 또 김륵金玏*의 종 송백이가 서울에서 돌아와 이곳에 와서 하는 말이, 서울을 떠나던 날 네가 서울에 도착했다는 말을 들었고, 천근이가 자기를 꼭 보고자 했으나 자기는 바빠서 가보지 못하고 왔다고 하더라. 이 말을 듣고 걱정하던 마음은 다소 놓였다만, 무슨 연고로 너는 이렇게 오래도록 편지 한 장 보내지 않고 있는 것이냐? 덕원에 있을 때는 그렇다 하더라도, 이미 서울에 왔다면 함창과 안동 등으로 내려오는 사람이 없지 않을 것인데, 어찌해서 이곳으로 편지 한 장 보내 부모의 근심을 풀어 주지 않는 것이냐? 이 때문에 새삼 송백이의 말이 괜한 전갈이 아닌가 의심이 되어 걱정이 또 깊어지니 어쩌면 좋으냐. 만약 서울에 도착하였다면 병은 나지 않았으며, 성균관에는 빠지지 않고 나가서 공부하고 있느냐? 혹 진짜 병이 나서 성균관에 나가 있기가 어렵다면, 억지로 나가 있다가 병을 더치지 말아야 할 것이다. 병이 나지 않았다면, 언제 원점을 다 따고 내려올 수 있겠느냐?

나는 공조판서工曹判書와 홍문관弘文館 · 예문관藝文館 대제학大提學의 사직은 윤허를 받았지만, 정2품 자헌대부資憲大夫의 품계는 그대로 유지되어서 또 지중추부사知中樞府事에 임명되었다. 이 모두 지극히 미안한 일이라서 곧바로 사직을 청하고 싶었지만, 다시 임금님을 번거롭게 할 수 없어서 아직 사직을 청하는 글을 올리지 못하고 있다. 그러나 부득이 근간에 사직을 청하는 글을 올리려고 한다. 그렇게 되면 필시 말들이 많겠지만, 그래도 어찌할 수 없는 일이다. 오건吳健*은 지금 무슨 벼슬을 하고 있느냐? 지금 그에게 보내는 답장에는 짐작해서 '학록'學錄*으로 적어두었다. 전해주면 좋겠다. 김성일과 우성전에게 보내는 답장도 동봉한다. 아울러 전해주거라. 홍반洪瑊*이 부친 편지는 지금 답장을 보내지 못한다. 그를 만나거든 이러한 사정을 알려주거라. 김취려가 혹 편지를 주거든 안부 전하거라. 이국필에게는 아직도 조문하는 편지를 보내지 못하여 몹시 부끄럽고도 한스럽다.

병인년 6월 18일 토계에서 할아버지가

| 추신 |

칠선漆扇* 한 자루를 보낸다.

해설 이 편지는 안도가 함경도 덕원에서 서울로 왔다는 소식을 다른 사람을 통해 전해 듣고 보낸 것이다. 안도는 덕원에서 병이 나는 바람에 자신의 큰처남과 함께 서울로 오지 못하였다. 그리고 병이 나은 다음에는 길을 나섰다가 말이 물에 넘어져 짐과 옷을 다 버리고, 또 종도 병이 나서 다시 출발을 늦출 수밖에 없었다. 이 때문에 안도는 원래의 계획보다 훨씬 늦은 5월이 되어서야 서울에 도착하게 되었다. 그 과정에 퇴계와 가족들은 안도에게서 직접 편지를 받지 못해 여간 걱정이 아니었다. 퇴계는 편지에서 먼저 이 문제를 언급한 다음, 이어서 자신의 근황을 알리고 있다. 자신은 공조판서와 겸직한 홍문관 · 예문관 대제학의 사직은 윤허를 받았지만, 정2품 자헌대부의 품계는 그대로 유지되고 있어서 지중추부사에 임명되었는데, 이것도 곧 사직하려 한다고 하였다. 퇴계는 이때 토계리 상계 마을에 있었다. 한편 퇴계가 자헌대부 공조판서로 홍문관 · 예문관 대제학을 겸직하게 된 것은 3월 16일의 일이다. 퇴계는 3월 15일 봉정사에서 집으로 돌아왔지만, 명종은 이 소식을 듣지 못한 채 퇴계를 반드시 올라오게 하려고 홍문관 · 예문관 대제학을 겸직하게 한 것이다. 대제학은 조선시대 홍문관 · 예문관의 정2품 관직으로 보통 다른 관직에 있는 사람이 겸직한다. 하지만 한 나라의 문화를 주도한다는 의미에서 문형文衡이라고 일컬을 정도로 대단히 중요한 자리였기 때문에, 반드시 현임 삼정승과 전임 대제학의 추천을 거쳐 임금이 임명하였다. 따라서 관리가 된 사람은 누구나 이 자리에 한번 오르기를 꿈꾸기 마련이었다. 그러나 퇴계가 이것조차 사직하겠다는 글을 올리자, 명종은 할 수 없이 그 청을 받아들여 지중추부사에 임명하게 되었다. 지중추부사는 조선시대 서반의 최고기관인 중추부의 정2품 관직으로 명예직이다.

* 김륵 : 자는 희옥希玉, 호는 백암栢巖, 시호는 민절敏節, 본관은 예안禮安, 영주에 살았음. 1540년에 출생, 1617년에 서거함. 처음에는 박승임朴承任과 황준량에게 배우다가, 나중에는 퇴계의 제자가 됨. 대과 과거시험에 합격하여 벼슬길에 나가 대사헌에 이르고, 이조판서에 추증됨. 저서로 『백암집栢巖集』이 있음.

* 오건 : 자는 자강子强, 호는 덕계德溪, 본관은 함양咸陽, 산청에 살았음. 1521년에 출생, 1574년에 서거함. 퇴계 외에 조식曺植과 김인후金麟厚에게서도 배움. 대과 과거시험에 합격하여 벼슬길에 나갔으나, 곧 사직하고 고향에 내려가 독서와 집필로 여생을 보냄. 저서로 『덕계집德溪集』이 있음.

* 학록 : 조선시대 국립대학인 성균관의 정9품 관직임.

* 홍반 : 퇴계의 제자. 그 외의 사항은 미상임.

* 칠선 : 종이에 옻칠을 한 부채.

7월 1~8일

안도에게 보낸다

지금 네 큰처남이 부친 편지를 받아보고, 비로소 네가 이미 서울에 와서 성균관에 들어갔음을 알게 되니 몹시 기쁘고 또 안심이 된다. 다만 서울에서 네 편지를 가지고 내려오던 네 큰처남의 종이 중간에 강도를 만나, 가지고 있던 물건을 다 빼앗기고 빈 몸으로 돌아왔기 때문에 네 편지는 받아볼 수가 없었다. 너무나 안타깝다. 다행히 네 큰처남이 편지로 네가 지체된 사유를 자세히 알려와서 하는 말이다만, 너는 참 고생이 많겠구나. 그중 네 아내의 병은 또 어떻게 해서 생긴 것이냐? 지금은 비록 다 나았다고 하지만, 그래도 몹시 걱정된다.

네가 처음 네 큰처남과 함께 서울로 오지 못했을 때, 병 때문에 동행하지 못했다는 소식은 전해들었다. 하지만 그 뒤 몇 개월 동안 서울에 오지 않으니, 천리 밖에서 네 병은 어떠한지, 또 그 병은 나았는지 알 수 없어서 온 집안 사람들이 얼마나 걱정했는지 알고 있느냐? 덕원에서 서울로 편지를 보내, 그것을 안동에서 진상품을 바치러 서울로 올라간 사람에게 주어서 고향으로 가져오게 하면 오래지 않아 이곳에 도착할 것인데, 너는 어찌해서 편지 한 장 부치지 않은 것이냐. 이곳에서 너한테 여러 차례 편지를 보냈는데, 그 편지가 너에게 전해졌는지 알 수도 없고, 중간에 김성일이 부친 편지로, 네가 서울로 오다가 말이 물에 넘어져 옷과 짐이 다 젖고, 또 종도 병이 나서 되돌아갔다는 사실만 대략 알게 되었다. 그 뒤로는 오래도록 소식이 끊겨서 왜 그런지 몹시 걱정되었다. 지난달 18일 안동 사람 편에 부친 편지는 받아보았느냐? 그 안에 김성일 · 우성전 · 오건에게 부치는 답장을 동봉하였는데 모두 전하였느냐?

이곳은 모두 별일 없다. 내 처지가 이와 같으니, 필시 비방하는 말이 많을 것이다.* 지난번 의정부좌찬성議政府左贊成 홍섬洪暹* 대감과 이조판서吏曹判書 민기閔箕* 대감이 부친 편지를 받아보니, 그 두 사람 모두 내가 올라오지 않는 것이 부당하다고 하면서 심하게 책망하더구나. 두려워 어찌할 바를 모르겠다. 그러나 노쇠한 내 병은 날로 깊어져 서울로 올라갈 수도 없고, 사유를 밝히지 않은 채 그대로 고향에 물러나 있을 수도 없어서 부득이 근간에 또 지중추부사의 사직을 청하는 글을 올리려고 한다. 그 글을 가지고 가는 사람은 이 달 보름경에는 서울에 들어갈 수 있을 것 같다. 너는 그 전에 원점을 다 따고 이곳으로 내려올 수 있겠느냐? 돌아가는 사람이 바쁘다고 하기에 지금은 일일이 다 적지 못한다.

병인년 7월 1~8일 토계에서 할아버지가

해설 이 편지는 그때 서울에 와 있던 안도에게 보낸 것이다. 안도는 서울에 있는 동안 성균관에 다녔을 뿐만 아니라, 대과 과거 1차시험인 초시에 응시해서 합격하였다. 퇴계는 이때 토계리 상계 마을에 있었다.

* 내 처지가 이와 같으니, 필시 비방하는 말이 많을 것이다 : 퇴계는 이때, 벼슬을 높여 서울로 올라오라는 명종의 거듭된 명령에도 응하지 않은 채 고향에 머물러 있었기 때문에 이렇게 말한 것임.

* 의정부좌찬성 홍섬 : 좌찬성은 조선시대 최고 행정기관인 의정부의 종1품 관직으로, 우찬성과 함께 영의정 · 좌의정 · 우의정 3인의 정승을 보좌하는 역할을 하였음. 홍섬의 자는 퇴지退之, 호는 인재忍齋, 시호는 경헌景憲, 본관은 남양南陽. 1504년에 출생, 1585년에 서거함. 조광조에게 배웠고, 퇴계와는 친구임. 대과 과거시험에 합격하여 벼슬길에 나가 영의정을 세 번이나 중임하였음. 저서로 『인재집忍齋集』이 있음.

* 민기 : 자는 경열景說, 호는 관물재觀物齋 또는 호학재好學齋, 시호는 문경文景, 본관은 여흥驪興. 1504년에 출생, 1568년에 서거함. 김안국金安國의 제자이며, 퇴계와는 친구임. 대과 과거시험에 합격하여 벼슬길에 나가 우의정에 이름. 저서로 『석담야사石潭野史』 등이 있음. 우의정은 조선시대 최고 행정기관인 의정부의 정1품 관직임. 좌의정과 함께 영의정을 보좌하여 국정을 총괄함.

7월 9일

안도에게 보낸다

지난번 함창에서 사람이 와서 네가 이미 서울에 도착했다는 말은 들었다만, 그 사람이 도중에 강도를 만나 편지를 잃어버리고 와서 지금까지 네 편지를 한 장도 받아볼 수 없었으니, 서운한 마음 이루 말로 다할 수 없다. 그 사람이 돌아가는 편에 부친 편지와 그 전에 몇 차례 부친 편지는 모두 받아보았느냐? 너는 성균관에서 별탈 없이 잘 지내고 있느냐? 네 편지를 보지 못한 채 종과 말을 보내자니 몹시 미심쩍다만, 이곳에 온 사람이, 네가 원점을 다 따서 내려오려 한다고 분명하게 말하였기 때문에 보내는 것이다.

병인년 7월 9일 토계에서 할아버지가

해설 이 편지는 서울 성균관에서 원점을 다 딴 다음 고향으로 돌아오려고 하는 안도에게 종과 말을 보내면서 부친 것이다. 퇴계는 이때 토계리 상계 마을에 있었다.

7월 하순

안도에게 보낸다

내가 거듭된 임금님의 부름을 받고도 서울로 올라오지 않는 것이 부당하다고 나무라는 사람이 많으니 지극히 두렵다. 그렇다고 이 때문에 무턱대고 나갈 수도 없는 노릇이고, 또 오래도록 사직을 하지 않고 있는 것도 편치 않아서 부득이 또다시 지중추부사의 사직을 청하는 글을 올렸다. 하지만 이 일이 어떻게 처리될지 알 수 없어 몹시 걱정된다.

처음 신섬申暹*에게 지중추부사의 임명장은 결국 해당 관청인 중추부에 갖다바쳐야 할 것이므로 이곳으로 내려보내지는 말라고 한 것은 사직을 윤허받았을 때 그렇게 하라고 한 것일 뿐이었다. 그러나 신섬이 이러한 내 뜻을 살피지 못한 채, 의정부우의정議政府右議政 권철權轍* 대감에게 아뢰자, 권철 대감은 몹시 옳지 않다고 하면서 다른 사람에게는 말하지 말라고 하였다는구나. 따라서 그 뒤에 다시는 더 말하지 말았어야 했는데, 중간에 신섬이 부친 편지를 받아보니, 근간에 중추부의 여러 재상들을 찾아다니며 아뢰겠다고 했더구나. 나는 이 사실이 잘못 알려지게 되는 것에 놀라기는 했지만, 마침 서울로 올라가는 인편이 없어서 막지를 못하였다. 그래서 신섬이 중추부의 여러 재상들에게 아뢰게 된 것이고, 이 말을 들은 중추부의 여러 재상들은 모두 내가 돌아가는 사정도 모른 채 멋대로 임명장만을 갖다바치려 한다고 했다니, 우습고도 안타깝다.

지금 올린 글로 지중추부사의 사직을 윤허받게 되면, 그 임명장은 해당 관청인 중추부에 갖다바칠 것이고, 만약 윤허를 받지 못하게 되면, 일단 서울 네 집의 안전한 곳에 보관해두고 내려오면 좋겠다.

병인년 7월 하순 토계에서 할아버지가

해설 이 편지는 안도가 서울에서 고향으로 내려오기 직전에 보낸 것이다. 그때 한창 논란이 심했던 자헌대부 지중추부사의 임명장을 처리하는 문제에 대해서 언급하였다. 이때 퇴계는 트계리 상계 마을에 있었다.

* 신섬 : 자는 예중詣仲, 호는 북헌北軒, 본관은 아주鵝州, 안동에 살았음. 1528년에 출생, 졸년은 미상. 퇴계의 생질서甥姪壻이며 제자임. 현감을 지냄.

* 권철 : 자는 경유景由, 호는 쌍취헌雙聚軒, 시호는 강정康定, 본관은 안동安東. 1503년에 출생, 1578년에 서거함. 권율權慄의 아버지. 퇴계와는 대과 과거시험에 동방 급제한 친구였고, 벼슬은 영의정에 이름.

윤10월 1~4일

안도에게 답한다

지금 안기에서 보내온 지난달 24일에 부친 편지를 받아보고, 네가 서울에 잘 도착하였음을 알게 되니 기쁘고 또 안심이 된다. 지금 과거시험은 이미 보았을 것인데 그 결과는 어찌되었느냐? 이곳은 모두 별탈 없이 잘 지내고 있고, 천근이는 오늘 떠났다. 지금도 나를 책망하는 사람이 많다고 하니, 끝내 어떤 일이 생길지 알 수 없어 몹시 걱정된다.

관모官帽에 다는 담비가죽 귀마개*를 하사받은 것도 매우 미안한 일이고, 네가 그것을 다른 것으로 만들어 사용하겠다는 것도 매우 잘못된 일이다. 임금님의 하사품을 어떻게 금방 다른 것으로 만들어서 사용하겠다는 것이냐. 절대로 그렇게 하지 말고 서울 네 집에 잘 보관해두거라. 만약 그 집이 믿을 만하지 못하면, 다른 믿을 만한 곳에 보관해두면 좋겠다. 이 일 때문에 급히 편지를 써서, 네 편지를 가지고 온 안기 사람으로 하여금 진상품을 바치러 상경하는 안동부의 아전에게 전하도록 해서 서울로 보낸다. 제때 전해질지 모르겠다. 나머지는 천근이가 가지고 간 편지에서 이미 말하였다.

병인년 윤10월 1~4일 토계에서 할아버지가

안도에게 답한다

어제 천근이가 떠난 뒤에 안기에서 가져온 네 편지를 받아보고 모든 것을 알게 되어 기쁘다. 다만 그 편지에 하사받은 관모에 다는 담비가죽 귀마개를 갓에다 다는 귀마개로 만들겠다고 하였더구나. 이는 매우 옳지 못한 일이다. 그래서 그렇게 하는 것이 옳지 못하다는 내용의 답장을 곧바로 써서, 네 편지를 가지고 온 안기 사람으로 하여금, 진상품을 바치러 상경하는 안동부의 아전에게 전하도록 해서 서울로 보냈다. 그러나 그 편지가 중간에 분실된다면, 네가 일을 그릇되게 처리할까 걱정되어 다시 이 편지를 써서 네 종숙부 영의 종이 서울로 올라가는 편에 보내고, 또 전에 쓰던 관모에 달았던 귀마개도 함께 보낸다. 그 귀마개를 뜯어서 갓에다 다는 귀마개를 만들고, 새로 하사받은 담비가죽 귀마개는 가지고 내려오는 것이 좋겠다. 그렇게 하도록 하여라.

그렇게 한다면 갓에다 다는 귀마개를 구입할 비용인 무명 열 필 중 한 필로는 신발 깔창을 사고, 나머지 아홉 필로는 안장을 살 수 있겠느냐? 안장은 여름을 나면서 좀이 슬어 바꾸고 싶지만, 비용이 모자랄까 걱정된다. 그리고 너는 이러저러한 여러 가지 물건을 많이 구입해와야 하는데, 거기에 또 이 일까지 더하게 되면 불편할 것이다. 일단 그 비용은 믿을 만한 네 처남에게 맡겨서 잘 보관해두고, 안장은 내년 봄에 올라가서 사와도 괜찮을 것 같다. 어떻겠느냐? 나머지는 전전번에 보낸 편지에서 상세히 언급하였으므로 지금 다시 말하지 않는다.

병인년 윤10월 1~4일 토계에서 할아버지가

다시 안도에게 보낸다

편지를 봉한 뒤에 추가로 알릴 일이 있어서 이 편지를 쓴다.

진상품을 바치러 상경하는 안동부의 아전 편에 부친 편지에서는 하사받은 담비가죽 귀마개는 믿을 만한 곳에 잘 보관해두고 내려오라고 했다만, 다시 생각해보니 그렇게 하는 것은 아무런 도움이 되지 않겠다. 네가 내려올 때 가지고 오는 것이 좋겠다.

갓에 달 귀마개를 구입할 비용으로 안장을 살 수 있더라도 네가 직접 구입할 시간이 없으면 신섬에게 부탁해서 사서 보내달라고 하는 것도 괜찮을 것 같다. 만약 비용이 부족해서 살 수 없다면, 그 비용을 믿을 만한 곳에 잘 보관해두고 내려와도 괜찮다. 상어가죽으로 테두리를 장식한 안장*은 가격이 비싸기 때문에 비용이 모자랄까 염려되어 하는 말이다.

병인년 윤10월 1～4일 토계에서 할아버지가

해설 안도는 지난 8월 서울에서 고향으로 돌아왔다가, 이때 대과 과거 2차시험인 회시에 응시하기 위해 다시 서울로 올라갔다. 이 세 편지는 그때 부친 것으로, 첫 번째 편지는 두 번째 편지와 세 번째 편지보다 하루 전, 그리고 두 번째 편지와 세 번째 편지는 같은 날, 같은 인편을 통해 부친 것이다. 특히 이 세 편지에서는 임금의 하사품인 관모에 다는 담비가죽 귀마개의 처리 문제에 대해 집중적으로 언급하였다. 퇴계는 이때 토계리 상계 마을에 있었다.

* 관모에 다는 담비가죽 귀마개 : 당상관 이상의 고위 관리들이 착용함.

* 상어가죽으로 테두리를 장식한 안장 : 당상관 이상의 고위 관리들이 사용함.

윤10월 초순

안도에게 답한다

지금 또 편지를 받아보고 이미 과거시험을 치렀다는 사실을 알게 되니 마음은 놓인다만, 서울에서 멀리 떨어진 곳이라 아직도 합격자 명단을 보지 못하고 있다. 누가 합격하고, 누가 낙방하였느냐? 이곳은 모두 별일 없다. 네 아버지는 중앙에서 파견된 관리의 행차를 수행하러 가서 아직도 돌아오지 않았지만, 이 달 보름 전에는 돌아올 것이다.

임금님이 하사한 담비가죽 귀마개를 처리하는 문제는 얼마 전 서울로 올라가는 네 종숙부 영의 종과, 진상품을 바치러 서울로 올라가는 안동부의 아전 편에 부친 두 통의 편지에서 이미 언급하였다. 임금님의 하사품을 다른 것으로 만들어 사용하는 것은 옳지 않기 때문에 가지고 내려와야 한다. 그리고 이곳에 있던 관모에 다는 귀마개는 네 종숙부 영의 종이 서울로 올라가는 편에 보냈는데, 그것을 뜯어서 갓에다 다는 귀마개를 만들면 될 것이다. 그 대신 갓에다 다는 귀마개를 구입할 비용으로 지난번 보낸 편지에서 언급한 대로 안장을 구입하도록 하여라. 네가 직접 구입할 시간이 없으면, 신섬에게 구입해달라고 부탁해도 된다. 만약 비용이 부족하면 보태어서 살 수 있도록 잘 보관해두고 내려오너라.

네 장인은 거취를 어떻게 하실 계획이냐? 나머지는 지난번 보낸 편지에서 이미 말하였기에 다 적지 않는다.

병인년 윤10월 초순 토계에서 할아버지가

| 추신 |

사간원헌납司諫院獻納 기대승奇大升*은 서울에 와 있더냐? 답장을 달라고 하면 알려주기 바란다. 동지중추부사同知中樞府事 박순朴淳* 영감의 답장은 받아올 수 있으면 받아오너라.

해설 이 편지는 서울에 있는 안도가 부친 편지에 답한 것이다. 이 편지에서는 임금의 하사품인 관모에 다는 담비가죽 귀마개를 꼭 가지고 내려와야 한다고 다시 당부하였다. 퇴계는 이때 토계리 상계 마을에 있었다.

* 사간원헌납 기대승 : 헌납은 사간원의 정5품 관직임. 기대승의 자는 명언明彥, 호는 고봉高峯 또는 존재存齋, 시호는 문헌文憲, 본관은 행주幸州, 광주光州에 살았음. 1527에 출생, 1572년에 서거함. 1558년 대과 과거시험 식년시에 합격하여 벼슬길에 나감. 1563년 부사정副司正이었을 때 신진사림의 영수로 지목되어 훈구파에 의해 일시 파직되었다가 복직되었고, 1570년 대사성大司成이었을 때 영의정 이준경李浚慶과의 불화로 해직당함. 뒤에 복직되어 1572년 다시 공조참의工曹參議를 지내다가 병으로 그만두고 귀향하던 도중 고부에서 객사함. 1558년 대과 과거시험에 합격하고 당시 서울에 올라와 있던 퇴계를 찾아가 가르침을 청한 이후, 서로 편지를 주고받으며 몇 년 동안 사단칠정을 주제로 논의함. 이것으로 우리나라 학술사에 큰 전기를 열었음. 퇴계를 몹시 존경하였고, 퇴계도 그를 학문에서는 당대의 제일로 인정하였음. 퇴계가 서거할 때까지 계속 편지를 주고받으며 학문뿐 아니라 인생과 정치에 대해 논의함. 이 편지들이 『양선생왕복서兩先生往復書』 3권 및 『양선생이기왕복서兩先生理氣往復書』 2권으로 묶여서 전함. 퇴계 서거 후에는 퇴계의 묘갈명墓碣銘 후서後敍와 묘지墓誌를 지음. 서거 후 광국공신光國功臣에 3등에 추록追錄되었

고, 덕원군德原君 · 이조판서에 추증됨. 저서로 『고봉집高峯集』 등이 있음.

* 박순 : 자는 화숙和叔, 호는 사암思菴, 시호는 문충文忠, 본관은 충주忠州, 서울에 살았음. 서경덕의 제자. 1523년에 출생, 1589년에 서거함. 1553년 대과 과거시험에 합격하여 내외 관직을 두루 거친 다음, 우의정과 좌의정을 역임함. 1572년 영의정에 올라 14년 동안 재직함. 극심한 동서 당쟁 속에서 이이와 성혼成渾을 편들다가 서인으로 지목되어 탄핵을 받고 영평永平의 백운산白雲山에 은거함. 저서로 『사암집思菴集』이 있음.

윤10월 23일

안도에게 답한다

어제와 오늘 잇달아 두 통의 편지를 받아보고, 네가 경전의 의미를 풀이하는 시험에 응시하지 못했음을 알게 되었다. 당초에 네가 높은 점수를 받은 것을 요행으로 생각하였으니, 이제 또 무슨 아쉬움이 있겠느냐.

다만 속히 내려오려고 하지만, 타고 내려올 말이 없다고 하니 매우 걱정된다. 말을 보내달라는 네 편지를 너무 늦게 받았고, 또 마침 네 아버지가 명령을 받고 영해寧海* 등지로 가서 아직 돌아오지 않았기 때문에, 네 편지를 받고도 아직 말을 보낼 대책을 마련하지 못하고 있다. 어제 안기에 사람을 보냈는데 아직 돌아오지 않아, 네 아버지가 안기에 돌아왔는지도 알지 못하고 있다. 몹시 걱정된다. 비록 네 아버지가 돌아와서 말을 마련해 보낸다고 하더라도 반드시 시간이 걸릴 것이니 얼마나 간절히 기다리겠느냐. 안타깝구나.

안장은 내년 봄에 구입하면 참 좋겠다. 그것을 구입할 비용은 잘 보관해두거라. 마침 생원 주박周博*이 찾아와서 이야기를 나누느라 다 적지 못한다.

병인년 윤10월 23일 토계에서 할아버지가

| 추신 |

네 큰 외숙부 등이 서울에서 어제 무사히 돌아왔다고 하는구나. 그리고 조목이 합격했다니 매우 기쁘다.

해설 이 편지는 서울에서 대과 과거 2차시험인 회시에 응시한 다음 고향으로 내려오려고 급히 종과 말을 보내달라는 안도의 편지를 받고 답한 것이다. 안도가 너무 늦게 소식을 알려왔고, 또 준이 영해 등지로 출장을 가 있어 속히 종과 말을 보낼 수가 없었다. 퇴계는 이때 토계리 상계 마을에 있었다.

* 영해 : 현 경상북도 영덕군 영해면 일원에 있었던 영해부寧海府임.

* 주박 : 자는 약지約之, 호는 구봉龜峯, 본관은 상주尙州, 함안의 칠원漆原에 살았음. 1524년에 출생, 1588년에 서거함. 주세붕周世鵬의 아들. 대과 과거시험에 합격하여 벼슬이 수찬修撰에 이름. 수찬은 조선시대 홍문관의 정6품 관직임.

윤10월 24일

안도에게 답한다

김호金壕*와 네 큰외숙부가 가지고 온 편지는 모두 답장을 써서 김득가金得可*를 맞이하러 가는 종 윤동이 편에 보냈는데, 제때 받아보았느냐? 종과 말은 이제야 보낸다. 그간 얼마나 간절히 기다렸는지 잘 알고 있다. 다른 이유로 이렇게 된 것이 아니다. 네 편지가 너무 늦게 도착한데다, 그때 마침 네 아버지도 다른 곳에 가 있었기 때문이다.

서울에 머물러 있는 동안 원점은 더 따두었느냐? 의정부우의정 권철 대감은 찾아뵈었느냐? 지난번에 말한 동지중추부사 박순 영감에게 답장을 받아오는 일은 꼭 그렇게 할 필요는 없다. 그 외의 곳도 답장을 주면 받아오고, 억지로 답장을 달라고 하지는 말아라. 우성전이 가져간 『계몽전의』는 꼭 받아와야 한다. 생 꿩고기 한 마리를 보낸다. 추운 길에 부디 몸조심하거라.

병인년 윤10월 24일 토계에서 할아버지가

| 별지 |

안장은 내년에 구입하면 되겠다.

이찰방李察訪*이 다시 사람을 보내 부친 편지의 내용은 이와 같다. 함창 사람이 근간에 틀림없이 올 것이니, 그 사람이 오면 편지를 하겠다는 내용으로 답장을 보낼 생각이다. 만약 함창 사람이 꼭 온다는 보장이 없다면, 이미 편지를 하겠다고 해놓고 보내지 않은 것이니, 이는 그를 속인 것이다. 듣자하니 너는 지금 글을 짓고 있다고 하던데, 그것을 놓아두고 편지를 쓰는 것은 매우 불편하겠다만, 그래도 억지로라도 편지를 써서 보내지 않을 수 없겠다. 그 별지의 내용 중에 전답과 노비를 주고 화해하겠다는 등의 말이 나오는 것을 보면, 내게 보낸 편지에 동봉한 것이 아니겠느냐. 그 말은 내게 물은 것일 뿐이다. 만약 네 큰처남에게 보이고, 그래서 네 셋째 처남 등이 알게 되면, 도리어 좋지 않을 것 같다. 아무쪼록 뜯어서 그 별지는 이곳으로 도로 보내고, 편지만 봉해서 주는 것이 좋겠다.

이 편지는 안도에게 종과 말을 보내는 편에 안도가 부친 편지에 답한 것이다. 퇴계는 이때 토계리 상계 마을에 있었고, 안도는 서울에 있었다.

* 김호 : 미상.

* 김득가 : 본관은 의성, 퇴계의 종질인 빙의 맏사위임. 그 외의 사항은 미상.

* 이찰방 : 찰방 벼슬을 지낸 이씨 성을 가진 사람을 가리키나, 구체적으로 누구인지는 미상임.

11월 11~29일(그믐)

안도에게 보낸다

손자 안도가 근자 용수사龍壽寺에 가서 글을 읽고 있다. 이로 인해 우리 선대에서 자질子姪들을 위해 훈계한 시를 생각해보니, 깨우쳐 이끌어주고 기대하는 것이 참으로 자상하고 간절하여 되풀이해서 외우고 음미할수록 감격의 눈물이 절로 흘러내린다. 불가불 후손들에게 들려주어야 하겠기에 삼가 원시原詩에 차운次韻한 시를 지어 안도에게 보내 집안 가르침의 유래를 알게 해서 스스로 힘쓰기를 바라는 바이다.

돌아가신 아버지*께서 젊어서 숙부*와 함께 용수사에서 글을 읽을 적에 할아버지께서 다음과 같은 시 한 수를 지어서 보내주셨다.

세월은 하도 빨라 어느덧 섣달이라,
눈 덮인 산 깊이깊이 절 문을 에워쌌네.
쓸쓸한 창문 아래 애쓰는 너희 모습,
때때로 맑은 꿈이 책상가에 이르노라.

돌아가신 셋째 형님*과 넷째 형님*이 젊어서 용수사에서 글을 읽을 적에 숙부께서 다음과 같은 시 한 수를 지어서 보내주셨다.

푸른 산은 병풍 되고 누각에는 눈 뿌릴 때,
법당이라 깊은 곳엔 등 밝히기 마땅하이.

세 해라 겨울 동안 삼다三多*를 족히 하고,
만사를 관통하는 도리를 찾아야지.
벼슬자리 경전 속에 갖춰 있다 말을 말고,
훌륭하게 되려면은 학문을 닦아야지.
예로부터 좋은 일 일찍 이뤄내야 하니,
과거시험 앞에 두고 세월은 빨리 간다.

이제 내가 안도에게 다음과 같은 시 두 수를 지어서 보낸다.

섣달이라 눈보라 속 산방山房에 깃든 너는,
선대 일을 생각해서 열심히 공부해라.
되풀이해 음미하는 두 분 시의 무궁한 뜻,
꿈꾸고 깨는 사이 밤도 이미 깊었구나.

소년시절 용수사를 서재로 생각하며,
기름 대신 관솔불을 얼마나 밝혔던고.
집안의 가르침 그날 경계 잊으랴만,
이理의 근원 알지 못해 지금도 찾고 있네.
늙은 마음 네게 빈다 조상 은덕 이어받고,
충고하는 벗 힘입어 큰 계획을 도모하라.
눈 덮인 산 절 문 둘러 인적이 고요하니
한 치의 광음도 허송 말기 바라노라.

(가정 46년 병인년 동짓달 어느 날에 짓다. 이때 안도가 유익한 벗 두어 사람과 함께

용수사에서 글을 읽고 있었으므로, '충고하는 벗 힘입어(忠告資朋)'라는 말을 썼다.)

해설 이것은 서울에서 고향으로 돌아온 다음, 이듬해에 있을 대과 과거시험에 대비해서 용수사에서 벗들과 함께 공부하고 있던 안도에게 보낸 시 두 수이다. 퇴계는 안도에게 먼저 자신의 조부와 숙부, 이 두 분이 자질들의 학업을 권면勸勉한 시를 들어서 선조들의 가르침을 일깨워주는 한편, 이어 그에 차운한 시를 지어서 학업에 더욱 매진할 것을 당부하였다. 퇴계는 이때 토계리 상계 마을에 있었다.

* 아버지 : 퇴계의 아버지 식임. 1463년 출생, 1502년 6월 13일 병으로 정침正寢에서 서거함. 그때 나이 40세였고, 퇴계가 출생한 지 7개월째였음. 따라서 퇴계는 평생 아버지의 얼굴도 모르고 자랐음. 식은 누차 과거에 실패하고 39세가 되어서야 진사시에 합격하였음. 그는 자신의 대과 과거시험의 합격이 여의치 않자 고향 온계에 집을 짓고 학도들을 모아 가르칠 뜻을 가졌다고 함. 그러나 이 뜻도 이루지 못한 채 서거하고 말았음. 퇴계의 아버지 식이 서거했을 때, 퇴계의 형제들 중 맏형님 잠만 혼인하였고, 나머지 형제들은 모두 어렸음. 이 때문에 어머니 춘천 박씨는 많은 자식들을 데리고 일찍 홀로 되어 장차 집안을 유지하지 못할까 몹시 염려하였음. 그래서 삼년상을 마치자 제사 지내는 일을 잠에게 맡기고, 노송정 곁에 집을 짓고 살면서 집안 살림을 꾸려 나가는 데 힘을 쏟았음. 그리고 자식들의 교육에도 각별히 신경을 써서 매양 몸가짐과 행실을 조심하도록 훈계하는 한편, 어려운 형편 속에서도 학비를 마련하여 원근의 여러 곳에 보내어 학문을 익히게 하였음. 또 숙부 우도 조카들을 친자식처럼 보살피고 가르쳐 크게 성취할 수 있도록 힘껏 도와주었음.

* 숙부 : 퇴계의 숙부 우임. 우의 자는 명중明仲, 호는 송재松齋, 예안 온계에 살았음. 1469년에 출생, 1517년에 서거함. 대과 과거시험에 합격하여 내외 관직을 두루 거

치고 호조참판에 이름. 저서로 『송재집松齋集』이 있음. 퇴계는 12세 때 숙부 우에게 『논어』를 배웠는데, 이로 인해 학문을 하는 데 큰 힘을 얻었다고 함.

* 셋째 형님 : 퇴계의 셋째 형님 의임. 자는 언장彦章. 현 예천군 지보면 대죽리 외가에 옮겨가 살았음. 1494년에 출생, 1532년에 서거함.

* 넷째 형님 : 퇴계의 넷째 형님 해임. 자는 경명景明, 호는 온계溫溪 또는 취미헌翠微軒, 시호는 정민貞愍. 예안의 온계에 살았음. 1496년에 출생, 1550년에 서거함. 대과 과거시험에 합격하여 대사헌 · 예조참판 등의 내직과 황해도와 충청도 감사 등의 외직을 역임함. 대사헌으로 재직할 때 이기는 정승으로 부적합하다고 논했다가, 1550년 이기의 사주를 받은 사람들의 모함으로 억울하게 죄를 뒤집어쓰고 죽음을 당했음. 1567년에 그 죄가 벗겨지고 또 박탈되었던 관직도 회복되자, 퇴계는 해의 산소 앞에 세울 빗돌에 새길 글과 무덤에 묻을 지석誌石에 새길 글을 함께 지어 그의 억울한 죽음과 그의 죽음 전후의 정치의 혼란상을 상세히 기록하였음. 이조판서에 추증되고, 저서로 『온계일고溫溪逸稿』가 있음. 퇴계와는 형제로, 또 벼슬살이를 하는 동안은 동료로 특히 친밀하였음.

* 삼다 : 글을 잘 짓는데 필요한 세 가지 조건. 즉 글을 많이 읽고, 글을 많이 짓고, 생각을 많이 하는 것임.

12월 1~8일

안도에게 답한다

제군들과 문회文會*를 갖는다고 하니 즐겁겠구나. 네 동생 순도純道 · 淳道*도 보낸다만, 이 아이는 글읽는 것이 가장 게으르니, 함께 공부하는 사람들에게 방해가 될까 두렵다. 더욱이 글을 충분히 읽고 난 뒤에도 하루 동안 읽은 것이 익숙해지지 않아서 외우지 못했으면, 다시 읽게 하지 않을 수 없다. 그런데도 함께 공부하는 과정에 꼭 참여해야 한다면 새로운 것을 읽게 하되, 하루 중 틈이 나는 대로 익숙하지 못한 곳을 익숙해질 때까지 읽게 하면 좋겠다.

병인년 12월 1~8일 토계에서 할아버지가

| 추신 |

지금 조목과 금난수 등에게는 따로 편지를 보내지 않는다.

안도에게 답한다

앓던 감기가 이제 막 나았다지만, 너는 본래 몸도 허약한데 추위를 무릅쓰고 장례에 가서 밤에 잠도 자지 못한 채 분주한 것이 참으로 염려된다. 장례에는 네 서숙부 적을 보내 치전致奠*을 드리게 하겠다. 그러나 네가 가까이 있으면서 이 장례에 가보지 않는 것은 참으로 미안한 일이다. 세속에서는 장례가 끝나고 3일 만에 제사를 드린다. 네 어머니도 이 날 사람을 보낼 계획이라고 하는구나. 너는 이 날 가본다면 장례에 가서 밤에 잠도 자지 못한 채 분주한 것과는 비교할 수 없을 것이니 괜찮지 않겠느냐? 글을 읽을 적에는 의당 생각해야 할 것이 있고, 생각하지 말아야 할 것이 있다. 네 아버지도 관리의 행차를 수행하느라 예천에 가 있어서 와보지 못한다고 하니, 특히 미진한 점이 있는 듯해서 하는 말이다. 그래도 의당 건강을 헤아려서 해야 할 터, 다른 병이 염려스럽다면 억지로 가볼 필요는 없다.

병인년 12월 1~8일 토계에서 할아버지가

| 추신 |

조목과 금난수에게는 뒤에 답장을 보낸다고 하거라. 26일에는 고산孤山* 에서 제사를 지내고, 27일에는 수곡樹谷*에서 제사를 지낸다.

해설 이 두 통의 편지는 모두 후일 역동서원이 세워진 현 경상북도 안동시 예안면 부포리 어느 곳에서 동학들과 문회를 갖고 있던 안도가 보낸 편지에 답한 것이다. 앞의 편지는 이 문회에 안도와 함께 참여한 순도의 글읽기 지도를 당부한 것이고, 뒤의 편지는 안도의 외외오촌숙부 김부신金富信의 장례에 가볼 것을 권한 내용이다. 퇴계는 이때 토계리 상계 마을에 있었다. 김부신의 자는 가행可行, 호는 양정당養正堂, 본관은 광산, 예안의 오천리에 살았다. 1523년에 출생하여, 1566년에 윤10월 25일에 서거하였다. 퇴계의 제자이다. 오천칠군자의 한 사람으로, 앞서 나온 김부신과 김부륜의 형님이다.

* 문회 : 선비들이 함께 모여서 글을 읽고 또 글을 짓는 모임.

* 순도 : 자는 순보醇甫. 퇴계의 둘째 손자. 1554년에 출생. 성품이 온화하고 정갈했으며, 효성과 우애가 독실했음. 1583년 아버지 준의 상을 당해 집상執喪을 하던 중 슬픔이 지나쳐 1주기가 되기도 전인 1584년 6월 18일에 31세의 나이로 서거함. 종9품의 장사랑將仕郎을 지냄. 순도가 서거하고 한 달도 안 된 1584년 8월 7일에 안도도 집상 중에 서거하였음.

* 치전 : 애도를 표하는 제식祭式. 사람이 죽으면 친척이나 스승 또는 벗이 제물과 제문을 가지고 문상하는 일.

* 고산 : 현 경상북도 안동시 도산면 온혜리에 있는 퇴계 집안의 선영임.

* 수곡 : 현 경상북도 안동시 도산면 온혜리 노송정 종택 뒷산으로, 퇴계 집안의 선영임.

荅孫書

孝孫前 新寧 洞 洪原宅

歲前安東人朴孫瓊爲人朴郎收寄來
書憑見之知汝無恙且續伴諸[illegible]
問念百千萬餘想諸兄俱好矣在此大小
無恙依汝父之向余者自十六日當病
上元也無窮之勿忘宗西山門前勤依路迎
以余來而雖於子孫如此示汝之意甚合
又宜以待而也意之以止之于書和示以在
雖以無元雖陳情乞辭不可以書状而之
而汝而以疏章之之草定汝父之以蕭悽
追至更或較[illegible]

朝意未可知其往赴而當而[illegible]之汝前當篤
張之雖然此意於勿宣當汝猶知之也
賜內只得如汝書而去受之而[illegible]之可書之
[illegible]字物東而書於置兩文金而諸餘以
批點本其批點一件於付之汝父之前告未
照錄具汝顧稠母誤而勤於奴僕來
[illegible]書不一一

戊戌正月初六日大父[illegible]

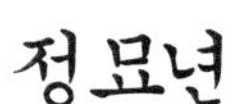

정묘년

_1567년, 퇴계 67세, 준 45세, 안도 27세)

3월

안도에게 답한다

안기에서 부쳐온 편지를 받아보고, 네가 무사히 서울에 도착했음을 알게 되니 기쁘고 또 마음이 놓인다. 서울로 올라가는 도중에 부친 두 통의 편지도 모두 제때 받아보았다. 과거시험을 보는 첫 날 이곳에는 비가 왔는데, 서울에도 비가 왔느냐? 과거시험을 본 결과는 어떻게 되었느냐?

이곳은 모두 여전하다. 내 증세는 네가 이곳에 있을 때와 대략 같다. 그중 가래가 끓어 기침이 나고 숨이 차는 증세와 입이 마르는 증세는 아직도 오락가락하면서 그치지 않고 있으며, 귀가 웅웅 울리는 증세 또한 심하다. 아마 병이 싹 다 낫지 않아서 이와 같을 것으로 생각된다. 그러나 친구들에게 지겨울 정도로 늘 약을 구해달라고 하는 것도 특히 쉬운 일이 아니구나. 아무쪼록 잘 살펴서 구해달라고 할 만하면 그렇게 하는 것이 좋겠다. 내 가

취 문제는 비단 지금의 여론만 그러한 것이 아니라, 사정상 매번 사직하기도 어려운 형편이다. 다만 명나라 사신이 혹 6~7월 한창 더울 때 오게 되면 어떻게 해야 할지, 이 때문에 더욱더 걱정된다.

의정부좌참찬議政府左參贊 송기수宋麒壽* 대감께 보내는 답장과 참봉參奉 이종무李種茂*에게 보내는 편지를 부친다. 모두 전해주면 좋겠다. 기대승 · 이담 등에게 보내는 답장은 정유일이 서울로 올라가는 편에 부쳤다. 정탁을 만나거든 조보를 보내주어 고맙다는 인사를 하거라. 이희李憙*가 참으로 고맙게도 편지를 보내주었다만, 서울로 올라가는 사람이 바쁘다고 해서 답장을 하지 못한다. 이러한 사정도 전하거라. 나머지는 다 적지 못한다.

정묘년 3월 도산에서 할아버지가

| 추신 |

신섬에게도 답장을 하지 못한다. 그리고 지난번 의정부우의정 권철 대감이 고맙게도 편지를 보내주셨다만, 권철 대감은 명나라 사신을 영접하기 위해 의주로 떠났다고 하기에 지금 답장을 보내지 않는다. 아울러 여쭙거라.

이 편지는 대과 과거시험에 응시하기 위해 서울로 올라간 안도가 보낸 편지에 답한 것이다. 퇴계는 이때 도산서당에 있었다.

* 의정부좌참찬 송기수 : 좌참찬은 조선시대 최고 행정기관인 의정부의 정2품 관직임. 우참찬 및 좌 · 우찬성과 함께 영의정 · 좌의정 · 우의정 3인의 정승을 보좌하는

역할을 함. 송기수의 자는 태수台叟, 호는 추파秋坡 또는 눌옹訥翁, 본관은 은진恩津. 1506년에 출생, 1581년에 서거함. 대과 과거시험에 합격했으나, 권신 김안로가 배척하여 등용되지 못하다가, 김안로가 사사된 뒤 기용됨. 이준경과 협조해서 나라의 근본을 튼튼히 하였고, 윤원형이 죽자 이조판서가 되어 인재를 고루 등용하였음. 지중추부사로 서거하였음. 퇴계와 동방 급제한 친구임.

* 이종무 : 미상.

* 이희 : 자는 자수子修, 호는 율리栗里, 본관은 연안延安, 예천醴泉에 살았음. 1532년에 출생, 1592년에 서거함. 퇴계의 제자. 대과 과거시험에 합격하여 벼슬에 나감. 임진란이 일어나자 봉상시첨정奉常寺僉正으로 행재소行在所로 달려갔는데, 온갖 고초를 무릅쓰고 삭녕朔寧에 이르는 사이 갖가지 욕을 당하면서도 굽히지 않다가 끝내 해를 입었음.

4월

안도에게 보낸다

붓실이가 돌아와서 편지를 받아보고 모든 소식을 잘 알게 되었다. 다만 덕원부의 화재 소식은 일찍이 들은 적이 없었고, 네 편지에서도 자세히 말하지 않았지만, 붓실이에게 물어보고 큰 화재를 당했음을 알게 되어 몹시 놀랐다. 이러한 형편이라면 너는 참으로 의당 가보아야 할 것이다.

요즈음 네 처가 식구들은 모두 평안하시냐? 너도 잘 있느냐? 몹시 걱정된다. 네가 가족을 데리고 먼저 오겠다는 계획은 매우 잘한 것이지만, 그 계획대로 할 수 있겠느냐? 이곳은 모두 여전하다만, 네 종숙부 건의 집만은 평안하지 못하다. 건이 전염병을 얻어 몹시 위독해서 다섯째 형님 집안 식구들 모두가 피해서 딴 곳으로 간 뒤, 건의 병이 겨우 차도가 있어 요사이 차츰 나아가고 있다. 얼마나 다행이냐. 네가 가족을 놓아두고 혼자 온다면, 언제 서울로 돌아올 예정이냐? 나는 명나라 사신이 온다는 소식이 없어서 아직 서울로 올라갈 계획을 세우지 않고 있다. 그러나 거듭 생각해보아도 서울에 올라가는 것은 난처한 문제가 너무 많으니 어쩌면 좋으냐.

보내온 약과 편지는 모두 잘 받았다. 다만 네가 과거시험에 응시했을 때 제출했던 논문을 보니, 그 논문 위쪽 4행과 5행은 의미가 너무 보잘것없구나. 그래서 등수에 들지 못한 것이다. 나머지는 다 적지 않는다.

정묘년 4월 토계에서 할아버지가

| 추신 |

이곳은 너무 가물어서 땅이 다 타들어가니 백성들이 불쌍하구나.

해설 이 편지는 대과 과거시험에 응시하기 위해 서울로 올라간 안도에게 보낸 것이다. 함경도 덕원부에 큰불이 났으니 가보지 않을 수 없다고 하고, 간다면 언제 서울로 다시 돌아올 수 있느냐고 물었다. 퇴계는 이때 토계리 상계 마을에 있었다.

5월 하순

안도에게 보낸다

지난번 4월 2일자 편지를 받아보고 네가 무사히 덕원에 도착했음을 알게 되었다. 곧바로 답장을 써서 서울로 올라가는 군위현감댁軍威縣監宅* 종 편에 가져가게 해서, 서울에 있는 네 장인댁 종에게 주어 그곳으로 전하게 하였다. 얼마 전에 또 선산부사댁善山府使宅* 종이 가져온 4월 19일자 편지를 받아보고 그간의 소식을 자세히 알게 되니 마음이 한결 놓인다. 다만 편지에는 네가 가족을 데리고 서울로 돌아오는 일에 대해서는 언급이 없는데, 농사철이라 어려워서 그만둔 것이냐? 그렇다면 어찌할 수 없는 일이다.

네 아버지는 네가 원점을 다 따서 성균관에서 시행하는 대과 과거 1차시험에 응시했으면 하던데, 네 생각은 어떠냐? 만약 이렇게 하려면 여름 중에 일찍 서울로 와서 성균관에 적을 두어야 할 것이다. 그러나 내 생각으로는 네가 경전에 대한 공부가 불충분한 상태에서 비록 대과 과거 1차시험인 성균관 시험에 합격하더라도 아무런 도움이 되지 않을 것 같다. 이 문제는 네가 요량해서 처리하거라. 지난번에 보낸 약은 두어 첩 복용한 다음 봄철이라 탕약을 달여 먹기가 힘들어서 일단 그만두고, 후일 필요할 때 쓰려고 잘 보관해두었다. 명나라 사신이 온다는 소식은 아직도 감감하니 가을 겨울 한창 추울 때나 올 모양이다. 만약 한겨울에 온다면 병든 사람이 길을 나서기가 지극히 어려운데, 서울로 올라가는 문제를 어찌해야 할지 걱정이다.

송기수 대감과 김취려에게 부친 편지가 잘못 덕원으로 전해졌구나. 먼

곳으로 보내는 편지는 중간에 흔히 이러한 일이 생기니 안타깝다. 되돌려 보낸 뒤에 잘못 전해지거나 지체되지는 않았느냐? 이곳은 여전하다만, 전염병을 피해 다른 곳을 가 있는 다섯째 형님은 아직도 집으로 돌아오지 못하고 있다. 오천의 네 외조모도 몇 차례 학질에 걸렸다가 지금은 다 나았다. 명천明川* 사람이 돌아간다기에 급히 몇 자 적는다. 이만 그친다.

정묘년 5월 하순 토계에서 할아버지가

| 추신 |

네 아내가 아프다고 하던데 무슨 병인지 알 수 없어 멀리서 몹시 염려된다. 가뭄이 극심하다가 어제 모처럼 비가 왔지만, 아직도 흡족하지 못하다. 듣자하니 전국이 다 그렇다고 하던데, 그곳은 어떠냐?

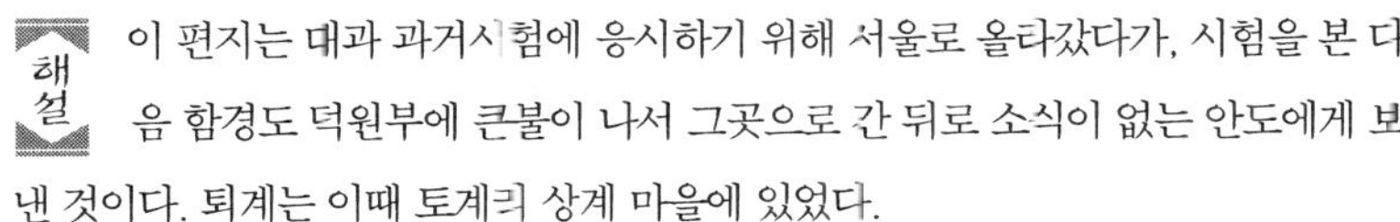

해설 이 편지는 대과 과거시험에 응시하기 위해 서울로 올라갔다가, 시험을 본 다음 함경도 덕원부에 큰불이 나서 그곳으로 간 뒤로 소식이 없는 안도에게 보낸 것이다. 퇴계는 이때 토계의 상계 마을에 있었다.

* 군위현감댁 : 현재 군위현감이거나, 아니면 전직 군위현감인 사람의 집을 말함. 단 그 사람이 누구인지는 미상임.
* 선산부사댁 : 현재 선산부사이거나, 아니면 전직 선산부사인 사람의 집을 말함. 단 그 사람이 누구인지는 미상임.
* 명천 : 조선시대 함경도 명천군. 현 함경북도 남동부에 위치한 명천군임.

6월 26일

안도에게 답한다

편지를 받아보고 네 아내가 아프다는 사실을 알았다. 어찌 이렇게 자주 아픈 것이냐. 몹시 걱정된다. 나는 매번 사직을 청하기가 지극히 어려워서, 부득이 이 달 12일에 집을 떠나 13일에는 수곡에서 네 할아버지 제사*를 지내고, 그 날 새벽에 길을 나서서 낮에 쉰 다음, 충주에서 배를 타고 어제 서울에 들어왔다.

처음에는 서소문의 집*에다 거처를 정하려고 하였지만, 내 앞일을 생각해볼 때, 네 장인댁에 있는 것이 도움이 될 듯해서 죽전동 네 장인댁에다 거처를 정했다. 네 둘째 처남이 와서 살펴보고 조처해준 다음 돌아갔다. 매우 고마운 일이다. 네 아버지는 충주까지 나를 수행하려고 했으나, 영주에서 뜻밖에 일본 국왕의 사신을 호위하라는 명령을 받고 급히 경남 지방으로 내려가고, 박개朴改*가 나를 수행하였다. 서울로 올라오는 도중에 별다른 일은 없었다만, 배를 타고 오다가 설사병이 나서 아직도 다 낫지 않아 바로 사은숙배謝恩肅拜*를 드리지 못하였다. 그러나 지금은 다 나아가니 염려하지 말거라.

네 아내가 네 처가 식구들보다 먼저 서울로 오기로 한 것은 이미 오래 전에 계획된 것이지만, 지금 네가 곧바로 서울로 와버리면, 네 아내가 서울로 오는 것은 또 계획대로 되지 않을 것이다. 그 사이 지장을 받는 일이 많을 것이니 너는 일단 그곳에 있다가, 내달 초순 이후에 데리고 오는 것이 지극히 온당하겠다. 손님을 맞이하느라 어수선해서 네 장인께는 미처 편지를 쓰지 못하니 아쉽구나. 어물을 보내주셔서 감사하다고 말씀드려라.

고향의 친척들은 모두 별일 없다. 다만 김부필의 종이 가지고 온 네 편지에 대한 답장을 써서 오천에 보냈는데, 그 종이 뜻밖에 달아나는 바람에 그 편지는 그만 토계로 돌아오고 말았다. 그 뒤 네 아버지가 다른 사람 편에 서울로 올려보내 덕원의 네게 전하게 하였다. 이미 받아보았을 것으로 생각했는데, 지금 네 편지를 보니 필시 중간에 분실된 모양이다. 나머지는 일일이 다 적지 못한다. 조심해서 가족을 데리고 오너라.

정묘년 6월 26일 서울에서 할아버지가

| 추신 |

명나라 사신은 이미 압록강을 건넜다. 내달 15일, 17일, 20일 중에 골라서 서울에 들어온다만, 임금님이 편찮으셔서 모두들 걱정하고 있다. 지금 들으니 네 아버지가 명나라 사신이 올 때 말[馬]을 돌보는 관원이 되어 오늘 서울에 온다고 한다. 기뻐할 일이다. 너는 언제 서울에 오느냐? 가족은 데리고 오느냐? 만약 가족을 데리고 올 생각이라면, 다른 일 때문에 계획을 변경하지 말거라. 계획을 변경하지 않고 아무쪼록 속히 온다면 네 아버지를 만날 수 있을 것이다. 네 아버지는 명나라 사신이 돌아가고 나면 오래지 않아 안기로 돌아갈 것이기에 하는 말이다.

해설 이 편지는 함경도 덕원에서 보낸 안도의 편지를 받고 답한 것이다. 퇴계는 이때 곧 우리나라로 오게 될 명나라 사신과 시문을 주고받을 제술관에 임명되어 서울로 올라오라는 명종의 명령을 받고, 서울에 올라와 있었다. 퇴계는 6월 12일에 토계를 출발해서 같은 달 25일에 서울에 들어왔다. 이 편지는 퇴계가 서울에 들어온 그 이튿날에 부친 것이다. 퇴계는 서울로 올라와서 보통 서울에 왔을 때 거처하던 서소문 집에 묵지 않고 죽전동 안도의 장인 집에 묵었다. 안도가 덕원에서 곧 온다고 하고, 또 자신도 곧 고향으로 내려가려고 했기 때문에 편의를 고려해서 이렇게 한 것이었다. 이때 준도 명나라 사신이 올 때 말〔馬〕을 돌볼 관원으로 차출되어 곧 서울로 올라올 예정이었다. 그래서 퇴계는 안도에게 서울로 오면, 나와 네 아버지를 만날 수 있으니, 지체하지 말고 속히 오라고 하였다.

* 네 할아버지 제사 : 퇴계의 아버지 식은 1502년 6월 13일에 서거하였음.

* 서소문의 집 : 퇴계는 당시 일반 사대부들과는 달리 서울에 자기 소유의 집이 없었고, 서울에 와 있을 때는 서소문 건천동乾川洞, 즉 현 서울특별시 중구 정동 옛 대법원 경내에 있었던 권응정權應挺 소유의 집을 빌려서 거처하였음. 이것이 바로 퇴계의 여러 글에 자주 나오는 서소문 우사寓舍 또는 건천동 우사임. 권응정의 자는 사우士遇, 호는 묵암默菴, 본관은 안동. 1498년에 출생, 1564년에 서거함. 대과 과거시험에 합격하여 벼슬길에 나갔다가, 양재역 벽서사건으로 오랜 기간 동안 귀양살이를 하였음. 벼슬은 동지중추부사에 이름.

* 박개 : 미상.

* 사은숙배 : 관직에 임명된 사람이 궁중에서 임금에게 절하고 임금의 은혜에 감사하는 것을 말함. 문관 9품 이상과 무관 4품 이상의 관직에 임명된 사람은 그 다음날 대전 · 왕비전 · 세자궁에 가서 사은숙배를 하였고, 품계가 오르거나 겸직 발령을 받은 경우와 출장이나 휴가를 가거나 돌아왔을 때는 임금에게만 사은숙배를 하였음.

7월 11~16일

안도에게 보낸다

지난번에 부친 편지는 이미 받아보았느냐? 나는 올라오는 길에 설사병에 걸렸다. 그리고 서울에 들어온 지 사흘만에 갑자기 국상國喪*을 당해 너무도 큰 슬픔을 견딜 수가 없었다. 이 때문에 오래도록 설사병이 낫지 않다가, 이제는 또 위장병도 생긴 듯 음식을 먹을 수가 없으니 여간 걱정이 아니다. 그러나 아직은 그리 심하지 않으니, 본래 지병이 있는 나로서는 도리어 다행이다. 서소문의 집에다 거처를 정하지 않고 네 장인댁에 거처를 정한 것은, 너와 함께 있는 것이 편리하다고 생각했기 때문이다.

듣자하니 네 아내가 아직도 병이 낫지 않아서 이곳 서울에서 약을 구한다고 하더구나. 어찌 이리 오래도록 낫지 않는 것이냐. 몹시 걱정이 된다. 그렇다면 언제 가족을 데리고 서울로 오려고 하느냐? 네 아내가 아프니 먼 길을 오기가 몹시 어려울 것이다. 어찌하면 좋으냐. 나는 처음에 8월 보름 전에는 고향으로 내려갈 계획이었다만, 지금 나라 일이 이러한 상황이니, 임금님의 장례가 끝나기 전에 돌아가기는 어려울 듯하다. 그러나 그렇게 되면 추위가 닥쳐서 돌아가는 계획에 지장이 많을 것이다. 고민이 이만저만 아니다. 나머지는 다 적지 않는다.

정묘년 7월 11~16일 서울에서 할아버지가

| 추신 |

명나라 사신이 안주安州*에 도착했는데, 이 달 17일에는 서울에 들어올

것이다.

해설 이 편지는 안도가 아내 권씨 부인의 병 때문에 함경도 덕원에서 출발하지 못한다는 소식을 듣고 보낸 것이다. 안도의 아내 권씨 부인은 이때 실제 병이 난 것이 아니라, 이듬해인 1568년 3월에 태어난 아들을 임신하였고, 이 때문에 입덧이 몹시 심해 고통을 당했던 것으로 보인다. 한편, 명종은 퇴계가 서울에 올라오고 나흘 만에 서거하였다. 퇴계는 올라오는 도중에 설사병이 나서 아픈데다, 명종이 서거한 슬픔까지 겹쳐서 건강이 좋지 않았다. 그러나 명종의 상을 마친 뒤에 돌아가려면 한 해를 넘기지 않을 수 없는 형편이라서 여간 걱정이 아니었다. 퇴계는 이때 서울 죽전동 안도 장인의 집에 있었다.

* 국상 : 명종의 상을 가리킴.

* 안주 : 조선시대 평안도 안주군. 평안남도 북서부 청천강 남안에 위치해 있었음. 현재 서쪽 반은 문덕군이 되었고, 그 나머지 지역과 청천강 건너 평안북도 영변군의 일부 땅을 합하여 안주시가 되었음.

7월 하순

안도에게 답한다

덕원 사람이 와서 편지를 받아보니, 너는 이 달 15일에 서울로 출발하려 한다고 했더구나. 그러나 네 아내의 병이 아직도 다 낫지 않았으니, 네가 그때 꼭 출발했다는 보장도 없겠구나. 안타깝고 또 걱정스럽다.

국상을 당한 일과 네 아버지가 서울로 올라온 일은 지난번 편지에서 이미 언급하였다. 지금 새 임금님*이 왕위를 계승하시고 명나라 사신들도 잘 돌아가서 사람들이 모두 기뻐하니, 불행 중에도 크나큰 다행이라고 하겠다. 다만 나는 아직 고향으로 돌아가는 문제를 결정하지 못하고 있어서 무척 고민이다.

임금님의 장례 일자는 처음에는 9월 22일로 잡혔으나, 그렇게 되면 서거 후 다섯 달*이 되지 않는다고 해서 11월경으로 미루려고 하는데, 아직 날짜를 잡지는 못하였다. 그렇게 되면 날씨가 몹시 추워지므로 임금님의 장례를 마치고 돌아갈 수는 없을 것 같다. 내달 보름경에 돌아가려고 하지만, 꼭 그렇게 되리라는 보장이 없어서 여간 걱정이 아니다. 문천文川* 사람이 날이 저물어 돌아간다고 하기에 컴컴한 가운데 급히 몇 자 적는다.

정묘년 7월 하순 서울에서 할아버지가

| 추신 |

네 아버지는 마침 출타 중이어서 편지하지 못한다.

해설

이 편지는 함경도 덕원에서 이 달 15일, 곧 7월 15일에 서울로 출발하겠다는 안도의 편지를 받고 답한 것이다. 퇴계는 이때 서울 죽전동 안도 장인의 집에 있었다. 명나라 사신은 7월 17일에 서울에 왔다가 3일을 머문 다음 돌아갔다. 그래서 퇴계는 8월 15일경에 고향으로 돌아갈 계획을 하고 있으나, 명종의 장례가 늦추어지는 바람에 고향으로 돌아가기가 어려워져 한창 걱정을 하고 있었다. 준도 이때 명나라 사신이 왔을 때 말[馬]을 돌보는 관원이 되어 서울에 와 있었다.

* 새 임금님 : 명종의 뒤를 이어 등극한 선조임.
* 서거 후 다섯 달 : 임금의 장례식은 서거하고 다섯 달이 지난 뒤에 거행하는 것이 예법이었음.
* 문천 : 조선시대 함경도 문천군. 함경남도 남부에 위치해 있었음. 현재는 함경남도 문천시와 천내군으로 나뉘었고, 남부 일부 땅은 원산시에 편입되었음.

8월 2~4일

안도에게 답한다

네가 좀처럼 오지 않아 오랫동안 의아하게 생각하고 있던 차에, 지금 편지를 받아보고 네 아내의 병이 오래도록 낫지 않는데다 증세도 가볍지 않음을 알게 되었다. 여간 걱정되는 것이 아니다. 이와 같은 상황이라면 가족을 데리고 먼길을 오는 것이 매우 어렵지 않겠느냐. 그렇다면 차라리 그곳에 있으면서 차도가 있기를 기다렸다가 서울로 오는 것이 나을 것이다. 단약 서울로 올 수 있겠거든 추워지기 전에 가족을 데리고 와서, 서울 집에서 약을 구해 치료하는 것이 더 나은 방법일 것이다.

나는 지금 사무가 많은 예조禮曹*의 판서判書에 임명되어 부득이 사직을 청하는 글을 올렸다. 만약 교체가 된다면 곧바로 내려갈 생각이다. 따라서 네가 속히 서울로 오더라도 나를 만나지는 못할 것 같구나. 참으로 아쉽구나. 그러나 너는 오랫동안 병석에 있는 사람을 돌보고 치료해주지 않을 수 없을 것이니, 다른 생각을 할 겨를이 있겠느냐. 보낸 물건은 모두 잘 받았다만, 네가 무슨 수입이 있다고 이렇게 하느냐. 나머지는 네 아버지의 편지를 보거라. 이만 줄인다.

정묘년 8월 2~4일 서울에서 할아버지가

이 편지는 함경도 덕원에서 아내 권씨 부인의 병 때문에 서울로 올라오기 어려운 형편을 알린 안도의 편지를 다시 받고 답한 것이다. 퇴계는 이때 서울

죽전동 안도 장인의 집에 있었다. 그러나 고향으로 돌아가려고 하다가, 도리어 명종의 국상을 앞둔 시점에 사무가 많은 예조판서禮曹判書에 임명되어 사직을 청하고 있는 중이었다. 준도 이때 서울에 있었다.

* 예조 : 예조는 조선시대 정무를 담당하던 육조의 하나로 국가의 전례와 교육 등의 일을 관장함.

8월 5일

안도에게 보낸다

네 큰처남이 가지고 온 편지는 받아보고 바르 답장을 부쳤다. 그 뒤로 네 아내의 병세는 어떠냐? 너는 어떻게 할 계획이냐? 네 아내의 병이 나으면 서울로 데리고 올 것이고, 낫지 않으면 그대로 덕원에 있는, 이 두 가지일 것이다. 나는 요즈음 더욱 힘들어서 오늘 두 번째 사직을 청하는 글을 올렸다. 만약 교체가 되지 않으면, 9일에 세 번째 사직을 청하는 글을 올리고, 10일에는 배를 타고 고향으로 내려갈 생각이지만, 혹시라도 나의 귀향을 막거나 만류하는 사람이 있을까 그것이 걱정이다.

네 장인께는 지난번에 편지를 드렸기 때문에 지금 다시 편지하지 않는다. 이러한 사정을 말씀드려라. 네 장인은 지난번 편지에서 벼슬을 그만두고 고향으로 돌아가고 싶다고 했더구나. 만약 네 장인이 벼슬을 그만두고 고향으로 돌아온다면, 그때 네 아내도 물론 함께 돌아오겠지만, 내 생각으로는 비록 네 장인이 혹 고향으로 돌아오지 않더라도 네 아내는 먼저 돌아오는 것이 옳을 듯하다. 어떻겠느냐? 오래도록 이곳 서울에 있으면서도 너를 보지 못하고 돌아가니 아쉽구나. 그러나 형편이 이렇게 되었으니 어쩌겠느냐.

육군자탕六君子湯* 몇 첩을 지어서 보낸다. 다만 사람들이 모두 말하기를, 태기胎氣로 인한 병은 증세가 이와 비슷하다고 하니, 아무쪼록 잘 살펴서 함부로 약을 쓰는 일이 없도록 하면 참 좋겠다. 나머지는 지난번 편지에서 말하였기에 다 적지 않는다.

정묘년 8월 5일 서울에서 할아버지가

| 추신 |

임금님의 장례 일자는 9월 22일로 정해졌다가, 이유李兪*가 상소하여 서거한 지 다섯 달도 되지 않았는데 장례를 치르는 것은 예법에 어긋난다고 주장해서, 10월 중에 날짜를 다시 잡으라고 새 임금님께서 지시하셨다. 그러나 10월 중에는 좋은 날이 전혀 없어서 지금 한창 의논을 하고 있고, 날짜는 아직 정하지 못하였다.

해설 이 편지는 퇴계가 서울에서 고향으로 돌아가기 얼마 전에 보낸 것이다. 퇴계는 이 달 10일에 고향으로 돌아갈 계획을 하고, 예조판서의 사직을 계속 청하고 있었다. 안도는 그때 서울로 출발하지 못한 채 함경도 덕원에 있었다. 퇴계는 이 달 10일에 예조판서에서 해직되자 명종의 장례도 보지 않은 채 곧바로 서울을 떠나 고향으로 돌아왔다. 준은 이때 서울에서 안기로 돌아간 것으로 보인다.

* 육군자탕 : 한의학 처방의 일종으로 소화불량 · 위염 · 위산과다 · 위궤양 · 십이지궤양에 좋으며 몸의 활력을 돋우는 데도 이용됨.

* 이유 : 미상.

8월 하순

안도에게 보낸다

경저京邸*의 종이 서울에서 가져온 편지를 받아보고 네가 별탈 없이 잘 지내고 있음을 알게 되니 보고 싶었던 마음이 다소 위로가 된다. 다만 네 아내는 두통은 나았지만 기침과 구토 때문에 아직도 고통을 당하고 있다니, 이 한 가지 증세로도 병이 몹시 중함을 알 수 있겠다. 여간 걱정이 아니다.

나는 서울에 올라갔다가 국상을 당해 닥친 많은 일로 다른 관리들과 함께 정신없이 뛰어다니느라 과로로 건강을 몹시 해쳐 아주 크게 병이 났었다. 이러한 처지로는 지중추부사와 같은 한직에도 오래 머물러 있을 수 없는 형편이었다. 그러던 차에 예조판서에 임명되어 하루도 직무를 수행할 수가 없었기 때문에 교체된 것이다. 나라의 은혜를 저버림이 이와 같았기에 도리상 하는 일 없이 봉급만 받아먹으면서 머물러 있을 수가 없었다. 이 때문에 속히 고향으로 돌아올 계획을 세우지 않을 수 없었던 것이다.

지금 듣자하니 제공諸公들이 모두 내가 잘못했다고 한다는구나. 두렵고 부끄럽기 그지없다. 그러나 이것은 임금님의 상에 슬퍼하는 마음을 다해야 한다는 한 측면에만 의거해서 말한 것이다. 만약 신하된 사람이 직무를 수행하지 못하면 의당 떠나 하루도 외람되이 그 자리에 있을 수 없다는 도리로 말한다면, 슬퍼하는 마음이 도리어 이 도리로 인해 그 의미를 잃게 되니, 어떻게 급히 떠나지 않을 수 있었겠느냐. 하물며 나는 수십 년 동안 병으로 거취를 결정해왔는데, 이제 만약 서울을 떠나지 못한 채 겨울을 지내다가 혹 추위 때문에 병이라도 걸려서 남모르는 가운데 갑자기 죽게 되면, 일생

동안 곤궁함을 견디며 사퇴한 뜻이 그 어디에 남아 있겠느냐. 세상 사람들이 모두 이러한 도리를 알지 못하고 말들을 하니 한탄스럽구나.

그때는 생명이 위태로워서 부득불 임시 방편으로 스스로 죽지 않을 계획을 세우지 않을 수 없었다. 마침 우성전이 지어준 평위산平胃散*을 복용하고 며칠 지나지 않아 점차 살아날 길이 있음을 알게 되었다. 물길을 반쯤 온 뒤로는 다시 소식素食*을 하기 시작해서 지금까지도 몸을 지탱하고 있으니, 이만하면 그래도 다행이라고 하겠다.

정묘년 8월 하순 도산에서 할아버지가

| 추신 |

보내온 버선 두 켤레는 잘 받았다. 그러나 네 아내는 병중인데 어찌 꼭 이와 같이 하는 것이냐. 네 장인이 진정 벼슬을 그만두고 돌아온다면, 네게도 잘된 일이다. 하지만 추위가 시작되는데 먼길에 가족을 잘 보호해서 오기가 몹시 어렵겠구나. 조심하거라.

안도에게 보낸다

나는 병이 중해서 예조판서의 직무를 수행할 수 없었다. 새 임금님의 은총을 저버린 것이 부끄러웠지만, 하는 일 없이 봉급만 받아먹을 수 없었다. 또 추위가 닥치는데 객지에서 죽게 될까 두려워, 너무나 급박해서 곧바로 돌아온 것이다. 지금 듣자하니 사람들이 나를 몹시 비난하며 나무란다는구나. 앞으로 다시는 사람 축에도 끼이지 못하게 될까 두렵기 그지없다. 어찌하면 좋으냐.

너는 학업을 폐한 지도 이미 오래되었고, 부모 슬하를 떠나 있은 지도 오래되었다. 하지만 성균관에 들어가는 일은 그만둘 수 없겠다. 봄에 특별 과거시험이 한 차례 있을 듯하니, 얼마간 이곳으로 내려오지 말고 겨울 동안 성균관에 있으면서 아무쪼록 열심히 공부하거라. 학과 공부뿐 아니라 시험에 대비하는 공부에도 힘을 쏟아라. 세월이란 빠른 것이다. 하는 일 없이 지내면서 일생을 마쳐서야 되겠느냐.

정묘년 8월 하순 도산에서 할아버지가

해설 이것은 퇴계가 서울에서 고향으로 돌아온 다음 부친 두 통의 편지이다. 앞의 것은 안도에게 보낸 것이고, 뒤의 것은 안도가 보낸 편지에 답한 것이다. 퇴계는 8월 10일 예조판서에서 해직되자 곧바로 서울을 떠나 고향으로 돌아왔다. 퇴계는 이때 도산서당에 있었고, 안도는 아직도 서울로 출발하지 못한 채 그대로 한경도 덕원에 있었다. 당시 조정에서는 명종의 장례도 끝나기 전에 고향으로 돌아간 퇴계를 두고 논란이 분분하였다.

* 경저 : 고려 중기에서 조선 말기에 걸쳐 서울과 지방 관청 사이의 여러 가지 일을 처리하기 위해 설치한 기관. 지방 관청과 중앙의 문서 연락, 지방 세공稅貢의 책임 납부, 선상選上 등으로 상경하는 지방민에 대한 응대 및 보호와 감독, 해당 지방관의 부임에 대한 통보와 지방관의 사적인 부탁의 수행 등을 담당하였음. 경저를 맡아 경영한 사람을 경주인京主人 · 경저주인京邸主人 · 경저인京邸人 · 저인邸人 등으로 불렀고, 이들 아래에 몇 명의 경저리京邸吏가 있었음. 편지에서 말하는 경저는 예안현의 경저로 추정됨.

* 평위산 : 한의학 처방의 일종. 주로 위병을 치료하는 데 이용됨.

* 소식 : 상중에 육식을 하지 않고 채식을 하는 것으로, 명종의 상중이었기에 이렇게 말한 것임.

10월

안도에게 답한다

나의 행동은 참으로 경솔하였다. 병든 사람의 일 처리는 언제나 한쪽으로 치우쳐 다른 사람들의 마음에 차지 않는 경우가 많다. 하지만 나의 전후 행적과 그 당시 병이 중했던 상황을 아울러 살펴본다면, 나로서는 그렇게 할 수밖에 없는 이유가 없지 않았다. 그러나 제공들이 노해서 나를 몹시 척망한다고 하니, 어떻게 한 사람 한 사람 모두 만나서 설명해줄 수 있겠느냐. 다만 의당 스스로 깊이 반성해서 머리 숙여 사죄할 따름이요, 너무 지나치게 변명을 하지 않는 것이 가장 좋은 계책이다.

지난번 여러 벗들의 편지를 받고 답장을 할 때는 간혹 변명하는 말을 하지 않을 수 없었다. 그중 기대승에게 보낸 답장*에서는 끝까지 다 변명하고 말았다만, 도움이 되었다기보다는 도리어 뉘우침만 부른 것이 아닌가 걱정된다. 그 편지는 김취려의 종 춘산이가 가지고 갔다. 아마 김취려가 직접 기대승을 만나 그 편지를 전해주었을 것이다. 김취려에게 기대승이 그 편지를 보고 어떻게 생각하던지 물어보고, 이곳으로 내려오는 사람 편에 대강 알려주면 좋겠다. 그리고 네가 만약 서울에 와서 사람을 만났을 때, 나를 비방하고 의심하거나 나에 대해 물으면, 제 할아버지께서는 그때 참으로 병이 위중했기 때문에 하는 일 없이 봉급이나 받아먹으면서 객지에서 죽고 싶지 않아 곧바로 고향으로 돌아간 것이지, 만약 지금까지 살아 있을 줄 일찍이 알았더라면, 어찌 이와 같이 하셨겠습니까 하고 대답해주면 될 것이다.

김취려가 내가 기대승에게 보낸 답장을 베껴 놓았으면 너도 볼 수 있을 것이다. 그 편지 끝 부분에 인용한 송나라 도학자 양시楊時의 시 두 구句*는 온당하지 못한 듯하니, 지워버리는 것이 좋겠다. 편지를 채 다 쓰기도 전에 춘산이가 와서 문밖에서 기다리며 답장을 달라고 하는구나. 그래서 미처 찬찬히 생각하지 못한 채 적어서 보내는 것이 아쉬울 따름이다.

정묘년 10월 토계에서 할아버지가

해설 이 편지는 함경도 덕원에서 서울로 출발하기 전에 안도가 보낸 편지에 답한 것이다. 특히 명종의 장례도 끝나기 전에 고향으로 돌아간 퇴계를 두고 논란이 분분했던 문제를 설명하였다. 퇴계는 이때 토계리 상계 마을에 있었다.

* 기대승에게 보낸 답장 : 기대승은 퇴계가 명종의 장례도 끝나기 전에 고향으로 돌아갔다는 말을 듣고, 명나라 사신을 국경까지 가서 맞아들이는 관리의 보좌관으로 자신의 임무를 마치고 서울로 돌아오자, 곧바로 퇴계에게 편지를 보내 퇴계의 그와 같은 처사에 대해 강한 불만을 표시하였음. 그러자 퇴계는 기대승에게 무려 1,800여 자에 이르는 장문의 답장을 보내 자신의 입장을 변명한 적이 있음.

* 양시의 시 두 구 : 「저궁의 매화를 읊어서 호안국胡安國에게 부치다〔渚宮梅花寄胡康侯〕」는 시 중의 끝 두 구임. 그 시 원문은 다음과 같음. "섣달 추위 몰아내고 봄바람 부르려고, 찬 매화 저 혼자서 선봉이 되었구나. 성그른 꽃봉오리 눈과도 다툴쏘냐. 달빛 아래 맑고 고움 부디 잘 간직하게.〔欲驅殘臘變春風, 自有寒梅作先鋒. 莫把疎英輕鬪雪, 好藏淸艶月明中.〕" 양시는 중국 북송北宋의 학자로 정호 · 정이의 제자임. 자는 중립中立, 호는 구산龜山. 1053년에 출생, 1135년에 서거함.

11월 초순

안도에게 답한다

나는 지난번 일 때문에 비방이 그치지 않아 처벌을 기다리고 있던 중에, 뜻밖에 또다시 임금님의 부르시는 명령을 받게 되니, 두렵고 놀라워 어찌 할 바를 모르겠다. 더구나 이처럼 몹시 추운 겨울에 감기에다 속은 타고 천식까지 하고 있으니, 방문을 닫아걸고 깊숙이 들어앉아 있어도 행여 위험한 지경에 이르지 않을까 두려운 상황이다. 그런데도 추위를 무릅쓰고 달려가면 언제 쓰러질지 헤아리기 어려울 것이다. 그래서 부득이 또 부르시는 명령을 거두어줄 것을 청하는 글을 올렸다만, 이 일로 인해 다시 시끄러운 일이나 생기지 않을까 몹시 두렵고 걱정된다. 듣자하니 이번 임금님의 부르시는 명령은 경연관經筵官*이 아뢰어서 내리게 되었다고 하더구나. 누가 아뢰었느냐? 그리고 무슨 말을 하였느냐? 네가 서울에 도착했는지 확신할 수 없어서 이만 줄인다.

정묘년 11월 초순 토계에서 할아버지가

해설 이 편지는 안도가 보낸 편지에 답한 것이다. 한편 10월 13일 선조는 대사간 목첨睦詹의 청에 따라 퇴계를 용양위龍驤衛 대호군大護軍 겸 동지경연·춘추관사同知經筵·春秋館事에 임명하고 서울로 올라오라는 명령을 내렸다. 퇴계는 명종의 장례도 끝나기 전에 고향으로 돌아와서 많은 사람들의 비방을 받고 있는 마당에, 또다시 올라오라는 선조의 명령을 받게 되자 몹시 당혹스러워했다. 그래서 10월 29일에 이미 부르는 명령을 거두어줄 것을 청하는 글을 올린 다음, 이 편지에서는 이번 부르는 명령이 누가 청해서 내리게 되었는지, 그 내용이 구체적으로 무엇인지 알아보라고 지시하고 있다. 안도가 곧 서울에 도착할 것이라는 전제하에 이렇게 말한 것이다. 그러나 안도는 이때 아직 서울에 도착하지 않았다. 퇴계는 이때 토계리 상계 마을에 있었다.

목첨의 자는 사가思可, 호는 두일당逗日堂 또는 시우당時雨堂, 본관은 사천泗川. 1516년에 출생하여 1593년에 서거하였다. 대과 과거시험에 합격하여 이조참판 · 한성부윤 등을 역임하였다. 임진란 때 강화에서 의병을 모집하여 우성전에게 그 지휘를 맡기고, 선조의 명을 받아 선릉宣陵 · 정릉靖陵을 보살피러 가던 중 병사하였다.

* 경연관 : 임금 앞에서 경전과 역사서를 강의하는 자리인 경연에 참석하는 관리. 경전과 역사서를 강의하는 한편, 국정의 바른 도리를 논하였음.

12월 14일

안도에게 답한다

전에 듣기로는, 네가 10월 25일에 덕원을 출발했으나 11월 15일이 지나도 서울에 도착하지 않았다고 하더구나. 그래서 이번 겨울에는 출발할 수 없는 것이 아닌가 하고 온 집안이 몹시 걱정하던 차에, 이제 편지를 받아보고 이미 무사히 서울에 들어와 있음을 알게 되니 매우 기쁘다. 너는 너무 오래도록 함경도 지방에 머물러 있었다. 이곳에서는 조목과 금난수 등 여러 사람들이 네가 그래서는 안 된다고 말들이 많았다. 그래서 나는 형편이 이러해서 부득이 그렇게 했을 뿐이라고 대답하였다.

나는 서울에서 돌아온 뒤로 비방이 자자해서 마음이 편치 않다. 하지만 나처럼 늙고 병들고 보잘것없는 사람으로서는 이로 인해 영원히 버려지더라도 다행이 아니라고는 하지 못할 것이다. 그러나 뜻밖에도 임금님께 잘못 아뢴 사람이 있어서 도리어 여러 차례 부르시는 명령을 받게 되니, 두렵고 떨려서 어찌할 바를 모르겠다. 형편상 도중에 얼어죽더라도 올라갈 계획이었다만, 마침 날씨가 따뜻해지면 올라오라는 명령을 받고, 일단 눈앞의 곤궁한 상황은 벗어나게 되었다. 하지만 날씨가 따뜻해지면 어떻게 해야 할지 모르겠다.

나는 평소에, 기대승이 세속의 관습에 구애받지 않을 수 있을 것이기에, 내가 어리석고 병들어서 벼슬을 할 수 없는 실상을 임금님께 그대로 아뢸 것이고, 나아가 벼슬을 사직하고 물러나 살려고 하는 나의 청을 임금님께서 들어주시지 않을 수 없다는 사실도 함께 아뢰어서 지극히 어려운 상황에 처한 나를 구해줄 것으로 생각했다. 그러나 지금 그렇게 기대했던 기대승이 제 스스로 나를 밀어 열 길이나 되는 깊은 우물 속에 빠뜨리는구나. 평소의 내 처신이 얼마나 벗들에게 신뢰를 받지 못하였는지 잘 알 수 있겠다. 스스로 부끄럽고 또 가슴 아플 뿐이다. 그러나 어찌하겠느냐.

모함을 받고 억울하게 죽음을 당했던 넷째 형님의 죄가 벗겨지고 관직도 회복되었다.* 죽은 사람이나 살아 있는 사람들 모두에게 더할 나위 없이 경사스러운 일이면서도 한편으로는 비통하기 그지없는 일이다. 감축하는 마음 끝이 없다.

내년 봄에 특별 과거시험이 있을 것이므로, 너는 성균관에 적을 두고 그곳 서울에 그대로 머물러 있어야 하겠구나. 다만 이처럼 어수선한 상황에서 학업에 전념하지 못할까 염려된다. 아무쪼록 열심히 노력하거라. 기대승에게 내가 보낸 답장을 보고 어떻게 생각하던지 물어볼 필요조차 없다. 만약 조금이라도 서로 아는 사이라면 어찌 이렇게 하였겠느냐. 김취려의 종 춘산이가 이곳에 왔다가 오늘 답장을 받아서 서울로 돌아갈 것이다. 나머지는 일일이 다 적지 못한다.

정묘년 12월 14일 토계에서 할아버지가

해설 이 편지는 서울에 도착한 안도가 보낸 편지에 답한 것이다. 퇴계는 이때 토계리 상계 마을에 있었다. 한편 기대승은 명나라 사신을 국경까지 가서 맞아들이는 관리의 보좌관으로 자신의 임무를 마치고 서울로 돌아와서 곧바로 퇴계에게 편지를 보내 퇴계가 고향으로 돌아간 것에 대해 강한 불만을 표시한 다음, 이어 10월 23일 경연에서 선조에게 퇴계가 고향으로 돌아간 것은 시대가 바뀌어도 정치가 올바르게 행하여지지 않기 때문이라고 하면서, 국정을 혁신시켜 퇴계를 다시 부를 것을 건의하였다. 편지 중 기대승에 대해 언급한 내용은 바로 이를 두고 말한 것이다.

* **넷째 형님의 죄가 벗겨지고 관직도 회복되었다** : 퇴계의 넷째 형님 해는 대사헌으로 재직할 때 이기가 정승으로는 부적합하다고 논했다가, 1550년 이기의 사주를 받은 사람들의 모함으로 억울하게 죄를 뒤집어쓰고 죽음을 당했음. 이 해, 곧 1567년에 이르러 그 죄가 벗겨지고 또 박탈되었던 관직도 회복되자, 퇴계는 넷째 형님의 산소 앞에 세울 빗돌에 새길 글과 무덤에 묻을 지석에 새길 글을 함께 지어 그의 억울한 죽음과 그의 죽음 전후의 정치의 혼란상을 상세히 기록하였음.

12월 16~30일(그믐)

안도에게 답한다

함창 사람이 가져온 편지는 그 사람이 돌아가는 편에 답장을 보냈다. 지금 또 부장部將 박대령朴大齡*의 종이 가져온 편지를 받아보고 네가 이미 성균관에 들어가서 잘 지내고 있음을 알게 되니 마음이 놓인다. 이곳 대소가는 여전하다만, 내 거취 문제는 지극히 어렵게 되었다. 그래서 천문습독관天文習讀官 오경우吳景祐*가 서울로 돌아가는 11월 그믐(30일)에 나도 서울로 출발할 계획을 세웠지만, 필시 온전히 서울까지 올라갈 수 없을 것으로 생각되어 중지하였다. 날씨가 따뜻해지면 올라오라는 임금님의 명령을 받게 되어 우선은 다행이지만, 날씨가 따뜻해진 뒤에는 거취가 더욱 어려워질 것이다.

너는 편지에, 임금님께서 할아버지를 생각하심이 보통이 아니고, 기회 또한 크다는 등의 말을 하였더구나. 너무도 어리석구나. 내가 이제까지 벼슬길에 나가기를 그렇게 어려워한 것은 바로 임금님의 기대가 너무 과중해서 스스로 감당할 수 없다고 생각했기 때문이다. 기회가 없어서였겠느냐. 내 거취는 전보다 배나 더 어려워졌다. 끝내 어떻게 귀결될지 알 수 없어 몹시 걱정된다. 어찌하면 좋으냐. 지난번 기대승이 내가 보낸 답장을 보고 어떻게 생각하던지 물어보라고 했던 것은 그가 내 생각을 알고 있는지 확인해보고 싶어서였다. 하지만 이제 그가 나를 이처럼 곤궁에 빠뜨렸음을 대략 들어서 알게 되었으니, 어찌 새삼스레 물어볼 필요가 있겠느냐. 네 아버지는 안기에 있다. 나머지는 지난번 편지에서 상세히 말하였다. 아무쪼록 열심히 공부하고 말조심하거라.

정묘년 12월 16~30일 토계에서 할아버지가

이 편지는 서울 죽전동 장인의 집에 있던 안도가 보낸 편지에 답한 것이다. 퇴계는 이때 토계리 상계 마을에 있었다.

* 부장 박대령 : 부장은 조선시대 군제軍制인 의흥위 · 용양위 · 호분위 · 충좌위 · 충무위 등 오위五衛의 각 부部를 통솔하는 무반 종6품 관직임. 박대령은 준의 맏사위, 곧 안도의 매부인 박려朴欐의 아버지임. 박대령의 자는 미지眉之, 본관은 고령高靈, 그 외의 사항은 미상. 박려의 자는 거중居中, 호는 물재勿齋. 처음 이름은 양樑이고 자는 천경天擎이었던 것을 퇴계가 '려'와 '거중'으로 바꾸어 줌. 1551년에 출생, 1612년에 서거함. 학행으로 천거되어 세마洗馬에 임명되고 판관에 이름. 박려는 이해 1567년 3월에 안도의 여동생과 혼인하였음. 안도는 이 여동생의 혼례를 위해 할아버지 퇴계의 명으로 옛 혼례 의식 관련 자료를 정리하였고, 퇴계는 이 자료를 기초로 그 당시 퇴폐한 혼례 의식을 바로잡기 위해 새로운 혼례 홀기笏記를 만들었음. 그리고 퇴계는 이 혼례 홀기에 따라 자신의 맏손녀, 곧 안도 여동생의 혼례를 거행하였음. 이 일이 있고 얼마 되지 않아 우리나라에서는 퇴계가 새롭게 정한 혼례 홀기대로 혼례를 거행하는 사람들이 늘어났음. 박려는 혼례를 치른 후 그 당시의 풍속대로 처가인 토계에서 살았음.

* 천문습독관 오경우 : 천문습독관은 조선시대 관상감觀象監에 소속된 하급 관원. 종6품에서 종9품에 해당되었음. 오경우는 미상. 천문습독관 오경우는 이때 승지 허엽許曄의 계청啓請에 따라 선조가 지난 11월 16일에 퇴계에게 내린 교서敎書를 가지고 11월 21일 퇴계가 사는 토계로 왔음. 계청은 신하가 임금에게 국가의 중요 사안

에 대해 아뢰어 청하는 것이고, 교서는 임금이 내리는 공식 명령서임. 선조는 이 교서에서 퇴계를 학덕을 겸비한 우리나라 최고의 현자로 높이면서, 국가 발전을 위해 서울로 올라와서 어린 나이에 등극한 자신에게 가르침을 줄 것을 간청하였음. 이 교서는 당시 지제교知製敎였던 기대승이 지었음. 지제교는 임금의 글을 대신 짓던 관리로, 정3품 이하 주로 중앙 관직에 있던 학문과 문장이 뛰어난 인재들이 겸직하였음. 이 교서와 관련해서 허엽에 대한 문제는 한 해 뒤인 1568년 1월 그때 서울에 있던 안도에게 보낸 편지에서 다시 언급되고 있음.

무진년

_1568년, 퇴계 68세, 준 46세, 안도 28세

1월 6일

안도에게 답한다

세밑에 안동 사람, 말을 끌고 오는 예안현의 사람, 그리고 부장 박대령 댁의 종이 가지고 온 편지를 잇달아 받아보았다. 네가 별일 없이 잘 지내고 또 벗들과 모임을 만들어 성균관에서 공부를 하고 있다니 걱정하던 마음이 한결 놓인다. 지금 해가 바뀌었지만, 모든 일이 여전히 좋을 것으로 생각한다. 이곳 대소가는 모두 다 잘 지내고 있다.

네 아버지는 이번에 사온서직장司醞署直長에 임명되어 이 달 16일경에 서울로 올라가야 한다. 서울에 가서는 달리 있을 곳이 없으므로 반드시 서소문의 집에 거처를 정해야 할 것이다. 그러나 지금 그 집에 살고 있는 안좌랑安佐郞*은 필시 집을 비워주기가 어려울 것이다. 그러니 사정이 이렇게 되어 부득이 어쩔 수 없었다고 잘 말한 다음, 그가 집을 비워주기를 기다려야 할 것이다.

나는 이제 봄 날씨가 점차 따뜻해지고 있으니 안 올라가기는 지극히 어려운 형편이다. 하지만 올라가는 것은 더더욱 어려운 일이라서, 이러한 내 처지를 임금님께 낱낱이 아뢰려고 한다. 보통의 사직을 청하는 글로는 이러한 내 뜻을 다 아뢸 수 없기 때문에 그 대신 상소문을 올리기로 하고, 글을 짓기 시작해서 이제 다 작성하였다. 이 상소문은 상경하는 네 아버지 편에 보내서 올리려고 한다. 혹 또다시 임금님의 뜻을 거스르지나 않을지 모르겠다. 그러나 부르는 명령을 그대로 받아들여 무턱대고 나간다면, 전에 비해 만 배나 더 어려울 것이다. 이러한 사정은 우선 밖으로 알리지 말고 너 혼자만 알고 있거라.

하사 받은 고기는 네가 편지에서 말한 대로 처리하면 되겠다. 어떻게 이 먼 곳까지 보내겠느냐. 정주定州에서 보내온 두 종의 책*은 우선 종의 집에 보관해두었다. 김취려는 비점본批點本*을 얻고자 하기에 일단 비점본 한 질을 보낸다. 네 아버지는 안기에 가서 아직 이곳으로 돌아오지 않았다. 나머지는 네 서조모庶祖母*의 언문 편지를 보거라. 부장 박대령의 종이 갑자기 와서 편지를 받아가려고 하기에 일일이 다 적지 못한다.

무진년 1월 6일 토계에서 할아버지가

해설 이 편지는 서울 죽전동 장인의 집에 있던 안도가 보낸 편지에 답한 것이다. 퇴계는 이때 토계리 상계 마을에 있었고, 준은 사온서직장에 임명되어 이 달 16일경에 서울로 올라갈 예정이었다.

* 안좌랑 : 당시 육조의 좌랑으로 재직하던 안씨 성을 가진 사람이나, 구체적으로 누구인지는 미상임. 좌랑은 조선시대 정무를 담당하던 육조의 정6품 관직임.

* 정주에서 보내온 두 종의 책 : 정주는 조선시대 평안도 정주도. 현 평안북도 남서부에 위치한 정주군임. 그곳에서 보내온 두 종의 책은 어떤 책인지 미상임.

* 비점본 : 글의 중요 부분에 점을 찍거나 밑줄을 치는 등의 표시를 하고 주석을 달아 놓은 책.

* 서조모 : 퇴계의 서부인庶夫人임. 퇴계는 21세에 동갑인 김해金海 허씨許氏 허찬許瓚의 따님인 허씨 부인과 결혼하였음. 그러나 허씨 부인은 1527년 둘째 아들 채를 출산한 후에 한 달 만에 서거했음. 퇴계가 안동安東 권씨權氏 권질權礩의 따님인 권씨 부인과 재혼을 한 것은 허씨 부인이 서거하고 3년이 경과한 1530년의 일임. 그러나 권씨 부인은 어려서 집안의 불행한 일 때문에 충격을 받고서 정신이 혼미해져 살림조차 하기 어려운 형편이었음. 퇴계가 이러한 권씨 부인과 결혼한 것은 당시 예안에 귀양 와 있던 장인 권질의 간곡한 부탁에 의한 것으로 전해옴. 그러나 권씨 부인도 1546년에 서울에서 첫 아이를 출산하던 중 서거함. 따라서 퇴계는 허씨 부인 서거 후 일정 기간 동안, 나아가 권씨 부인과 혼인한 뒤에도 자녀의 양육과 집안 살림을 돌볼 수 있는 사람이 필요했음. 퇴계의 서부인은 그 과정에 퇴계에게 와서 준과 채 두 자녀를 양육하고, 집안 살림을 돌보며 퇴계와 평생을 함께 하였음. 퇴계의 서부인이 퇴계에게 온 것은 퇴계가 권씨 부인과 재혼한 1530년경으로 추정됨. 퇴계는 서부인과의 사이에서 아들 적을 두었음.

1월 9일

안도에게 보낸다

봄의 초입에 너도 잘 지내고 있을 줄로 안다. 이곳 또한 모두 여전하다.

나는 날씨가 따뜻해지면 올라오라는 임금님의 명령이 있어 우선 한숨을 돌린 셈이다. 그러나 이번에 내린 교지敎旨*는 은총과 예우가 전보다 만 배나 더하여 부르는 명령을 그대로 받아들여 무턱대고 나가기가 어렵게 되었다. 하물며 지난해에 임금님의 장례가 끝나기도 전에 곧바로 돌아와서 비방이 산처럼 쌓여 있으니, 지금의 임금님*께는 더더욱 이러한 사실을 감춘 채 얼굴을 들고 나갈 수 없는 형편이었다. 그래서 부득이 상소문을 작성해서 이복홍李福弘*이 서울로 올라가는 편에 가지고 가서 네게 전하게 한 것이다.

너는 이 상소문을 받아서 승정원承政院에 제출해주면 좋겠다. 그러나 평소에 알고 지내는 승정원의 서리 김순신金順臣* 같은 사람을 불러서 데리고 들어가야만 그것을 제출하는 절차를 알 수 있을 것이다. 이렇게 해서 사직을 윤허받을 수 있을지는 알 수 없다. 혹 지난 무오년戊午年의 경우*처럼 도리어 임금님의 노여움만 사지나 않을까 걱정된다. 그러나 내 처지가 지극히 어려운 상황이기 때문에 불가불 힘껏 사직을 청하지 않을 수 없게 된 것이다. 상소문에서는 이제까지 임금님의 은혜를 저버린 죄와 늙고 병들어 은퇴를 간절히 청하는 등의 일을 두루 아뢰었다.

네 아버지는 이 달 16일경에 출발할 것이다. 나머지는 사흘 전 부장 박대령의 종이 가져간 편지에서 상세하게 말하였기에 지금은 일일이 다 적지 않는다.

무진년 1월 9일 토계에서 할아버지가

| 추신 |

이미 상소문을 봉한 뒤에 명나라 사신이 왔을 때 그들과 시문을 주고받을 제술관으로 부르시는 임금님의 명령이 또 도착하였다. 도대체 어떻게 해야 할지 모르겠다. 그래도 상소문을 올리지 않을 수 없는 형편이라서 상소문은 그대로 올려 보내고, 임금님의 명령을 기다리고 있다. 그러나 봄추위가 겨울보다 덜하지 않으니 어찌하면 좋으냐.

해설 이 편지는 이복홍이 상경하는 편에 서울로 상소문을 올려보내면서 함께 부친 것이다. 퇴계는 지난해 겨울 날씨가 따뜻해지기를 기다려 천천히 올라오라는 선조의 교지를 받은 적이 있다. 지금 봄으로 들어섰지만, 그 명령에 응할 수 있는 처지도 아니었기 때문에 이 달 16일경에 출발할 예정인 준의 편에 보내려고 서울로 올라갈 수 없는 자신의 처지를 밝힌 상소문을 지난 6일에 이미 작성해둔 적이 있었다. 그러다가 이복홍이 이 날 출발하였기 때문에 그 편에 상소문을 보내 안도에게 전하게 한 것이다. 그 상소문과 함께 부친 이 편지에는 서울에서 상소문을 받아서 처리하는 문제가 언급되어 있다. 퇴계는 이때 토계리 상계 마을에 있었다.

* 이번에 내린 교지 : 선조가 지난해인 1567년 11월 16일에 퇴계에게 내린 교서를 갈함. 교지는 임금의 명령임. 선조는 그 교서에서 퇴계를 우리나라 최고의 현자로 높이면서 국가 발전을 위해 서울로 올라와 자신에게 가르침을 줄 것을 간청하였기 때문에, 은총과 예우가 전보다 만 배나 더하다고 한 것임.
* 지금의 임금님 : 그때 새로 등극한 선조를 가리킴.
* 이복홍 : 자는 성중成仲, 호는 노운蘆雲, 본관은 영천, 예안에 살았음. 1537년에 출

생, 1608년에 서거함. 퇴계의 제자. 부장을 지내고 공조참의에 추증됨. 참의는 정무를 담당하던 육조의 차관보인 정3품 당상관임.

* 김순신 : 미상.

* 지난 무오년 경우 : 무오년은 1558년, 퇴계 58세 때임. 퇴계는 그 해 윤7월에 자신이 벼슬을 할 수 없는 다섯 가지 이유를 들어 은퇴하기를 청하는 상소문을 올렸다가, 이를 본 명종이 크게 노여워했던 적이 있음. 퇴계가 그때 올린 상소문에서 들었던 다섯 가지 이유는 '어리석음을 숨기고 벼슬자리를 훔침'〔휘우절위諱愚竊位〕, '병으로 폐인이 된 사람이 녹봉만 타 먹음'〔병폐시록病廢尸祿〕, '헛된 이름으로 세상을 기만함'〔허명기세虛名欺世〕, '그릇됨을 알면서도 무턱대고 나아감'〔지비모진知非冒進〕, '직책을 감당할 수 없으면서도 물러나지 않음'〔부직불퇴不職不退〕이었음.

1월 10일경

안도에게 답한다

상소문 끝에 '정월正月 일日'로만 기록하고, 날짜는 기록하지 않았으나, 상소문을 가지고 가는 이복홍은 9일에 출발하였다. 명나라 사신들과 시문을 주고받을 제술관으로 부르시는 임금님의 명령은 8일에 도착하여, 이 명령을 거두어줄 것을 청하는 서장書狀*도 역시 9일 저물녘에 청파역靑坡驛*의 종이 올라가는 편에 서울로 보냈다. 상소문과 서장 중 어느 것이 서울에 먼저 도착할지 모르겠지만, 이 둘을 일시에 함께 올리거나, 아니면 상소문을 조금 뒤에 올리면 좋겠다. 만일 상소문을 올린 뒤에 서장을 올리는 것이 너무 늦어지기라도 한다면 불편해질 것이니, 아무쪼록 잘 알아보고 요량해서 처리하면 좋겠다. 서장에서도 역시 상소문에서 이미 언급한 바 있는 내 병과 아직도 매서운 봄추위 때문에 서울로 올라가기 어려운 형편을 들어 부르시는 명령을 거두어줄 것을 청하였다.

무진년 1월 10일경 토계에서 할아버지가

해설 이 편지는 서울 죽전동 장인의 집에 있던 안도가 보낸 편지에 답한 것이다. 같은 달, 곧 1월 9일에 인편을 달리해서 서울로 올려 보낸 상소문과 서장의 제출 문제에 대해 언급하였다. 퇴계는 이때 토계리 상계 마을에 있었다.

* 서장 : 공사에 자유로이 이용되는 일반적인 문서를 지칭함.

* 청파역 : 현 서울특별시 용산구 청파동에 있었음.

1월 10~15일

안도에게 답한다

김취려의 종이 와서 지난해 섣달 그믐(30일)에 부친 네 편지와 김취려의 편지를 받아보고 모든 일을 잘 알게 되어 안심이 된다. 이곳은 모두 별일 없다. 새해 들어 나는 속이 타고 천식이 나서 지난해의 병이 재발하는 것이 아닌가 걱정되었지만, 아직은 그리 심하지 않아서 근근이 견뎌내고 있다. 만약 이런 상태라면, 날씨가 따뜻해지면 그런 대로 목숨을 이어갈 수 있을 것이다. 다만 지난번 올린 상소문에 대한 조정의 생각이나 사람들의 여론이 어떠한지 알 수 없어서 밤낮으로 근심하고 있다. 이복홍이 서울로 올라가는 편에 부친 상소문은 늦게 도착할 것 같고, 청파역의 종이 서울로 올라가는 편에 부친 서장은 일찍 도착할 것 같다. 그렇다면 이 둘을 올리는 선후가 어찌될지 알 수 없어서 또 몹시 걱정된다.

네가 편지에서 봄 날씨가 따뜻해지면 올라오실 것이냐고 물은 것을 보니, 넌 아직 내가 지난해 12월 20일에 명나라 사신과 시문을 주고받을 제술관으로 올라오기를 재촉하는 임금님의 명령을 받은 사실을 모르고 있는 것 같구나. 이번에는 날씨가 따뜻해지기를 기다리지 말고 곧바로 올라오라고 하였지만, 또 올라가지 못한 채 그 명령을 거두어줄 것을 청하는 서장을 올렸다. 그래서 더더욱 미안한 것이다. 김취려에게는 그가 지난번과 이번에 보낸 두 통의 편지에 답장을 해야 한다. 그러나 상소문을 올린 뒤로는 그 결과가 어찌될지 아직 알 수 없어 친구들에게서 받은 편지는 모두 답장을 하지 못하고 있다. 이러한 사정을 그에게 알려주었으면 좋겠다. 나머지는 네 아버지가 서울에 도착하거든 물어보아라.

기대승이 알아주지 않는다고 하는 말은 다시는 하지 말아라. 기대승이 비록 그렇게 말했다 하더라도 이제는 이미 임금님께서 직접 하신 말씀이 되었으니, 이에 대해 이러쿵저러쿵 지적해서 말하는 것은 옳지 않다. 지난번에 미처 생각하지 못해서 이제 말하는 것이다.

무진년 1월 10~15일 토계에서 할아버지가

해설 이 편지는 서울 죽전동 장인의 집에 있던 안도가 1567년 12월 30일(그믐)에 보낸 편지에 대한 것이다. 퇴계는 이때 토계리 상계 마을에 있었고, 준은 그때 서울로 올라가고 있는 중이었다.

1월 24일

안도에게 답한다

지금 오천에서 가져온 이 달 17일자 네 편지를 받아보고, 부르시는 명령을 거두어줄 것을 청하는 서장이 먼저 도착하여 이미 올렸음을 알게 되었다. 그렇다면 달리 염려할 일은 없겠다. 그러나 그 서장 중에 상소문을 올린 일도 아울러 언급해 놓았으므로, 필시 상소문이 도착한 뒤에 함께 처리하려고 교지를 내리지 않았을 것이다. 하지만 지금은 상소문도 이미 도착했을 것인데, 어떻게 처리했느냐? 조정의 뜻이 어떨지 예측할 수 없어 몹시 걱정된다.

지난번 네게 부친 편지*가 전달되지 않았다니 아쉽구나. 그 편지에는 별다른 말이 없었다. 상소문과 서장은 이복홍이 가지고 간 편지와 그때 보낸 편지에서 언급한 대로 처리하라는 것이었다. 그 두 편지에서는 상소문과 서장을 같은 때 한꺼번에 올려서 일시에 처리되게 하면 좋고, 혹 서장을 먼저 올리고 상소문을 나중에 올리거나, 그 반대로 상소문을 먼저 올리고 서장을 나중에 올리거나 해서, 그 사이에 날짜가 많이 뜨게 되어 한쪽 내용에만 의거해서 처리되면, 상소문과 서장 둘 다 서로간에 보탬이 되지 못할 것이니, 그것이 걱정된다고 하였다. 그러나 서장이 이미 먼저 도착했으니, 불가불 그것을 먼저 올리지 않을 수 없었을 것이다. 비록 한꺼번에 올릴 수 없었지만 어찌하겠느냐.

의정부우의정 민기 대감은 작년에 홀로 나의 병이 중함을 깊이 근심하였기 때문에 지금 논의하는 말이 그와 같은 것이다. 매우 고맙고 다행스러운 일이다. 올린 상소문에 대해 조정에서는 어떻게 처리한다고 논의하더냐? 제발 잘 처리되었으면 좋겠다. 지금 일이 이렇게 되고 보니, 내가 나아갈 수 있는 길은 더욱 막혀버리고 말았다.* 그러나 조정의 논의는 저처럼 내가 꼭 올라와야 한다고 하고 있으니, 장차 죄를 얻게 될 것은 말할 필요도 없다.

이국량李國樑*의 아내가 된 네 재종누이가 오늘 아침 세상을 떠났다. 애통한 마음 비길 데가 없구나. 이 때문에 마음이 산란해서 정랑 김부인金富仁*의 편지에는 답장을 하지 못한다. 이러한 사정을 전해주거라. 나머지는 오늘 의정부의 하인이 가져가는 편지에 상세히 적었기에 이만 그친다.

무진년 1월 24일 토계에서 할아버지가

이 편지는 서울 죽전동 장인 집에 있던 안도가 보낸 1월 17일자 편지에 대해 답한 것이다. 퇴계는 이때 토계리 상계 마을에 있었다.

* 지난번 네게 부친 편지 : 앞의 1월 10일경에 안도에게 답한 편지를 가리키는 듯함.

* 지금 일이 이렇게 되고 보니, 내가 나갈 수 있는 길은 더욱 막혀버리고 말았다 : 선조는 이 해 1월 13일에 퇴계를 특별히 종1품의 숭정대부崇政大夫 의정부우찬성議政府右贊成 겸 지경연·춘추관사知經筵·春秋館事에 임명하고 올라오기를 재촉하는 교지를 내렸고, 퇴계는 그 교지를 1월 18일에 받아 보고 자신의 승진 사실을 알았기 때문에 이렇게 말한 것임.

* 이국량 : 자는 비원庇遠, 호는 양곡暘谷, 본관은 영천, 예안 온계에 살았음. 퇴계의 장조카인 인寅의 맏사위이면서 퇴계의 제자. 1517년에 출생, 1546년에 생원시와 진사시에 모두 합격하고, 1554년에 서거함. 퇴계는 자신이 처음 마련했던 살림집

인 지산와사芝山蝸舍를 주어서 그곳에 살게 하였음. 지산와사는 현 경상북도 안동시 도산면 온혜리 도산면사무소 위쪽 영지산靈芝山 북쪽 기슭 양곡暘谷에 있었음.

* 김부인 : 자는 백영伯榮, 호는 산남山南, 본관은 광산, 예안 오천리에 살았음. 늦게 무과에 급제해서 벼슬이 병사兵使에 이름. 퇴계의 제자. 오천칠군자의 한 사람으로, 앞서 나온 김부신과 김부륜의 형님이고, 김전의 아버지임이며, 안도의 외외오촌숙부임. 병사는 병마절도사兵馬節度使. 병마절도사는 조선시대 각 도의 육군을 지휘하는 책임을 맡은 종2품 무관직임.

1월

안도에게 답한다

우성전이 전후로 보낸 편지에서 언급한 내용은 모두 잘 알겠다만, 지금은 마음이 산란해서 답장을 하지는 못하겠다. 「명종대왕만사明宗大王挽詞」* 중 "모후母后: 문정왕후)께서 섭정을 거둬들였네[母臨休護攝]"라는 구의 '휴'休자는 그가 문의한 바대로 '거둬들인다'는 의미이다. 이는 그 바로 위의 "기무機務는 갈수록 더 익숙해지고, 법도 또한 모두 다 고르게 됐네"라는 구를 이어서 한 말이기 때문에 그러한 의미가 되는 것이다. 「천명도天命圖」*는 아직도 수정을 다 하지 못했다. 이 역시 가볍게 고칠 수 없었기 때문에 오랫동안 돌려보내지 못하고 있다. 이러한 사정도 그에게 알려주거라. 『대학』의 격물格物과 물격物格에 대한 속설俗說의 의문점을 변론한 글*도 다른 사람들이 어떻게 평가할지 몰라서 서울로 올려보내지 못하겠다.

무진년 1월 토계에서 할아버지가

안도에게 보낸다

승정원승지承政院承旨 허엽許曄* 공이 달여 먹는 약을 보낸 후의는 고맙다만, 그의 사위 우성전을 통해 내 뜻을 전하고자 한다. 옛사람들은 참으로 어진 이를 천거하지 않는 것을 죄로 생각하였고, 어진 이를 천거하는 것을 충성으로 생각하였다. 그러나 어질지 않은 사람을 어질다고 생각해서 무턱대고 천거하면, 천거한 사람과 천거된 사람 모두 비판을 받았다. 비판을 받는 것이야 사소한 일이지만, 사람을 잘못 천거해서 자신이 낭패를 당하고 나라를 병들게 한 경우가 예로부터 적지 않았다. 허공의 식견으로 어찌해서 이 점을 생각하지 못하는 것이냐.

나와 허공은 서로 사귄 지가 오래되었으므로 서로 잘 아는 사이라고 할 수 있을 것이다. 더구나 나는 지난가을부터 비난의 물결이 소용돌이치는 가운데 있었다. 그때 다른 사람뿐 아니라 허공도 나를 비난하지 않았다고 할 수는 없을 것이다. 그런데 이제 와서 느닷없이 이렇게 천거하는 말로 나를 크게 치켜세워, 병들어 거의 다 죽게 된 내가 다시 낭패를 당해 장차 죄를 지어 벌을 받게 만드는구나. 이러고도 서로 잘 아는 사이라고 할 수 있겠느냐. 옛사람의 말씀에, 늙을 때까지 사귀었어도 마치 처음 만난 것처럼 낯설다고 하였다. 허공이 일찍이 나에게 자신이 새로 지은 서재에 걸 글을 지어달라고 하였지만, 참으로 중요한 일이라 오래도록 짓지 못하고 있었다. 이제 만약 글을 짓게 된다면, 의당 이렇게 나를 잘못 천거한 사실을 주 내용으로 해서 지어야 할 것 같다. 이래도 되겠느냐.

옛날에 혜강嵇康이 절교하는 편지를 보내 산도山濤와 절교한 적이 있었다.* 나는 전에 혜강의 절교하는 편지 내용이 너무 과격하다고 생각했다. 하지만 지금 보니 절교하는 사람만 그릇되었다고 할 수 없겠다. 절교를 당한 사람도 진실로 스스로 절교를 당하도록 자초한 면이 있었다고 생각한다.

무진년 1월 토계에서 할아버지가

이 두 편지는 모두 서울 죽전동 장인의 집에 있던 안도에게 부친 것이다. 1월 이른 때에 부친 것은 분명하지만 그 일자는 알 수 없다. 허엽은 1567년

11월 16일 선조에게 퇴계가 비록 고향으로 돌아갔지만, 공경하는 마음으로 예를 극진하게 갖추어 부른다면 다시 올라올 것이라고 아뢰자, 선조는 특별히 교서를 내려 퇴계를 부른 적이 있었다. 뒤의 편지는 특히 이 문제와 관련된 내용이다. 퇴계는 이때 토계리 상계 마을에 있었다.

* 「명종대왕만사」 : 퇴계가 지은 명종의 만사임.
* 「천명도」 : 정지운이 지은 「천명도」임. 퇴계는 1553년 정지운의 요청으로 이 「천명도」를 수정한 적이 있었고, 그 일을 계기로 기대승과 사단칠정 논쟁을 시작하게 됨. 이와 같은 연유로 「천명도」는 당시 학자들이 깊은 관심을 가지는 저작이 되었음. 그래서 퇴계는 이 「천명도」를 1553년 일차 수정한 이후에도 계속 수정을 하였고, 또 그에 대한 해설도 계속 수정 보완하였음. 특히 이 편지를 보내기 얼마 전에 서울에서 또다시 「천명도」를 두고 학자들 간에 논란이 있었기 때문에 우성전이 편지로 수정한 「천명도」를 보내달라고 한 것으로 추정됨.
* 『대학』의 격물과 물격에 대한 속설의 의문점을 변론한 글 : 퇴계가 제자 정유일의 질의를 받고 답변한 것임. 1566년 12월에 이미 써두었다가, 1567년 12월에 정유일에게 보냈음. 이것은 퇴계가 당대 학자들 사이에 논란이 심했던 격물과 물격에 대한 해석을 비판하면서 자신의 새로운 해석을 제시한 글임. 그 때문에 당대 학자들의 큰 관심을 불러일으켰던 것으로 보이고, 그 구체적인 내용을 확인하려 했던 것으로 보임. 그래서 우성전이 편지로 그 글을 보내달라고 한 것으로 추정됨.
* 허엽 : 자는 태휘太輝, 호는 초당草堂, 본관은 양천陽川. 1517년에 출생, 1580년에 서거함. 퇴계의 제자인 우성전의 장인임. 대과 과거시험에 합격하여 벼슬길에 올랐고, 동인과 서인의 당쟁이 시작될 때 김효원金孝元과 함께 동인의 영수가 됨. 경상감사로 재직하다 병으로 사퇴, 동지중추부사가 되어 상주 객관에서 서거함. 장남 성筬, 차남 봉篈, 삼남 균筠, 딸 난설헌蘭雪軒과 함께 중국과 일본에도 잘 알려짐. 저

서로 『초당집草堂集』 등이 있음.

* 옛날에 혜강이 절교하는 편지를 보내 산도와 절교한 적이 있었다 : 혜강과 산도는 모두 중국 진나라 사람으로 죽림칠현竹林七賢에 들었음. 산도가 관리들의 인사를 담당하는 부서의 책임자로 근무하다가 물러나면서 혜강을 자신의 후임으로 추천하자, 혜강은 편지를 보내 그와 절교하였음.

2월 5일

안도에게 보낸다

요즈음 어떻게 지내느냐? 이곳은 네 재종매부 이국량의 집을 제외하고는 모두 별탈 없이 잘 지내고 있다. 지난달 29일에 받은 교지는 일전에 올린 사직을 청하는 상소문과 서장에 대한 답이다. 놀랍고 두려워서 어찌할 바를 모르겠다. 또 사직을 청하는 글을 올리려고 하지만, 죄를 얻지나 않을까 몹시 두렵구나. 어찌하면 좋으냐. 상소문이 공개된 뒤에 일반의 여론이나 조정의 여론이 어떤지도 알 수 없고, 또 지난달 19일에 올린 의정부우찬성議政府右贊成의 사직을 청하는 글이 임금님께 보고된 다음 어떻게 처리되었는지도 알 수 없어 두렵고도 걱정된다. 이곳으로 내려오는 인편이 있으면, 무엇이든지 들은 것을 편지로 알려주면 좋겠다. 나머지는 전후로 보낸 편지에 상세하게 언급하였기에 이만 그친다.

무진년 2월 5일 토계에서 할아버지가

이 편지 서울 죽전동 장인의 집에 있던 안도에게 보낸 것이다. 퇴계는 이때 토계리 상계 마을에 있었고, 준은 서울에 있었다.

2월 7일

안도에게 답한다

어제 막구지가 가져온 편지와 오늘 안기 사람이 가져온 편지를 잇달아 받아보고, 네 아버지가 서울에 도착해서 별일 없이 지내고 있음을 알게 되었다. 몹시 기쁘다.

나는 평생에 무슨 옳지 못한 일을 저질렀기에 하늘의 도움도 받지 못한 채, 예로부터 어느 누구도 겪어본 적이 없는 이러한 일을 자꾸 당해서 이처럼 극한 지경에 이르렀단 말이냐. 사직을 윤허하지 않는다는 임금님의 명령을 받은 뒤로, 내 진심을 모두 밝혀 간절히 청한다고 해도 결코 임금님을 감동시킬 수 없음을 알고 나니, 마치 천 길이나 되는 깊은 구렁에 떨어진 듯 두려움에 떨려서 죽으려고 해도 죽지도 못하게 되었다. 지금의 내가 할 수 있는 것이라고는 멀리 달아나는 한 가지일 뿐인 듯하다만, 너희들이 지금 서울에 있기 때문에 일단은 실행하지 못하고 있다. 그러나 만약 다시 몹시 절박한 일이 생기면 부득불 이대로 할 수밖에 없다. 그때는 너희들의 일도 돌아볼 겨를이 없을 것이다. 어찌하면 좋으냐.

너는 상소문 중의 내 말이 너무 절박하고, 또 너무 낱낱이 해명했다고 생각하느냐? 주자는 강서제형江西提刑의 사직을 청하는 글에서 "의논하는 사람들이 신이 임금을 섬기는 데 예禮를 다하지 못했다고 하니, 신의 죄는 죽임을 당해 마땅합니다. 그런데도 어찌 새삼스레 신을 지방 장관에 임명하시는 것입니까?"라고 하였고, 구양수歐陽修*는 사직을 청하는 글에서 "파도가 몰아쳐서 반드시 죽고 말 그 자리에 신을 놓아두십시오……"라고 하였다. 이 모두 당시 자신을 추천한 사람들을 두고서 한 말이다. 이 말을 내 말과 비교해볼 때, 어느 것이 더 박절하며, 어느 것이 더 낱낱이 해명한 것이겠느냐. 너도 이미 내 마음을 알지 못하고 있고, 김취려도 요즈음 내게 편지를 보낼 때마다 언제나 내가 조정에 나오기를 바라고 있다고 하더구나. 이런 상황인데 다른 사람들이 어찌 내 마음을 알아주겠느냐.

『대학』의 격물과 물격에 대한 속설의 의문점을 변론한 글은 원래 이번에 예안현감에 임명된 정유일의 질의를 받고 지은 것이기에, 그가 받아보도록 일찍이 내성柰城*에 있는 그의 고향집으로 보냈다. 그런데 때도 좋지 않은 지금 어떻게 다시 돌려달라고 해서 그곳 서울로 보낸단 말이냐. 나중에 올린 의정부우찬성의 사직을 청하는 글과 부르는 명령을 거두어주시기를 청하는 글은 지금쯤 이미 임금님께 보고되었을 것이다. 결과가 어찌되었는지 알 수 없어 괜히 속만 탄다. 근자에 조진趙振*, 그리고 억량이와 흔석이가 잇달아 편지를 가지고 올라갔기에 이만 그친다.

무진년 2월 7일 토계에서 할아버지가

| 추신 |

김부인 · 김취려 · 이국필의 편지는 모두 답장을 하지 못한다. 이러한 사정을 알려주면 좋겠다. 달력과 조보는 받았다.

해설

이 편지는 서울 죽전동 장인 집에 있던 안도가 보낸 편지에 답한 것이다. 퇴계는 이때 토계리 상계 마을에 있었고, 준은 서울에 있었다. 편지에서 출사出仕하라는 계속된 요구 때문에 어디로 달아나고 싶다고 할 정도로 몹시 견디기 어려운 상황에 처한 자신의 입장을 언급하고 있다.

* 구양수 : 중국 송나라 때의 정치가이면서 문인. 1007년 출생, 1072년에 서거함. 호는 취옹醉翁 또는 육일거사六一居士. 저서로 『구양문충공집歐陽文忠公集』 등이 있음.

* 내성 : 현 경상북도 봉화군 내성면 일원에 위치했던 내성현임.

* 조진 : 자는 기백起伯, 호는 농은聾隱, 본관은 양주楊州, 서울에 살았음. 1543년에 출생, 1625년에 서거함. 퇴계의 제자. 천거로 벼슬길에 나가 공조판서에 이름.

2월 16일

안도에게 보낸다

너희 부자는 요즈음 어떻게 지내느냐? 네 아버지는 다른 관청으로 전직했다고 하던데, 그 말이 사실이냐? 사실이면 어느 관청이냐? 명나라 사신은 이미 돌아갔겠구나. 나라의 사신 접대는 미진한 점이 없었느냐? 네 아버지는 근무 잘하고 있느냐? 고향집은 모두 여전하다만, 내 일은 지금 어떻게 되고 있느냐? 저번에 올린 의정부우찬성의 사직을 청하는 글과 부르는 명령을 거두어주시기를 청하는 글은 지금쯤 이미 임금님께 보고되었을 것이다. 결과는 어찌되었느냐?

나는 밤낮으로 사직이 윤허되기를 바라지만, 윤허되기는커녕 도리어 벼슬만 자꾸 높아져서 걱정을 더할 일이 있을 것이라는구나. 이번에도 진실로 이와 같다면, 언제 조정에 나아갈 수 있겠느냐. 큰 죄를 받은 뒤에야 끝날 것이 분명하다. 어찌하면 좋으냐. 이 때문에 밤낮으로 속을 태워서 마음의 병이 생겼다. 만약 올라오라고 부르시는 임금님의 명령이 그치지 않아서 내 마음의 병이 더욱 심해진다면, 너희 부자도 서울에 있기 어려울 정도로 상황이 몹시 안 좋아질 것이다. 그러나 일이 극한 상황에 이르면 아무것도 돌아보지 않을 생각이다. 아무쪼록 속으로만 알고 있고, 다른 사람에게는 말하지 말거라.

편지를 여기까지 쓰고 있는 중에 마침 오운吳澐*이 찾아와서 너희들의 편지를 받아보고 요즈음의 일을 대략 알게 되었다. 다만 지난번에 올린 상소문에서, 내가 산새와 같아서 붙들어 길들일 수 없다고 한 의정부영의정議

政府領議政 이준경李浚慶* 대감의 말을 인용한 것은 다른 의도가 있었던 것은 아니다. 임금님께서 내가 많은 죄를 지어서 시대의 의론議論이 용납하지 않는 실상을 분명히 아시게 하려고 그 말을 인용했을 뿐이다. 지금 듣자하니 이 때문에 이준경 대감이 사직까지 하려고 한다니 송구할 뿐이다. 어찌 다른 뜻이 있었겠느냐.

벼슬을 승진시켜서 부르면 절대로 올라갈 수가 없다. 그 때문에 지난 병인년丙寅年*에도 올라갈 수 없었던 것이다. 이제 다시 1품의 높은 벼슬자리에 승진시켜서 부르시니, 이것은 길을 막고서 가라고 하는 것과 무엇이 다르겠느냐. 그러나 말해본들 무슨 소용이 있겠느냐. 죄를 받기를 기다릴 뿐이다.

무진년 2월 16일 토계에서 할아버지가

해설 이 편지는 서울 죽전동 장인의 집에 있던 안도에게 보낸 것이다. 퇴계는 이때 토계리 상계 마을에 있었고, 준은 서울에 있었다. 앞의 2월 7일자 편지처럼 이 편지에서도 출사하라는 계속된 요구 때문에 어디로 달아나고 싶다고 할 정도로 몹시 견디기 어려운 상황에 처한 자신의 입장을 언급하고 있다.

* 오운 : 자는 대원大源, 호는 죽유竹爽, 본관은 고창高敞, 영주에 살았음. 퇴계의 숙부 우의 외증손자이면서 퇴계의 제자. 1540년에 출생, 1617년에 서거함. 대과 과거 시험에 합격하여 벼슬길에 나감. 임진란 때 의병을 일으켜 곽재우와 함께 적을 토벌하여 합천군수에 임명되고, 정유재란 때는 공이 높아 공조참의에 임명됨. 저서로 『죽유집竹爽集』과 『동사찬요東史纂要』가 있음.

* 이준경 : 자는 원길原吉, 호는 동고東皐 · 남당南堂 · 양와養窩 · 홍련거사紅蓮居士, 시호는 충정忠正, 본관은 광주廣州. 1499년에 출생, 1572년에 서거함. 대과 과거시험에 합격하여 벼슬길에 나가 영의정에 이름. 임종 때 붕당이 있을 것을 예언한 내용의 유소遺疏를 올려 규탄을 받았으나, 뒤에 동서분당이 일어나 그의 예언이 적중했음. 선조의 묘정廟庭에 배향되고, 저서로 『동고유고東皐遺稿』가 있음.

* 지난 병인년 : 병인년은 1566년, 퇴계 66세 때임. 퇴계는 그 해 1월에 가선대부 동지중추부사에 임명하고 서울로 올라오라는 명종의 명령을 받고 상경하는 중에 병이 나서 풍기 · 예천 · 안동 등지를 돌면서 계속 사직을 청했지만, 사직은 허락받지 못하고 도리어 벼슬만 계속 올라 결국 자헌대부 공조판서에 임명되자, 상경을 포기하고 고향으로 돌아온 적이 있음.

3월 12일

안도에게 답한다

종 연수가 온 뒤로 잇달아 편지를 받아보고 근간의 일을 잘 알게 되었다. 네 아버지가 남의 말을 빌려서 타다가 잃어버린 것은 작은 일이 아니어서, 처음 들었을 때는 그래도 며칠 뒤에는 찾겠지 하고 기대했다. 그러나 지금 이 달 5일에 보낸 네 아버지 편지를 받아보니 아직도 못 찾았다고 하는구나. 그렇다면 결국 못 찾는 것이다. 신섬은 벼슬자리도 잃고 또 말도 잃어버렸으니 그 답답함이 오죽하겠느냐. 불가불 말을 사서 주지 않을 수 없겠다. 구입할 비용은 마련하고 있다만, 지금 바로 다 마련하기가 어려워서 걱정이다. 네 안장도 꼭 있어야 하는 물건인데 그 비용은 또 어떻게 마련해야 할지 몹시 걱정된다.

전 예안현감 곽황郭趪*이 서울로 떠날 때 네게 미처 편지를 하지 못했다. 마침 영주의 아전이 왔기에 네 아버지에게 보내는 편지를 그에게 주어서 상경하는 곽황에게 전하라고 했다만, 지금도 편지를 전했다는 소식이 없구나. 영주의 아전이 돌아갔을 때 곽황은 이미 영주를 떠난 뒤라서 전하지 못했을 것이다.

내가 저번에 올린 의정부우찬성의 사직을 청하는 글이 승정원에 제출되지 않았다면, 도중에 분실된 것이 분명하다. 참으로 이상한 일이다. 그래서 지금 부득이 다시 사직을 청하는 상소문을 올렸다. 조정에서는 끝내 어떻게 처리할지 모르겠다. 홍문관응교弘文館應敎 유희춘柳希春*과 조정의 여러 사람들은 고향에서 사직을 청해봐도 아무 소용이 없으니, 차라리 서울에 한번 올라와서 사직을 청하면 가망이 있을 것이라고 한다. 이 생각 또한 그럴듯하기는 하다. 하지만 종1품의 의정부우찬성이 어찌 나처럼 늙고 병든 사람이 한번 해본 다음 그만둘 수 있는 자리이겠느냐.

근자에 홍문관대제학을 선발하는 문제를 논의할 때, 그 후보자 가운데 내 이름도 들었다. 하지만 조정의 여러 벗들은 어찌해서 명나라 사신을 국경까지 가서 맞아들이는 관리로 임명되었던 네 사람*이 병을 사유로 사퇴했다가 탄핵을 당했던 일을 생각하지 못하는지 모르겠다. 그들은 우연히 병이 났는데도 사퇴를 하지 않을 수 없었다. 따라서 오랜 지병을 가진 나로서는 또 이와 같은 일을 듣고서도 무턱대고 나갔다가는 사퇴를 하다가 탄핵을 당할 것이 분명하다. 꼭 이렇게 탄핵을 당한 다음 물러나 고향으로 돌아와야 되겠느냐.

내 마음의 병은 가볍지 않다. 그래서 한가하고 조용한 가운데 조심조심 조섭을 해서 겨우 심한 지경에는 이르지 않고 있다. 나는 지난해부터 내내 역경 속에 처해 있게 되니, 비록 애써 시름을 떨쳐버리려고 해도 마음을 굳게 갖기 어려워 때때로 울적해짐을 면할 수 없다. 마음속이 이와 같은데 몸이 마르는 것이야 어찌 이상할 것이 있겠느냐. 그러나 언제나 옛 사람들이 큰 우환 속에서도 자신을 굳건히 지키던 자세를 본받아, 스스로 노력해서 근근이 하루하루 지내고 있을 뿐이다.

네 아버지가 휴가를 받고 내려오려면 사유가 없어서는 안 될 것이다. 그러나 내가 자리에 누울 정도로 깊은 병에 걸린 것도 아니고, 명나라 사신이 또 오는데 벼슬 자리를 버리고 내려오는 것도 몹시 옳지 않다. 하지만 명나라 사신이 다녀간 뒤에 내려온다면 늦여름이나 되어야 할 것이다. 불편한 일도 많은데다 타고 올 말도 없으니 어떻게 해야 하느냐? 과거시험 일자는 뒤로 미루어졌느냐? 우성전이 자주 편지를 해준다. 그 후의는 매우 고맙지만, 지금 서울 가는 사람이 바쁘다고 하고, 또 보내야 할 편지도 많아서 미처 답장하지 못한다. 미안하다는 말을 전해주거라.

무진년 3월 12일 도산에서 할아버지가

이 편지는 서울 죽전동 장인의 집에 있던 안도가 보낸 편지에 답한 것이다. 퇴계는 이때 도산서당에 있었고, 준은 서울에 있었다.

* 곽황 : 자는 경정景靜, 호는 읍청헌挹淸軒, 본관은 현풍玄風. 생년은 미상, 1569년에 서거함. 예안현감으로 재직하던 중에 퇴계와 예안 사림들이 역동서원易東書院을 건립하는 데 많은 도움을 주었음. 함양군수咸陽郡守로 재직 중 서거함. 곽황은 이때 함양군수로 임명되어 사은하기 위해 서울로 올라가는 길이었음.

* 홍문관응교 유희춘 : 응교는 조선시대 홍문관의 정4품 관직임. 유희춘의 자는 인중仁仲, 호는 미암眉巖 또는 연계漣溪, 시호는 문절文節, 본관은 선산善山. 15137년에 출생, 1577년에 서거함. 여류 문인 송덕봉宋德峯의 남편이고, 최산두崔山斗와 김안국金安國에게서 배움. 1538년 대과 과거시험에 합격하여 여러 관직을 역임하다가, 1547년 양재역 벽서사건에 연루되어 제주도에 유배됨. 1567년 선조가 즉위하자 다시 등용되어, 1575년 이조참판을 지내다가 사직함. 의정부좌찬성에 추증되고, 저서로 『미암집眉巖集』이 있음.

* 명나라 사신을 영접하는 관리로 임명되었던 네 사람 : 그 당시 명나라 사신을 영접하는 관리, 곧 원접사遠接使에 임명되었던 네 사람을 가리키나, 구체적으로 누구를 말하는지는 미상임.

4월 5일

안도에게 답한다

근자에 지난달 19일과 26일에 부친 편지를 받아보고 모든 일을 잘 알게 되었다. 또 네 아내가 아들을 낳았다니 집안의 경사가 이보다 더 큰 것이 없겠다. 이루 말로 다할 수 없을 정도로 기쁘다. 네 아버지의 편지에서는 네 아내가 처음에는 조금 아프다가 지금은 다 나아간다고 하였더구나. 어찌되었느냐? 그 일이 걱정된다. 네가 원점을 이미 다 땄다니 기쁘다.

이곳은 모두 여전하다만, 나는 간간이 조금씩 편치 않다. 혹 요즘의 여의치 않은 일 때문에 병을 더치지나 않을까 언제나 마음을 졸이고 있다. 당초에 서장 대신 상소문으로 사직을 청한 것은 내 진심을 모두 아뢰어서 임금님의 윤허를 받으려고 그렇게 했던 것이나, 도리어 교서가 내리고 관리가 파견되는 일*이 생기고 말았다. 후회한들 무슨 소용이 있겠느냐. 만약 네 말대로 교서를 가지고 오는 관리가 지난달 그믐(29일)경에 서울을 떠났다면 지금은 이곳에 도착해야 한다. 그러나 아직도 도착하지 않고 있으니 무슨 이유로 이렇게 늦어지는 것이냐? 내가 벼슬을 할 수 없는 여러 가지 사유를 상소문에 갖추어 아뢰었지만, 사람들은 모두 그 부분은 살펴보지도 않은 채 올라오지 않을 수 없다고만 하고 있구나. 어찌하면 좋으냐.

지금 듣기로는 승정원승지 기대승이 내가 상소문을 올린 것을 계기로 임금님께 내 입장을 해명하는 말을 하였더구나.* 그 말은 나를 어려운 처지에서 구해주는 데 큰 힘이 되었으니 매우 고마운 일이다. 다만 끝내 부르시는 명령을 거두어줄 것을 청하지 않아서, 나로 하여금 여전히 곤궁한 처지에서 벗어날 수 없게 한 것이 아쉬울 뿐이다. 교서를 받아 본 뒤에야 내 거취를 결정할 수 있을 것이다. 그러나 명나라 사신이 와서 나라 일이 많은 이때 조정에 나간다면 필시 병을 사유로 사퇴를 하게 될 것이고, 그 때문에 탄핵을 당할 것이 분명하다. 이것이 제일 난처한 문제다. 더욱이 의정부우찬성에서 교체되지 않았으니, 진실로 그대로 나아갈 수도 없는 형편이다.

명나라 사신이 돌아간 다음 임금님이 하사한 물품 중 서적은 그래도 괜찮겠다만, 다른 하사품*은 받을 수가 없다. 나는 아직도 의정부우찬성의 임명에 대한 사은숙배를 드리지 못하였다.* 이러한 상태로 의정부우찬성에게 내린 하사품을 그대로 받아서야 되겠느냐. 내려보내지 말고 그대로 두었다가, 추후 내가 편지로 일러주거든 그대로 처리하거라. 내가 이번에 올릴 사직을 청하는 글에서 이 물품도 함께 사양하고자 하기 때문에 하는 말이다. 지난번에 올린 사직을 청하는 글이 이제야 모두 도착한 연유를 알겠다. 홍문관대제학의 자리는 박순에게 돌아갔다니 기쁘다.

회재晦齋 이언적李彦迪* 선생의 행장과 이 행장 중 수정할 부분을 지적한 사간원사간司諫院司諫* 유희춘의 편지는 받아서 상세히 살펴보았다. 의당 그가 지적한 것에 의거해서 수정해야 할 것이지만, 마음이 산란해서 아직 고치지 못하고 있다. 늦어지는 것은 아니냐? 네가 지적한 '부빈객'副賓客의 '부'副자는 참으로 의심스럽다만, 회재 이언적 선생의 아들인 이전인李全仁*이 편지로 적어 보낸 것이 이와 같으니 틀리지는 않을 듯하다. 동지경연사同知經筵事는 본래 종2품관이 겸직하는 것이지만, 간혹 정2품관이 겸직하는 예도 있다. 이런 경우처럼 정2품관이 때로 종2품관인 부빈객을 겸직한 예*도 간혹 있지 않겠느냐. 구봉령具鳳齡*에게 이러한 예가 있는지 물어보고 알려주면 좋겠다.

성균관 유생들이 도덕과 학문이 뛰어난 한훤당寒暄堂 김굉필金宏弼* · 일두一蠹 정여창鄭汝昌* · 정암 조광조 · 회재 이언적 등 네 선생의 위패를 문묘文廟*에 모실 것을 청했더구나. 이러한 일을 어찌 그처럼 가볍게 청하는 것이냐. 기묘사화에 희생되었던 사림士林들이 정치를 할 때도 성균관 유생들이 한훤당 김굉필 선생의 위패를 문묘에 모실 것을 청한 적이 있었다. 하지만 그때 조정에서는 임금님께 이 청을 받아들이지 말기를 청하였다. 그 당시 임금님께 아뢴 말 자체는 기억하지 못한다. 하지만 그 대체적인 내용은 "문묘에 모시는 것은 지극히 중요한 일입니다. 비록 양시楊時와 사양좌謝良佐*와 같이 뛰어난 분들도 이에 해당되지 못하였습니다. 지금 어찌 이러한 청을 가볍게 할 수 있겠습니까. 임금님께서 가묘家廟*에 제사를 드리면 될 것입니다"라는 것이었다. 이 말은 매우 합당하다. 다만 임금님께서 가묘에 제사를 드리면 된다고 한 것만은 온당치 못한 것 같다. 아무쪼록 이러한 뜻으로 우성전을 잘 타일러서 나라의 중대한 전례典禮가 가볍게 논의되지 말도록 했으면 참 좋겠다.

네 아버지가 잃어버린 말을 구입할 비용을 이제야 보낸다. 다만 말을 구입하더라도 의당 신섬에게 주어야 할 것이니, 그러고 나면 네 아버지는 말이 없게 된다. 더욱이 네 아버지가 근무하는 사온서 관리들 중에서 일을 당한 사람들이 많아서 네 아버지가 고향으로 내려오는 것은 참 어렵겠다. 어찌하면 좋으냐. 마음이 울적해서 여러 벗들이 부친 편지와 사간원사간 유희춘이 부친 편지는 모두 답장을 하지 못한다. 만약 이 사람들을 만나거든 미안하다는 말을 전해주거라. 지난번 올렸던 상소문 초본草本 등은 모두 이곳으로 내려보내는 것이 좋겠다. 나머지는 지난번에 부친 여러 편지에서 이미 언급하였기에 이만 그친다.

무진년 4월 5일 도산에서 할아버지가

| 추신 |

태어난 아이의 이름은 하나는 '수경'壽慶으로 지었고, 다른 하나는 양陽의 기운이 한창 성할 때 태어났기 때문에 '창양'昌陽으로 지었다. 너희 부자가 의논해서 이 둘 중에 더 좋은 것으로 정하거라. 의정부우의정 민기 대감의 만사挽詞* 두 수를 지어서 보낸다만, 지금은 때가 몹시 좋지 않다. 비록 산소에서 전해준다고 하더라도 보는 사람이 많을 것이 분명하다. 우선은 전해주지 말고 가지고 있다가 추후에 전해주는 것이 좋겠다.

해설 이 편지는 서울 죽전동 장인의 집에 있던 안도가 3월 19일과 3월 26일에 보낸 두 통의 편지를 받고 답한 것이다. 퇴계는 이때 토계리 상계 마을에 있었고, 준은 서울에 있었다. 한편 이 해 3월에 자신의 친정 아버지의 임지인 함경도 덕원에 가 있던 안도의 아내 권씨 부인이 아들을 출산하였다. 이때까지 안도에게는 딸밖에 없었기 때문에 퇴계, 그리고 준과 안도 부자의 기쁨은 이루 말할 수 없었던 것으로 보인다.

추신은 이때 태어난 아이의 아이 때 부를 이름을 지어주는 내용이다. 퇴계는 태어난 아이의 이름을 두 개 지어서 보내, 준 부자에게 서로 의논해서 정하라고 하였다. 하나는 태어난 아이가 장수하기를 바라는 마음을 담은 '수창'壽昌이고, 다른 하나는 양의 기운이 한창 성할 때 태어났다는 의미를 담은 '창양'昌陽이었다. 안도에게 이 편지를 보낼 때는 수창이 아닌 장수하라는 의미와 집안의 경사라는 의미를 함께 담아서 '수경'壽慶으로 지었으나, '경'慶자가 안도의 막내동생 영도의 아이 때 이름인 '아경'阿慶의 '경'자와 같아서 이 편지와 같은 날 준에게 답한 편지에서 수창으로 고쳤다.

태어난 아이의 이름은 결국 창양으로 정해졌고, 퇴계는 이 아이를 '창아'昌兒라고 즐겨 불렀다. 그러나 이 아이는 태어나면서부터 젖을 제대로 먹지 못하고 계속 앓다가 1570년 5월 서울에서 사망하였다. 그동안 이 아이와 안도의 아내 권씨 부인은 함경도 덕원과 서울에만 있었기 때문에, 퇴계와 증손자의 만남은 끝내 이루어질 수 없었다.

*** 교서가 내리고 관리가 파견되는 일** : 선조는 퇴계가 재차 사직을 청하는 상소문을 올리자, 이것을 보고 4월 2일 서울로 올라오기를 간절히 촉구하는 교서를 또 내렸음. 이 교서는 당시 지제교였던 노수신盧守愼이 지었고, 천문습독관 유희서柳希瑞가 4월 5일, 곧 이 편지를 쓰던 당일에 도산서당으로 가지고 왔음. 퇴계는 이 편지를 쓸 때는 아직 교서를 받지 못한 상태였음. 그래서 편지에서 3월 29일(그믐)에 내린 교서가 아직 도착하지 않았다고 한 것임. 노수신의 자는 과회寡悔, 호는 소재穌齋 · 이재伊齋 · 암실暗室 · 여봉노인茹峯老人, 시호는 문의文懿 또는 문간文簡, 본관은 광주光州, 상주에 살았음. 1515년에 출생, 1590년에 서거함. 이연경李延慶의 사위이면서 제자임. 대과 과거시험에 장원 급제를 하여 벼슬길에 나감. 을사사화 때 파직되어 순천에 유배되고, 그로부터 두 해 뒤에 일어난 양재역 벽서사건으로 가중 처벌되어 진도로 이배되어 19년 동안 귀양살이를 함. 선조가 즉위하자 다시 등용되어 벼슬이 영의정에 이름. 학문 경향이 양명학陽明學에 기울어 정통 주자학자들의 공격을 받기도 하였음. 저서로 『소재집穌齋集』이 있음. 노수신은 진도에 유배되어 있는 동안 『숙흥야매잠해夙興夜寐箴解』를 지은 적이 있는데, 퇴계는 서울에서 이 책을 얻어보고 편지로 그 문제점을 지적해서 서로 논의한 적이 있음. 유희서는 미상임.

*** 기대승이 내가 상소문을 올린 것을 계기로 임금님께 내 입장을 해명하는 말을 하였더구나** : 기대승은 퇴계가 상소문을 올리자, 그 내용을 가지고 경연에서 선조에게 퇴계의 입장을 해명하는 말을 하였음. 그 내용은, 신하들의 계청에 따라 선조가 예를 극진히 하느라 계속 벼슬을 높여서 부르기 때문에 감당할 수 없다고 하는 것은 너무나 당연하고, 또 우리나라에는 나이가 들어도 은퇴할 길이 없기 때문에 올라오기를 주

저하는 뜻도 있다는 것이었음. 그러나 기대승이 경연에서 선조에게 한 이 말은 퇴계의 입장을 일부 해명해준 것은 분명하지만, 은퇴를 바라는 퇴계의 참뜻을 사실 그대로 밝혀서 선조에게 더 이상 자신을 부르지 말라고 직접 말하지 않았기 때문에 아쉽다고 한 것임.

* 다른 하사품 : 비단과 향료였음.

* 나는 아직도 의정부우찬성의 임명에 대한 사은숙배를 드리지 못하였다 : 퇴계 자신은 선조가 의정부우찬성으로 임명한 것을 아직 수락하지 않은 상태라는 뜻임.

* 이언적 : 자는 복고復古, 호는 회재晦齋 또는 자계옹紫溪翁, 시호는 문원文元, 본관은 여주驪州 경주에 살았음. 1491년에 출생, 1553년 서거함. 원래 이름은 적迪이었으나 중종의 명령으로 언적彦迪으로 고쳤음. 경주에서 태어나 외숙부인 손중돈孫仲暾에게 글을 배웠음. 대과 과거시험에 합격하여 벼슬길에 나가 의정부좌찬성에 이름. 양재역 벽서사건에 연루되어 강계로 귀양가서 그곳에서 서거함. 유배 기간 동안 『구인록求仁錄』, 『봉선잡의奉先雜儀』, 『대학장구보유大學章句補遺』, 『속대학혹문續大學或問』, 『중용구경연의中庸九經衍義』 등 많은 저술을 남겨 우리나라 성리학 발전에 큰 공헌을 함. 특히 그의 주리적主理的 입장은 퇴계에게 계승되어 후일 영남학파의 주요 학설이 됨. 명종의 묘정에 배향되고, 김굉필 · 정여창 · 조광조, 그리고 퇴계와 함께 동방오현으로 문묘에 종사됨. 위 저서 외에 문집으로 『회재집晦齋集』이 있음. 퇴계는 1566년 특히 그의 학문적 업적을 높이 평가하는 입장에서 행장을 지었음.

* 사간원사간 : 조선시대 언론을 담당한 사간원의 종3품 관직임.

* 이전인 : 자는 경부敬夫, 호는 잠재潛齋, 본관은 여주. 1516년에 출생, 1568년에 서거함. 이언적의 서자. 이언적이 강계에서 7년 동안 귀양살이하다가 서거하자, 그곳에서 고향까지 시신을 운구하였음. 퇴계에게서 이언적의 행장을 받았고, 현 경상북도 경주시 안강읍 옥산리 자옥산紫玉山 아래에 있는 이언적 유지遺址인 독락당獨樂堂 등을 수호하였음. 통훈대부通訓大夫 예빈시정禮賓寺正에 추증됨.

* 정2품관이 때로 종2품관인 부빈객을 겸직한 예 : 이언적이 정2품관인 한성판윤, 정확히

는 지중추부사로 종2품관인 세자시강원 좌부빈객을 겸직하였기 때문에 이렇게 말한 것임.

* **구봉령** : 자는 경서景瑞, 호는 백담栢潭, 시호는 문단文端, 본관은 능주綾州, 안동에 살았음. 1526년에 출생, 1586년에 서거함. 퇴계의 제자. 대과 과거시험에 합격하여 벼슬길에 오름. 이조참의와 충청감사를 거쳐 대사간 · 부제학 · 대사성 · 이조참판을 역임하고, 대사헌에 이르러 병으로 사임함. 이후 전라감사를 지냈고, 다시 대사헌 · 부제학을 지냈음. 당시 동인과 서인의 당쟁이 시작되던 무렵이었으나, 중립을 지키기에 힘썼음. 저서로 『백담집栢潭集』이 있음.

* **김굉필** : 자는 대유大猷, 호는 한훤당寒暄堂 또는 사옹蓑翁, 시호는 문경文敬, 본관은 서흥瑞興. 1454년에 출생, 1504년에 서거함. 김종직金宗直의 문하에서 학문을 배우면서 특히 『소학』에 심취하여 '소학동자'小學童子로 지칭됨. 유일로 천거되어 벼슬길에 나감. 무오사화가 일어나자 평안도 희천에 유배되었다가, 그곳에서 조광조에게 학문을 전수받았음. 갑자사화로 사사되었으나, 중종반정 이후에 신원되어 도승지로 추증되었다가, 추후 우의정에 추증됨. 제자로는 조광조 · 김안국 등이 있음. 정여창 · 조광조 · 이언적, 그리고 퇴계와 함께 동방오현으로 문묘에 종사됨. 저서로 『한훤당집寒暄堂集』이 있음.

* **정여창** : 자는 백욱伯勖, 호는 일두一蠹, 시호는 문헌文獻, 본관은 하동河東. 1450년에 출생, 1504년 서거함. 김종직의 제자. 지리산에 들어가 3년 동안 오경五經과 성리학을 연구하였음. 학행으로 천거되었다가, 대과 과거시험에 합격하여 벼슬길에 나감. 무오사화로 평안도 종성에 귀양갔다가 그곳에서 서거함. 서거한 뒤 갑자사화에 연루되어 부관참시剖棺斬屍됨. 『용학주소庸學註疏』, 『주객문답설主客問答說』, 『진수잡저進修雜著』 등의 저서가 있었으나, 무오사화 때 부인이 태워 없애 그 유문遺文 일부가 정구鄭逑가 엮은 『문헌공실기文獻公實記』 속에 전하고 있을 뿐임. 중종반정 이후 우의정에 추증되고, 김굉필 · 조광조 · 이언적, 그리고 퇴계와 함께 동방오현으로 문묘에 종사됨. 저서로 『일두유집一蠹遺集』이 있음.

* **문묘** : 국립 교육기관인 서울의 성균관과 지방의 향교에 설치한 공자 위패를 모신

사당으로, 이곳에는 공자 위패 외에도 공자의 제자 및 중국의 유학자와 우리나라의 유학자의 위패를 아울러 모셨음.

* 사양좌 : 중국 북송 시대의 학자로서 정호 · 정이의 제자임. 자는 현도顯道, 상채上蔡 선생이라고도 함. 1050년에 출생, 1103년에 서거함.

* 가묘 : 개인 집의 조상 위패를 모신 사당으로, 여기서는 김굉필의 위패가 모셔진 그의 집 사당을 가리킴.

* 만사 : 죽은 사람을 애도하여 지은 글.

4월 24일

안도에게 답한다

굿동이와 백운지* 사람이 와서 이 달 9일과 17일에 부친 편지를 받아보니 마음이 놓인다. 너는 벗들과 모임을 만들어서 공부를 하였다니 참 잘한 일이다. 지금은 이미 글읽기를 마치고 과거시험을 보고 있겠구나. 이곳은 모두 별일 없이 잘 지내고 있다.

이조판서 송기수 대감이 사직한 일은 미안한 점이 있다만, 반드시 사정이 있었을 것이다. 어찌 가볍게 거론할 수 있겠느냐. 의정부우찬성 홍섬 대감도 또한 사직을 했다니 무슨 이유에서이냐? 옛 친구들 대개가 이와 같으니 더욱 두려워진다. 박순이 그 소임을 면할 수 없게 되었으니 걱정이 많겠다. 사헌부대사헌 조헌趙憲*이 상소문에서 언급한 것 중 한훤당 김굉필 · 일두 정여창 · 정암 조광조 · 회재 이언적 네 선생을 추증追贈하고 그들에게 시호諡號를 내리는 일이야 괜찮겠지만, 이 네 선생을 문묘에 종사하는 일은 가볍게 의논하지 말아야 할 것 같다.

약은 결코 가벼이 아무에게나 맡겨서 부칠 수는 없다. 천문습독관 유희서柳希瑞가 서울로 돌아가 아뢴 말과 임금님께서 답한 말씀이 이와 같은데도 아직도 사직을 윤허하는 명령이 없으니 어찌된 것이냐? 최덕수가 과거시험에 합격했다니 기쁘다. 경상도에서 실시된 과거시험에는 신도信道*와 금응훈 · 구찬록具贊祿* · 김전은 합격했으나, 교는 또 합격하지 못했다. 아쉬운 일이다.

홍문관직제학弘文館直提學* 노수신盧守愼은 사직하고 고향으로 돌아가

부모님을 봉양하겠다고 청했다가, 도리어 부모님을 모시고 서울로 올라오라는 명령을 받았으니, 이 일을 통해 지금 벼슬을 그만두기가 얼마나 어려운지 알 만한 것이다. 내 문제는 끝내 어떻게 결말이 날는지 모르겠다. 나머지는 다 적지 않는다.

무진년 4월 24일 토계에서 할아버지가

| 추신 |

이군 · 권군 · 안군*이 부친 편지는 참 고맙게 받아보았다. 그러나 한창 고민을 하고 있는데다 병으로 지쳐서 답장을 하지 못한다. 미안하다는 말을 전해주면 좋겠다. 네 장인은 언제쯤 서울에 도착하시느냐. 건강이 좋지 않다는 말을 들은 적이 있다. 염려된다.

해설 이 편지는 서울 죽전동 장인의 집에 있던 안도가 이 달 9일과 17일에 보낸 두 통의 편지를 받고 답한 것이다. 퇴계는 이때 토계리 상계 마을에 있었고, 준은 서울에 있었다. 한편 편지 내용을 살펴볼 때, 안도는 이대 서울에서 대과 과거 시험에 응시했음을 알 수 있다. 그러나 합격하지는 못한 듯하다.

* 백운지 : 현 경상북도 안동시 도산면 단천리 백운지 또는 배호지 마을임.

* 조헌 : 자는 여식汝式, 호는 중봉重峯 · 도원陶原 · 후율後栗, 시호는 문열文烈, 본관은 백천白川. 1544년에 출생, 1592년에 서거함. 이이와 성혼의 제자. 대과 과거시험에 합격하여 벼슬길에 나감. 당쟁의 와중에 서인으로 동인을 공격하다가 파직을 당하고 귀양을 가는 등 파란이 많았음. 임진란이 일어나자 충청도 옥천에서 의병을

일으켜 영규靈圭 등 승병과 합세하여 청주를 탈환하였음. 이어 전라도로 향하는 일본군을 막기 위해 금산으로 가던 도중 전공을 시기하는 관군의 방해로 의병 대부분이 해산되고, 남은 7백 명으로 금산에서 분전하다가 의병들 모두와 함께 장렬하게 전사함. 영의정에 추증, 문묘에 종사됨. 저서로 『중봉집重峯集』 등이 있음.

* 신도 : 자는 사부士孚, 그 외의 사항은 미상. 퇴계의 장조카 완完의 넷째 아들. 1547년에 출생, 1627년에 서거함. 교수教授를 지냈음. 교수는 조선시대 서울의 사학과 지방의 향교에 파견되어 유생들을 가르치던 종6품 관직임.

* 구찬록 : 자는 여응汝膺, 호는 송안松顔 또는 용산龍山, 본관은 능주, 봉화에 살았음. 1519년에 출생, 1595년에 서거함. 퇴계의 제자. 첨정을 지냄.

* 홍문관직제학 : 직제학은 홍문관의 차관으로 정3품 당하관임.

* 이군 · 권군 · 안군 : 미상.

5월 하순

안도에게 답한다

예천에서 사람이 온 것이 아니다. 네 종숙부 교가 영주의 원암촌遠巖村에서 사람을 보내 예천에 사시는 네 대고모님*의 안부를 물어서 신홍조辛弘祚*가 답장을 보낸 것이다. 어제 온계로 보내온 그 답장을 이곳에 보내주어 네 대고모님 병환이 몹시 위중함을 알게 되었다. 네 대고모님은 이 달 초이틀부터 몸이 퉁퉁 부어오르기 시작하다가 보름 뒤르는 설사병까지 앓게 되어 음식을 전혀 드시지 못할 뿐만 아니라, 의식조차 몽롱해서 사람도 못 알아본다는구나. 약을 써보아도 아무런 소용이 없어 생명을 구하기 어려울 것 같다고 하더라. 너무 걱정이 되어 어찌할 바를 모르겠다. 오늘 새벽에 한필이를 그곳으로 보내 알아보도록 했다만, 비가 이처럼 쏟아지고 있으니, 불어난 물에 길이 막히지나 않았는지 더욱 근심된다. 네게 보여준다는 것을 깜박 잊고 어제 교의 편지와 홍조의 답장을 온계로 되돌려보낸 것이 안타깝구나.

무진년 5월 하순 토계에서 할아버지가

안도에게 답한다

나는 여전하다. 하지만 일찍이 겪어보지 못했던 큰 수재로 논밭이 거의 물에 잠기고 말았다. 이미 빚을 많이 얻어 썼는데 또 이러한 수재를 당했으니, 한 해를 어떻게 넘길 수 있겠느냐. 또 온계의 여러 집들의 논밭도 거의 대부분 물에 잠겼다는구나. 앞으로 우리 일가 친척들이 어떻게 살아야 할지 걱정스러운 마음 이루 말로 다할 수 없다. 예천 네 대고모님의 병환이 어떠한지 그곳에 보낸 한필이가 돌아오기를 간절히 기다린다만, 이처럼 쏟아지는 비로 물이 불어났으니, 사천沙川*은 하루 이틀 내로는 건널 수 없을 것이다. 너무 걱정이 되어 속이 탄다. 네 아버지는 이곳으로 내려오는 길이 바빠서 무리하게 물을 건너지나 않았는지 그것도 걱정이다.

무진년 5월 하순 토계에서 할아버지가

해설 이 두 편지는 과거시험을 치른 다음 서울에서 고향으로 내려온 안도가 보낸 편지에 답한 것이다. 안도는 이때 얼마 뒤 상경하게 될 퇴계를 모시고 서울로 올라가기 위해 고향으로 내려왔다. 그러나 편지 내용을 살펴볼 때, 안도는 토계리 상계 마을로 곧바로 오지는 않았던 것으로 보인다. 함창의 처가 본댁에 있었던 것이 아닐까 한다. 이때 준도 얼마 뒤 상경하게 될 퇴계를 수행하기 위해 서울에서 고향으로 내려올 계획이었으나, 명나라 사신이 오기로 되어 있어서 결국 내려오지 못하고 말았다. 퇴계는 당시 토계리 상계 마을에 있었고, 선조의 계속된 부름에 견디지 못해서 6월 15일경에 상경할 계획을 세워놓고 있었다. 그러나 비가 심하게 내려 온계의 일가 친척들이 폐농을 한데다, 누님이 위독하고 또 적의 아내가 출산 중에 사망하는 등 여러 가지 우환이 겹쳐서 건강이 나빠지자, 일정을 미루어 6월 25일에 서울로 출발하였다.

* 네 대고모님 : 신담에게 시집간 퇴계의 누님으로, 현 경상북도 예천군 예천읍 고평리 고자평 마을에 살았음.

* 신홍조 : 자는 이경而慶, 호는 이계伊溪 또는 고촌高邨, 본관은 영월寧越. 신담에게 시집간 퇴계 누님의 아들로 퇴계의 제자임. 습독習讀을 지냈음. 습독은 조선시대 관상감觀象監 · 전의감典醫監 · 훈련원訓練院 등에 소속된 관직. 역서曆書 · 의서醫書 · 병서兵書 등을 습득시키기 위해 젊고 총명한 양반 자제를 선발하여 이를 삼았음. 대체로 종6품에서 종9품에 해당됨.

* 사천 : 내성천乃城川의 한 지류임. 내성천은 경북 봉화군에서 발원해서 영주시의 중앙부를 관류하고, 다시 안동과 문경을 거쳐 하류부에서 예천 분지를 전개하고, 계속 남서쪽으로 흐르다가 용궁 남쪽에서 낙동강 상류로 흘러 들어가는 강임.

6월 4~10일

안도에게 답한다

서울에 있는 네 아버지에게 보낸 편지에서는 이 달 보름경에 출발할 계획이라고 하였다. 하지만 요즈음 집안의 우환 등 이러저러한 일 때문에 건강이 좋지 않아서 보름경에는 출발하지 못할 것 같다. 형편을 보아가며 이 달 하순경에 출발할 계획이다. 처음에는 정2품 관직으로 낮추어 임명하실 것으로 알고 기뻐했더니, 지금 임명하신 것은 그보다 한 품계 높은 종1품 관직인 판중추부사判中樞府事*여서 내 본래의 바람과는 크게 어긋나고 말았다. 비록 조정에 나가더라도 그 자리는 받을 수가 없으므로, 반드시 사퇴를 해서 정2품으로 되돌려놓고야 말겠다는 등의 말을 편지에 적어도 괜찮다.

무진년 6월 4~10일 토계에서 할아버지가

해설 이 편지는 고향에 내려와 있던 안도가 보낸 편지에 답한 것이다. 안도는 이때 고향에 내려오기는 했으나, 토계리 상계 마을에는 있지 않았던 것으로 보인다. 함창의 처가 본댁에 있었던 것이 아닐까 한다. 편지에서 원래 6월 15일경에 서울로 올라갈 계획을 하였으나, 집안의 우환 등 이러저러한 일 때문에 건강이 나빠져서 출발 일정을 6월 하순으로 미룬 사실을 알리고 있다. 퇴계는 이때 토계리 상계 마을에 있었다.

* 판중추부사 : 조선시대 서반의 최고기관인 중추부의 종1품 관직으로 명예직임.

6월 23~24일

안도에게 보낸다

네가 이번 서울로 올라가는 길에 여러 가지 물건을 많이 가지고 가는 것은 특히 선비에게는 마땅한 일이 아니니 잘못된 것이다. 조지趙摯*는 집상執喪을 어떻게 하고 있느냐? 아직 조문하는 편지를 보내지 못한 것이 미안하다. 그가 지난번 문의한 것은 시속을 따라 여막廬幕*에서 지내는 제사일 뿐이다. 그렇다면 사당의 신주가 어떻게 초하루와 보름에 지내는 제사를 받을 수 있겠느냐. 만약 이를 완전히 폐하는 것이 미안하다면, 자제들로 하여금 초하루에 집에서 간소하게 제사를 드리게 하는 것도 무방할 듯하다. 묻거든 이렇게 대답하면 될 것이다.

무진년 6월 23~24일 토계에서 할아버지가

해설 이 편지는 퇴계가 서울로 출발하기 직전에 안도에게 보낸 것이다. 퇴계는 이때 토계리 상계 마을에 있었다. 한편 퇴계는 6월 25일 토계리 상계 마을을 출발해서, 안동에서 명종의 소상례小祥禮를 치르고, 예천 고자평의 누님 댁에 들러서 문병한 다음 서울로 올라갔다. 이번 상경 길에는 맏 손자 안도와 맏손서 박려가 수행하였다. 그러나 박려가 안동에서 먹은 냉수와 찬 음식 때문에 탈이 난데다 퇴계 자신의 병 때문에 일정이 지체되어 7월 19일에 서울에 도착하였다. 안도는 이때 퇴계를 수행해서 서울로 올라갔다가 그대로 서울에 머물러 있었기 때문에, 퇴계가 고향으로 돌아온 1569년 3월까지는 안도, 그리고 그때 서울에서 벼슬살이를 하고 있었던 준에게 부친 편지는 없다. 소상은 사람이 죽은 지 1년만에 지내는 제사이다.

* 조지 : 자는 빙경聘卿, 본관은 양주楊州, 서울에 살았음. 퇴계의 친구인 조사수의 아들. 1536년에 출생, 졸년은 미상. 소과 과거시험 생원시에 합격하고, 현감을 지냈으며, 이조참판에 추증됨.
* 여막 : 무덤 곁에 상주가 집상할 수 있도록 지은 초막임.

기사년

_1569년, 퇴계 69세, 준 47세, 안도 29세

3월 14일

안도에게 보낸다

나는 여주를 지난 다음부터 비바람이 몰아치고 몸도 좋지 않아 수로로는 오래 갈 수 없었다. 그래서 충주에 도착하자 육로로 길을 바꿔 어제 단양에서 자고 오늘 죽령을 넘었으니 내일이면 도산에 도착할 것이다. 상계에는 전염병이 수그러들기는 했지만, 청운이와 그 아래 몇 아이들이 아직 병을 치르지 않았다고 해서, 일단 도산으로 가기로 하였다.

문소전文昭殿*의 문제를 두고 사헌부와 사간원에서 아뢴 것은 결국 어떻게 결말이 났느냐? 다음번 편지에는 아무쪼록 자세하게 알려주면 좋겠다. 『성학십도聖學十圖』*는 판각을 마친 다음에 몇 권을 인쇄해서 어전에 올려야 한다고 하더라. 어전에 올릴 때 「서명도西銘圖」 등 추후에 수정해서 원본과 달라진 부분은 일일이 표시해서 그 달라지게 된 연유를 하나하나 아뢰는 것이 좋을 것이다. 너는 이 문제를 먼저 성균관대사성成均館大司成* 기대승에게 자세하게 알려준 다음, 승정원과 독서당讀書堂*에도 알려야 할 것이다. 소홀히 하지 말고 잘 처리하도록 하여라. 그러나 추후에 수정해서 원본과 달라진 부분은 기대승도 상세히 알지 못한다. 아무쪼록 너와 김취려가 잘 살펴서 일일이 표를 붙여 기대승에게 알려주어야 할 것이다.

판관*에게는 바빠서 따로 편지하지 못한다. 동호東湖*를 떠나는 배에서 이별할 때, 소요하여 서로 정담을 나누지 못하였다. 이 때문에 한스러워 그리워진다는 말을 전해주거라. 동지중추부사 박응남朴應男*만 증별시贈別詩*가 없더라. 그에게 알려 증별시를 지어주면 받아서 보내거라. 그러나 억지로 지어달라고 할 필요는 없다.

기사년 3월 14일 영주에서 할아버지가

해설 퇴계는 1568년 7월 19일에 서울에 들어갔다가 1569년 3월 17일에 고향[도산]으로 돌아왔다. 특히 이 편지는 고향으로 돌아오는 도중 영주에서 당시 서울 죽전동 장인의 집에 있던 안도에게 보낸 것이다. 준도 이때 서울에 있었다.

* 문소전 : 원래는 조선 태조와 신의왕후神懿王后의 혼전魂殿임. 태조 5년(1396년)에 지어 신의왕후의 위패를 모시고 인소전仁昭殿이라 했던 것을 태종 8년(1408년)에 태조가 서거하자 그 위패를 같이 봉안하여 문소전이라 하였고, 세종 때 이르러 그 제도가 확립됨. 세종은 중국 한나라의 원묘原廟 제도를 모방해서 1433년에 태조와 태종의 위패를 모심. 한나라 원묘는 사가私家의 가묘, 곧 사당과 같은 성격을 가졌으며, 이곳에는 고조 · 증조 · 조부 · 부의 4대를 모심. 성종 때 예종을 문소전에 모

시게 되자, 덕종은 문소전에 모실 수 없게 되어 별묘인 연은전延恩殿을 지어서 그곳에 모심. 그리고 인종이 서거하자, 인종을 문소전에 모시게 되면 세조의 위패를 옮겨야 했기 때문에 인종을 연은전에 모심. 명종이 서거한 후 명종을 문소전에 모시는 것을 계기로 인종도 함께 문소전에 모셔야 한다는 논의가 일어났음. 퇴계가 고향으로 돌아오기 직전인 1569년 1월 말의 일이었음. 이때 퇴계는 『세종실록世宗實錄』의 「문소전의궤文昭殿儀軌」를 참고해서 인종을 문소전에 모셔야 한다는 취지로 묘도廟圖와 차자箚子를 올렸음. 당시 조정의 논의는 인종을 문소전에 모셔야 한다는 입장에서는 차이가 없었으나, 그 방법에서는 차이를 보였음. 퇴계는 현 문소전 제도를 그대로 둔 채 위패의 좌향坐向을 바꾸어 모시자고 하였으나, 결국 문소전에 후전을 지어서 모시게 되었음. 퇴계가 고향으로 돌아오던 1569년 3월에도 논의가 한창 진행 중이었기 때문에, 퇴계는 편지에서 사헌부와 사간원에서 아뢴 것은 어떻게 되었느냐고 물은 것임.

* 『성학십도』 : 퇴계가 1568년 12월 당시 17세의 어린 선조에게 올린 것임. 「태극도太極圖」, 「서명도西銘圖」, 「소학도小學圖」, 「대학도大學圖」, 「백록동규도白鹿洞規圖」, 「심통성정도心統性情圖」, 「인설도仁說圖」, 「심학도心學圖」, 「경재잠도敬齋箴圖」, 「숙흥야매잠도夙興夜寐箴圖」의 10개의 도와 그 해설로 구성했음. 유학자들이 이미 그려놓은 놓은 도와 그 해설에 일부 자신이 그린 도와 해설을 첨부해서 성인聖人의 학문으로서의 유학의 요체를 제시하였음. 『성학십도』는 1569년 8월경 교서관에서 초간되었음. 퇴계는 이 과정에 교정뿐만 아니라, 내용도 계속해서 수정하였음. 특히 제6도인 「심통성정도」의 경우는 서거하기 직전까지 그 내용을 수정하기도 하였음. 이후 안도에게 보낸 편지의 내용 중 일정 부분은 이 『성학십도』의 교정 및 수정과 관련된 것임.

* 성균관대사성 : 조선시대 국립대학인 성균관의 장관으로 정3품 당상관의 관직임

* 독서당 : 과거시험에 합격하여 벼슬길에 나선 젊고 유능한 신하들을 위한 연구 시설. 1426년 세종 8년에 집현전대제학 변계량卞季良이 세종의 명을 받아 재주와 덕행이 뛰어난 문신을 선발하여 장의사藏義寺에서 사가독서賜暇讀書를 하게 한 데에서

비롯됨. 세조 때 일시 폐지되었다가, 1491년 성종 22년에 상설기구로 '남호독서당'南湖讀書堂이라는 현판을 달고 복구됨. 1517년 중종 12년에는 현재의 서울특별시 성동구 옥수동 한강 연안의 두모포豆毛浦에 독서당을 신축하고 '동호독서당'東湖讀書堂이라고 하였음. 이때부터 임진란이 일어나 소실될 때까지 학문 연구와 도서관의 기능을 담당하다가, 정조 때 규장각이 설치됨에 따라 완전히 폐지됨.

* 판관 : 당시 판관 벼슬을 하던 퇴계와 가까운 사람이나, 구체적으로 누구인지는 미상임.

* 동호 : 현 서울특별시 성동구 옥수동 일원의 한강을 지칭하는 말. 일반적으로 한강을 현재의 한강대교를 기준으로 크게 나누어 그 동쪽, 곧 위쪽을 동호라 하고, 그 아래인 서쪽을 서호西湖 또는 서강西江이라고 함.

* 박응남 : 자는 유중柔仲, 호는 남일南逸 · 간재艮齋 · 퇴암退菴, 시호는 문정文貞, 본관은 반남潘南. 1527년에 출생, 1572년에 서거함. 이중호李仲虎의 문하에서 수학함. 대과 과거시험에 합격하여 정언과 수찬을 거쳐 육조의 참의와 참판 등을 역임함. 선조 초에 바른말을 잘하기로 이름이 높았음. 이조판서에 추증됨.

* 증별시 : 친한 사람과 헤어지기 전에 작별의 정을 담아 지어주는 시.

4월 21일

안도에게 답한다

이 달 초하루와 초아흐레에 부친 편지를 잇달아 받아보고, 잘 지내면서 원점을 다 따고 곧 서강西江의 정자에서 글을 읽을 계획이 있음을 알게 되었다. 걱정하던 마음이 놓인다. 나는 도산에 도착한 뒤로 별일 없이 몸을 잘 보전하고 있다. 상계의 집에는 전염병으로 아이가 죽는 참변을 겪고 나서 지금은 평안하다. 다만 아직도 병 기운이 돌고 있는데 아직도 병을 치르지 않은 사람들이 있어서 이것이 걱정이다. 성균관대사성 유희춘이 말한 것은 모두 잘 알겠다.* 너를 불러서 일러주었다니 고마운 일이다. 답장을 적어서 보내니 전해주면 좋겠다.

문소전의 문제에 대해 추후 제기된 논의는 끝내 어떻게 되었느냐? 재야에 있으면서도 나라 일을 걱정하는 마음을 버릴 수가 없으니 어찌하겠느냐. 영의정 이준경 대감이 사퇴한 문제는 그 결과가 어떻게 되었느냐? 비록 불편한 일이 생겨서 사퇴한 것이겠지만, 지금은 명종의 대상大祥과 담사禫祀*가 임박하였고, 또 나라의 중요한 문제가 논의되고 있는 상황이다. 이러한 때에 영의정의 자리를 어찌 그리 가볍게 사퇴한단 말이냐. 그리고 비록 사퇴하려고 하더라도 임금님께서 윤허하시겠느냐. 필시 이미 그 자리로 되돌아왔을 것이다. 따라서 자기 자신만을 생각하고 행동했다는 비난을 받게 될 것은 너무도 당연하다. 하나도 이상할 것이 없다. 듣고도 못 들은 척하는 것이 좋을 것이다.

『성학십도』에 대해서는 잘 알겠다. 임금님께서 「사서장도四書章圖」*를 출간하도록 명령하신 것은 경하할 만한 일이다. 하지만 그 첫 번째 도圖는 이 시대의 학문을 그릇된 방향으로 유도할 수 있는 문제를 안고 있다는 것이 아쉬운 점이다. 이담은 뒤따라와서 전송한 뒤에 잘 돌아갔고, 또 시도 지어서 보내주니 매우 기쁘다. 영부사댁領府使宅*에는 내가 서울에 있는 동안 단지 한 번 중추부中樞府의 아전을 보내 문안했을 뿐이어서 참으로 오래도록 뜸하였다. 그러나 내가 서울을 떠난 뒤에 네 아버지나 네가 한번 찾아뵙고 내가 인사도 못 드리고 급히 떠날 수밖에 없었던 형편을 말씀드렸으면 좋았을 것이다. 하지만 네가 찾아뵙지 않았으니 이는 네가 잘못 생각한 것이다. 그러나 지금은 이미 늦어버렸으니 이제 내가 인사도 못 드리고 떠났다는 말을 전하기는 어려울 것이다.

동지중추부사 박응남에게 증별시를 지어달라는 내 뜻을 남 모르게 전하였느냐? 판관*에게는 따로 편지하지 않는다는 말을 전해주면 좋겠다. 이집의李執義*에게는 답장을 보내고, 사헌부대사헌 백인걸白仁傑*은 내 편지에 대한 답장을 보낸 것이기 때문에 답장을 하지 않는다. 가을의 과거시험이 멀지 않은데다 종과 말을 마련하기 쉽지 않으니 너는 어떻게 내려오겠느냐. 내려오지 말고 그대로 있다가 과거시험을 보는 것이 좋겠다. 김종성부사金鍾城府使*의 편지는 받아보았다. 『송사宋史』 전질 중에서 빠진 책을 적어서 보낸다. 10책에 이를 정도로 많은 분량이니 어떻게 쉽게 베낄 수 있겠느냐. 그중에서도 도학道學을 연구한 여러 선생들의 전기가 들어 있는 책이 빠진 것이 더욱 아쉽다. 나머지는 네 아버지에게 물어보거라. 일일이 다 적지 않는다.

기사년 4월 21일 토계에서 할아버지가

이 편지는 서울 죽전동 장인의 집에 있던 안도가 이 달 1일과 9일에 보낸 편지에 답한 것이다. 이때 퇴계는 토계리 상계 마을에 있었고, 준은 서울에 있었다.

* 성균관대사성 유희춘이 말한 것은 모두 잘 알겠다 : 퇴계가 지은 조광조의 행장 중 수정할 부분을 지적한 것을 가리킴.
* 대상과 담사 : 대상은 초상이 난 뒤 2년 만에 지내는 제사. 담사는 대상을 치르고 두 달 뒤에 지내는 제사로, 이 제사를 지낸 다음 탈상을 하였음.
* 「사서장도」 : 중국 원元나라의 성리학자 정복심程復心의 저작. 정복심의 자는 자견子見. 1279년에 출생, 1368년에 서거함.
* 영부사댁 : 현직 영중추부사領中樞府事의 집을 말함. 단 그 사람이 누구인지는 미상임. 영중추부사는 조선시대 서반의 최고기관인 중추부의 정1품 관직으로 명예직임.
* 판관 : 위 3월 14일자 편지에 나오는 판관과 동일 인물이나 누구인지는 미상임.
* 이집의 : 당시 사헌부집의로 재직하던 이씨 성을 가진 사람이나, 구체적으로 누구인지는 미상임. 집의는 사헌부의 차관으로 종3품 관직임.
* 백인걸 : 자는 사위士偉, 호는 휴암休菴, 처음 시호는 충숙忠肅, 고친 시호는 문경文敬임, 본관은 수원水原. 1497년에 출생, 1579년에 서거함. 조광조의 제자. 기묘사화로 스승과 동지를 모두 잃고 실의 끝에 금강산에 들어갔다가, 이후 돌아와 대과 과거시험에 합격하여 벼슬길에 나감. 을사사화 때 윤원형 일파에 의해 파직되고, 양재역 벽서사건에 연루되어 평안도 안변에 유배됨. 선조 때 직제학 · 이조참판 · 대사간 · 대사헌을 거쳐 공조참판으로서 동지경연사同知經筵事와 동지의금부사同知義禁府事를 겸임하고, 다시 대사헌이 되어 권신들의 비위를 탄핵하다가 사임함. 1578년에 우참찬에 임명되었으나 사퇴하고, 이듬해 동서분당의 폐단을 지적하고 군비 확장을 강조하였음. 선조 때 청백리로 뽑혔으며, 학문에도 뛰어났음.

* **김종성부사** : 당시 종성부사로 재직하던 김씨 성을 가진 사람이나, 구체적으로 누구인지는 미상임.

5월 26일

안도에게 답한다

함께 도착한 네 아버지의 편지와 네 편지를 받아보고 네가 대자사大慈寺에서 그대로 지내고 있음을 알게 되었다. 너는 그동안 거의 공부를 하지 못하였으니, 얼마 남지 않은 기간 동안이라도 임박한 과거시험에 대비해 학업에 더욱 매진해야 할 것이다. 이곳 대소가는 모두 여전하다. 마을에 돌던 전염병은 완전히 사라졌지만, 청운이는 끝내 병을 치르지 않았다. 나는 지금 도산에 있다. 모든 일은 그런 대로 괜찮아졌다만, 손님들이 계속 찾아와서 편치 않다. 어쩌겠느냐. 서울로 올라가는 사람이 갑자기 떠난다고 하기에 일일이 다 적지 못한다.

기사년 5월 26일 도산에서 할아버지가

해설 이 편지는 대자사에 있던 안도가 보낸 편지에 답한 것이다. 학업을 폐하지 말고 가을에 있을 과거시험에 대비해 더욱 열심히 노력할 것을 당부하였다. 대자사는 현 경기도 고양시 덕양구 대자동 대자산大慈山 있었던 절로, 조선 태종이 자신의 넷째 아들 성녕대군誠寧大君의 묘를 수호하기 위해 1418년에 지은 것이다. 퇴계는 이때 도산에 있었고, 준은 서울에 있었다.

6월 26일

안도에게 답한다

이 달 11일에 부친 편지를 받아보고 네가 서강의 정자에서 벗들과 모임을 만들어 공부하고 있음을 알게 되었다. 참 잘한 일이다. 이곳은 모두 평안하다.

영천군수榮川郡守 정유일은 결국 모친상을 당하고 말았다. 사람의 일이란 이처럼 믿을 수가 없는 것이다. 또 그의 집은 듣기 딱할 정도로 몹시 가난하니 너무 가슴 아픈 일이다. 그 사람들의 향안鄕案*은 받아보았다. 김군*은 그래도 지조 있는 사람인데, 그가 이런 일을 할 줄은 몰랐다. 사람이란 참으로 알 수 없는 것이다. 그 일은 어떻게 결말이 났는지 알 수 없어 걱정스러운 마음 비길 데 없다.

『성학십도』 중 인쇄해서 부친 도圖 한 장을 교정해서 보낸다. 다만 두 개의 동그라미를 친 곳에 표점을 한 것은 필시 모두 원본에서 잘못 동그라미 친 곳을 따라 표점을 한 것이 분명하다. 원본이 어느 것이기에 이처럼 오류가 많은 것이냐. 이상한 일이다. 『성학십도』를 판각한 다음, 그것을 다시 크기를 작게 만들어서 판각하는 것은 참으로 어려운 일이겠다. 그래서 김취려에게 이미 그렇게 하기는 어렵겠다는 뜻을 전하였다.

그중 「심학도心學圖」에서 위아래 양쪽 옆에 있는 세로로 긴 타원형의 동그라미는 크기도 작고 둘 사이의 간격도 너무 떨어져 있다. 크기가 작기 때문에 그 속에 써넣은 글자가 부득이 작아질 수밖에 없고, 둘 사이의 간격이 너무 떨어져 있기 때문에 살펴볼 때 눈이 한 곳에 집중될 수 없어 서로 이

어지지 않는다. 이 도가 가장 잘못 만들어졌구나. 아쉽다. 지금 다른 도에 이렇게 된 것은 다 고치기는 어렵겠다. 이 「심학도」 하나를 고친 것은 그나마 다행이다.

만약 이 「심학도」를 다시 판각하려면, 『심경心經』*에 실려 있는 본래 도의 모양에 의거해서 만들되, 세로로 조금 크게 만들어 다른 도와 크기가 서로 맞도록 한다면 반드시 전과 같은 문제는 없을 것이다. 이 문제는 번거롭게 여러 사람들에게 알릴 필요는 없다. 너와 김취려 중 한 사람이 이명광李明光*을 불러다가 내가 한 말을 상세히 일러주어 고쳐서 판각하게 한다면 안 될 것도 없을 것이다. 만약 이명광이 자기 임의로 하기 어렵다고 말하면, 교서관校書館*의 담당 관리에게 일러주어 판각하게 해도 된다.

기사년 6월 26일 토계에서 할아버지가

| 추신 |

이곳은 이 달 초하루부터 장마가 계속되고 있다. 지금은 한창 큰비가 쏟아져 물이 크게 불었다. 이러다가는 작년과 같은 수재가 나지 않을까 몹시 걱정된다.

이 편지는 서강의 정자에서 벗들과 모임을 만들어 공부를 하고 있던 안도가 보낸 편지에 답한 것이다. 『성학십도』의 수정 문제에 대해 주로 언급하였다. 퇴계는 이때 토계리 상계 마을에 있었고, 준은 서울에 있었다.

* 향안 : 지방 양반들의 명부.

* 김군 : 미상.

* 『심경』 : 중국 송宋나라 학자 진덕수眞德秀가 여러 경전과 송나라 도학자들의 저술에서 심성수양에 관한 격언을 모아 편집한 책. 16세기 중엽에 우리나라에 전래됨. 퇴계는 이 책을 23세 때인 1523년 성균관에 유학했을 때 처음 얻어서 읽은 다음 평생동안 몹시 중시하였음. 퇴계 이후 우리나라에서는 심성수양의 기본서로 널리 읽혔음.

* 이명광 : 당시 교서관의 서리임. 나머지 사항은 미상.

* 교서관 : 조선시대에 서적의 인쇄와 반포 등의 일을 담당한 기관임.

윤6월 15일

안도에게 답한다

이 달 초하루에 부친 편지를 받아보고, 네 아내의 병이 오래도록 잘 낫지 않고 있음을 알게 되니 몹시 걱정된다. 지금의 병과 덕원에 있을 때의 병이 다른 것이냐? 약은 쓰지 않을 수 없겠지만 아주쪼록 잘 살펴서 쓰고, 조금이라도 해가 되는 약은 쓰지 않았으면 참 좋겠다. 네 편지에서 차도가 있다고 해서 안심하고 있다만, 그 뒤로 경과는 어떠하냐? 그리고 창아昌兒는 또 어떠하냐? 참으로 걱정된다.

이곳은 여전하다. 다만 여종 은대가 가슴앓이 병으로 빈번히 혼절한 것이 이미 보름이 넘어서 살기 어려울 것 같더니, 오늘부터 다소 차도가 보인다고 하는구나. 여종 연이도 같은 증상으로 몹시 고통을 겪고 있는 것이 이미 너댓새가 넘었고, 어린 여종 앙대도 병으로 고통을 당하고 있다. 그리고 여종 운동이는 아무 까닭없이 달아났다. 쏟아지는 장맛비 때문에 물난리가 나서 곡식이 모두 결실을 맺지 못할 것 같다. 일마다 이와 같으니 마음이 좋지 않다. 안타깝구나.

과거시험 일자가 가까운데 네가 학업을 폐하고 있는 것도 걱정스럽다. 전해준 서울 소식은 모두 잘 알겠다. 의정부우의정 홍섬 대감이 사직한 것은 몹시 미안한 일이다. 그 결과는 어떻게 되었느냐? 여러 서책의 소재는 모두 알아내었다. 그중 『계몽전의』는, 유운룡이 빌려간 책은 이미 이곳으로 보내왔다. 이것과 이정李楨*이 베낀 1책 및 원본 1책 모두 3책은 이곳에 있고, 박지화가 베껴서 소장하던 책은 이곳에 보이지 않는다. 잃어버린 것은 아니냐? 네가 가져간 1책이 서울에 있다는 말을 전에 들은 적이 있다. 그렇다면 그것이 바로 박지화가 베껴서 소장하던 책이 분명하다. 아무쪼록 네가 다시 잘 생각해서 찾아보는 것이 좋겠다.

김태정金泰廷*이 문의한 것은 변례變禮가 많아서 나로서는 지금 당장 가부를 결정해서 답변해주기는 어렵겠다. 지금은 안 되겠고, 나중에 간략하게 답변을 해줄 것이다. 『성학십도』 중 도 네 개는 이미 황동래부사黃東萊府使* 가 서울로 올라가는 편에 보냈다. 그런데 『성학십도』를 올리면서 쓴 차자箚子*는 함께 판각하지 않은 것이냐? 판각하지 않았다면 큰 문제이다. 아무쪼록 물어보고 판각하지 않았다면 판각하게 하거라. 이만 줄인다.

기사년 윤6월 15일 토계에서 할아버지가

| 추신 |

김취려는 잘 있느냐? 서빙고西氷庫*의 관리들이 문초를 당한 일에 김취려는 관련이 없느냐?

 이 편지는 서강에 있었던 것으로 추정되는 안도가 보낸 편지에 답한 것이다. 안도의 아내 권씨 부인은 이때 덕원에서 서울로 와 있었다. 퇴계는 당시 토계리 상계 마을에 있었고, 준은 서울에 있었다.

* 이정 : 자는 이정而精, 호는 구암龜巖, 본관은 사천泗川, 사천에 살았음. 1512년에 출생, 1572년에 서거함. 대과 과거시험에 장원 급제하여 벼슬길에 나가, 주로 청주

목사淸州牧使, 경주부윤慶州府尹, 순천부사順天府使 등 지방 관직을 옮겨다녔음. 그 동안 퇴계를 도와 성리학 서적의 출간 및 보급에 힘썼을 뿐만 아니라, 서악정사西嶽精舍와 경현당景賢堂 등의 건립을 통해 성리학의 전파 기반을 강화하는 데 노력하였고, 만년에는 고향 사천에 내려가 구암정사龜巖精舍를 지어서 후진을 양성하였음. 어릴 때는 송인수宋麟壽에게 배웠고, 나중에는 퇴계에게 배웠음. 저서로 『구암집龜巖集』 등이 있음.

* 김태정 : 자는 형언亨彦, 본관은 광주光州, 서울에 살았음. 1541년에 출생, 1588년에 서거함. 퇴계의 제자. 대과 과거시험에 합격하여 벼슬이 형조참판刑曹參判에 이름. 형조는 조선시대 정무를 담당하던 육조 중 특히 법률과 재판, 노비 등의 사무를 맡아보던 기관임.

* 황동래부사 : 당시 동래부사로 재직하고 있던 황씨 성을 가진 사람이나, 구체적으로 누구인지는 미상임.

* 『성학십도』를 올리면서 쓴 차자 : 차자는 간단한 서식의 상소문으로, 여기서는 퇴계가 선조에게 『성학십도』를 올리면서 쓴 「진성학십도차進聖學十圖箚」를 가리킴.

* 서빙고 : 현 서울특별시 용산구 서빙고동에 있었음. 이때 김취려가 서빙고 별좌였기에 이렇게 물은 것임.

윤6월 27일

안도에게 답한다

신임 경상감사 이양원李陽元*이 부임하면서 가지고 온 이 달 10일자 편지를 받아보고 근간의 소식을 알게 되었다. 네 아내의 병은 차도가 있다니 기쁘다. 지금은 완전히 다 나았겠구나. 이곳은 모두 별탈 없이 잘 지내고 있다. 단심端心이*는 옻이 올라 고생을 하다가 이제 막 나았고, 또 설사병이 났으나 이제는 또 나았다고 하는구나.

『성학십도』 중 보내오지 않았던 두 장은 김취려가 보내왔기에 교정해서 올려보냈다. 하지만 『성학십도』를 올리면서 쓴 차자 중 끝의 한 장은 아직도 보내오지 않았는데 어찌된 일이냐? 이미 모두 인쇄하였다면, 한꺼번에 내려보내 일시에 교정해 올려보냈으면 이처럼 늦어지지 않았을 것이다. 아쉽구나. 「심학도」는 고쳐서 인쇄할 수 있었느냐?

지금의 시국 상황은 참으로 우려할 만하다. 다만 이쪽 사람들이 조심해서 대처한다면 큰 문제는 발생하지 않을 것이다. 어찌하고 있느냐? 김태정이 문의한 변례에 대한 간략한 답변은 그가 바쁘지 않을 때 전해주거라. 그리고 더는 요구하지 말라고 하거라.

기사년 윤6월 27일 토계에서 할아버지가

| 별지 |

저번에 말한 병들었던 종들 중 다른 사람들은 모두 일어나서 다닐 정도로 회복되었다. 하지만 여종 은대는 아직도 심하게 앓고 있는데, 귀도 먹고

멍청한 것이 꼭 실성한 사람 같다. 종 박천이도 은대와 같은 가슴앓이 병에 걸려 이미 대엿새 동안 몹시 심하게 앓고 있다.

여종 운동이는 봉화 사람의 여종과 한밤중에 만나곤 하더니, 어디론지 가서 돌아오지 않은 지가 거의 한 달이나 되었다. 처음에는 달아난 것으로 생각했다만, 봉화 사람의 여종은 달아나지 않은 채 그대로 있는 것을 보니 달아나지는 않은 것 같다. 호랑이에게 잡아먹혔는지, 아니면 제 남편에게 살해된 것인지 알 수가 없구나.

어제 네 아버지가 전생서주부典牲署主簿가 되었다는 말을 전해 들었다. 사실이냐? 김부륜의 종이 가져온 편지를 받아보았다. 그 편지에서 말한 사연은 잘 알았다만, 서울로 가는 사람이 바쁘다고 하기에 하나하나 모두 답변하지 못한다.

해설 이 편지는 서강에 있었던 것으로 추정되는 안도가 보낸 편지에 답한 것이다. 퇴계는 이때 토계리 상계 마을에 있었고, 준은 서울에 있었다. 특히 준은 이 달 인사에서 사온서직장에서 전생서주부로 승진하였다. 전생서주부는 조선시대에 나라의 제사에 쓸 짐승을 기르는 일을 맡은 기관인 전생서의 장관으로 종6품 관직이다.

* 이양원 : 자는 백춘伯春, 호는 노저鷺渚 또는 남파南坡, 시호는 문헌文憲, 본관은 전주全州. 1526년 출생, 1592년 서거함. 대과 과거시험에 합격하여 벼슬길에 나감. 대제학을 지내고, 광국공신光國功臣으로 한산부원군漢山府院君에 봉해졌으며, 영의정을 지냄. 임진란 때 유도대장留都大將이 되었다가 조정에서 중국으로 건너가자는

의논이 있자 먹지 않고 피를 토한 채 죽었음. 젊어서는 이중호李仲虎에게 배웠고, 중년에 퇴계의 문하에 출입하였음. 저서로 『노저집蘆渚集』이 있음.

* 단심이 : 안도의 둘째 딸임.

7월 9일

안도에게 보낸다

너희들은 잘 지내고 있느냐? 창양이 설사병을 앓고 난 뒤로 아주 몹시 야위었다고 하더구나. 지금은 다소 충실해졌으리라 생각되지만, 오래도록 소식을 듣지 못해 몹시 걱정된다. 이 근방 대소가 사람들은 대체로 평안하다.

『성학십도』 중 끝의 한 장은 이곳으로 보내지 않더라도 특별히 문제될 곳은 없을 것이다. 김취려에게 시키거나, 아니면 네가 직접 승정원승지 기대승에게 가지고 가서 교정한 다음 인쇄하면 된다. 매번 교정하는 것 때문에 천리 길을 왕래하느라 인쇄를 지연시킬 필요는 없다.

『계몽전의』 1책이 네게 있다면, 그것은 박지화가 베껴서 소장하던 책이 분명하다. 그 책에 대해서는 저번에 보낸 편지에서 이미 상세하게 말하였다. 아무쪼록 네가 가지고 있는지 잘 찾아보고 알려주면 좋겠다. 이번에 나도 『동문선東文選』*을 하사받게 되었느냐? 「사서장도」는 찾아서 보낼 수 있으면 찾아서 보내거라. 나머지는 일일이 다 적지 않는다.

기사년 7월 9일 토계에서 할아버지가

| 별지 |

이 편지를 적어서 붓실이 편에 부치려고 하였다. 그러나 붓실이는 일정을 늦추어 다음달 초에나 올라가게 되었기 때문에 예안현의 사람이 올라가는 편에 부친다. 네 아버지는 전생서의 기관장으로 머지않아 나라에 두 차례나 큰 제사가 있으니 불가불 살펴보고 내려와야 할 것이므로, 네 아버지

를 맞이할 종은 나중에 보내겠다.

네 아내와 아이들은 모두 병이 나아서 잘 지내고 있다니 매우 기쁘다. 다만 네 둘째 처남은 아내를 잃었고, 네 장인은 관직을 잃은데다 또 이러한 일까지 당했구나. 몹시 한스럽고 애통하다. 네가 오래도록 서강의 정자에서 공부를 하고 있다니 기쁘다. 도성 안에 있으면서 하릴없이 세월만 보내고 있는 것과는 비교할 수 없을 것이다.

『소학』도 권수가 많고, 『동문선』은 권수가 더 많다. 그러므로 배편이 아니면 가지고 내려올 수 없을 것이다. 네 아버지가 타고올 배편으로 보내 일단 충주에 내려서 적당한 곳에 맡겨 놓는다면, 후일 인편을 통해 이곳으로 가져올 수 있을 것이다.

해설 이 편지는 서강에서 서울 죽전동으로 돌아와 있던 것으로 추정되는 안도에게 보낸 것이다. 편지 내용을 살펴볼 때, 퇴계는 편지를 보낼 당시에는 안도가 서강의 정자에서 공부를 하고 있는 것으로 알고 있었던 듯하다. 퇴계는 이때 토계리 상계 마을에 있었고, 준은 서울에 있었다.

* 『동문선』 : 신라 때부터 조선 초기까지의 시문을 모은 책으로 총 130권임. 조선시대 성종의 명으로 1478년 서거정徐居正 등 23명이 편찬하였음.

7월 22일

안도에게 보낸다

지금 너희 부자는 잘 지내고 있느냐? 창아는 이미 평상으로 회복되었겠구나. 이곳은 모두 별일 없이 잘 지내고 있다. 종 연수 등은 다음달에 보내려고 하였다. 그러나 네 아버지가 서울에 머물러 있을 생활비가 없어 다음달 보름 이후까지 기다리기가 어려울까 걱정되어 이 달 27~28일경에 보낼 것이다. 네 아버지는 만약 서울에 그대로 머물러 있기가 몹시 어려우면, 명종의 담사를 지내고 바로 내려오라고 하거라. 요즈음 시국의 상황은 어떠냐? 나머지는 앞서 보낸 몇 통의 편지에서 이미 말하였다.

기사년 7월 22일 토계에서 할아버지가

해설 이 편지는 서강에서 서울 죽전동으로 돌아와 있던 안도에게 보낸 것이다. 안도는 이때 장인의 집이 아닌, 죽전동의 다른 곳에서 공부를 하고 있었다. 퇴계는 이때 토계리 상계 마을에 있었고, 준은 서울에 있었다. 그러나 준은 생활비 때문에 서울에서 지내기가 몹시 어려워 고향으로 내려올 계획을 하고 있던 차에, 이 해 9월에 봉화현감에 제수되어 결국 고향 가까운 곳으로 내려오게 되었다.

7월 30일(그믐)

안도에게 답한다

근자에 이 달 15일과 17일에 부친 두 통의 편지를 잇달아 받아보고 네가 서강을 떠나 도성 안에서 공부하고 있음을 알게 되었다. 비록 서강의 정자처럼 조용하지는 못하더라도 집에 있기보다는 나을 것이다.

네 매부가 물길로 잘 올라갔다니 매우 기쁘다. 창아가 병이 나아서 좋아졌다니 기쁘다. 다만 네 아내는 중간에 병이 나았다고 하더니, 어찌해서 아직도 낫지 않고 있는 것이냐? 걱정된다. 이곳은 모두 여전하다. 네 어머니의 유종乳腫은 비록 대단한 것은 아니다만, 그래도 오래도록 가라앉지 않으니 먼저 약으로 치료하는 것이 당연한 순서일 것이다.

네 아버지가 출발 일정을 늦춘 것은 공무로 내려오려고 그런 것인지 그 까닭을 알 수 없었다. 그래도 수행할 종들이 오기를 몹시 기다릴지도 모른다는 생각에 그믐(30일) 전에는 연수 등을 올려보내려고 했지만, 지금 받은 편지로 출발 일정을 늦추게 된 연유를 알고 보내지 않았다. 다만 이렇게 되면 이곳에 오래 머물지 못하고 급히 돌아가야 할 것이니, 그것이 아쉬울 뿐이다. 여종 운동이의 생사는 지금도 확실하게 모르고 있다.

『성학십도』를 판각해서 인쇄하는 일은 지금 어떻게 되어가고 있느냐? 『성학십도』를 올리면서 쓴 차자의 마지막 장은 멀리 이곳까지 보내지 말고, 그곳에서 자세히 살펴서 교정한 다음 인쇄하라는 말은 지난번 편지에서 이미 언급하였으므로 잘 알고 있을 것이다. 『계몽전의』는 상계 동쪽 집과 도산서당에는 없다. 상계 서쪽 집은 네 아버지가 와야만 조사해볼 수 있을 것이다.*

서울의 분위기가 저와 같으니 몹시 이상하고 또 염려된다. 홍문관대제학 박순이 이조판서를 사퇴한 일은 그 결과가 어떻게 되었느냐? 사람들이 모두 사퇴하면 나라꼴이 어떻게 되겠느냐. 한심한 일이다.

여러 집안에서 부탁한 묘갈문墓碣文*은 억지로 지어 편지와 동봉해서 브낸다. 네 아버지와 함께 상의해 붙여놓은 쪽지를 잘 살펴서 각 집에 전해주거라. 충주에 은거해 살았던 전 홍문관교리弘文館校理 이연경李延慶*의 묘갈문도 이미 다 지었다. 하지만 현량과賢良科* 급제자들의 벼슬이 그 당시에 환급還給된 적이 있었는지의 여부를 확실하게 알 수 없어 그 내용을 기록하지 못했다. 그래서 저번 편지에서 믿을 단한 곳에 물어서 알려달라고 한 것이다. 아무쪼록 속히 알아보고 편지해주기 바란다. 나머지는 일일이 다 적지 않는다.

기사년 7월 30일(그믐) 토계에서 할아버지가

해설 이 편지는 서강에서 서울 죽전동으로 돌아와 있던 안도가 이 달 15일과 17일에 보낸 편지를 받고 답한 것이다. 안도는 당시 장인의 집이 아닌, 죽전동의 다른 곳에서 공부하고 있었다. 퇴계는 이때 토계리 상계 마을에 있었고, 준은 서울에 있었다.

* 상계 서쪽 집은 네 아버지가 와야만 조사해볼 수 있을 것이다 : 이 집은 준의 살림집이었기 때문에 이렇게 말한 것임.

* 묘갈문 : 죽은 사람의 무덤에 세우는 빗돌에 새기는 글의 일종. 죽은 사람의 가계 · 일생 사적 · 자손 등을 기록하는 것이 보통임. 지금은 그것을 비문으로 구별하

지 않고 사용하지만, 조선시대까지는 그것을 신도비문과 묘갈문으로 엄격히 구별하여 사용하였음. 2품 이상의 벼슬을 지낸 사람은 그 무덤으로 올라가는 길가에 신도비를 세우는데 그 빗돌에 새기는 글을 '신도비문' 또는 '비문'이라 하였고, 정3품 이하의 벼슬을 지낸 사람은 그 무덤 앞에 신도비보다 크기가 작은 묘갈을 세우는데 그 빗돌에 새기는 글을 '묘갈문' 또는 '갈문'이라고 하였음.

* 홍문관교리 이연경 : 홍문관교리는 홍문관에 소속된 종5품 관직임. 이연경의 자는 장길長吉, 호는 탄수灘叟 또는 용탄자龍灘子, 시호는 정효貞孝, 본관은 광주廣州. 1484년 출생, 1548년에 서거함. 갑자사화에 연루되어 귀양갔다가 1506년 중종이 즉위하자 석방되었음. 1507년 사마시에 합격하고, 원사인寃死人의 자손으로 천거를 받아 선릉참봉宣陵參奉에 임명됨. 조광조 등과 좋은 관계를 유지했음. 1519년 현량과賢良科에 급제하여 지평 · 교리 등을 지냈고, 조광조를 재상에 천거하기도 하였음. 1519년 기묘사화가 일어나자 조광조의 일파라 하여 탄핵을 받았으나, 중종이 친히 죄인의 명단에서 그의 이름을 삭제하여 무사할 수 있었음. 이후 벼슬에 뜻을 버리고 충주에 은거해서 학문을 연구하였음. 이조판서에 추증됨. 퇴계는 그의 묘갈문을 지었음.

* 현량과 : 학문과 덕행이 뛰어난 인재를 뽑기 위해서 보인 과거시험. 조선 중종 14년(1519년)에 조광조의 건의로 실시되었으나, 그 해 11월에 발생한 기묘사화로 조광조 등의 신진 사림들이 훈구 세력의 탄핵을 받아 실각하면서 폐지되었고, 그 급제자들은 합격뿐 아니라, 합격 이후 받은 벼슬까지 모두 환수되었음. 인종 원년인 1545년에 현량과 급제자들의 벼슬이 한 차례 환급되었다가, 그 이듬해 인종이 서거하고 명종이 즉위하자 다시 환수되었음. 선조 원년인 1568년에 이준경 등의 주장에 힘입어 그 급제자들의 벼슬이 비로소 환급됨. 이연경도 현량과 급제자로서 기묘사화 이후에 현량과 합격뿐 아니라, 합격 이후 받은 벼슬이 모두 환수되었음. 퇴계는 특히 기묘사화로 현량과가 폐지되고, 그 급제자들의 벼슬이 환수된 직후에 그들의 벼슬을 환급해준 적이 있었는지 그 여부를 확실하게 알 수 없어서 기록하지 못했다는 것임.

8월 28일

안도에게 보낸다

네 아버지는 이 달 18일에 유곡幽谷*에 도착해서, 편지로 임금님의 사면령을 모시고 내려오느라 늦게 되었다고 알려왔다. 그 편지를 통해 네가 별탈 없이 잘 지내고 있음을 알게 되니 마음이 놓인다. 다만 네 아버지는 감사를 따라 먼 남도 지방까지 갔다가 돌아올 때 의당 의령을 들러서 올 것이기 때문에 아직 이곳에 도착하지 않았다. 잘 지내고 있는지 염려된다. 그리고 네 매부는 이 달 17일에 서울을 떠나 배를 타고 온다고 하더구나. 그래서 그를 맞이할 종을 급히 충주로 보냈다. 일정을 계산해보면 어제나 그제 이곳에 도착해야 하지만, 아직도 도착하지 않았다. 걱정을 하고 있던 차에 오늘 네 매부의 집안 어른인 박판관朴判官*이 서거했다는 소식을 들었다. 슬픈 마음을 가눌 길 없다. 이 일 때문에 출발하지 못한 것은 아니냐? 염려된다.

이곳은 모두 여전하다. 너는 이번 과거시험에 합격하였느냐? 오늘 경상도에서 실시된 과거시험의 합격자 명단을 받아보았다. 민응기가 수석을 하였고, 금응협 · 이희 · 안제安霽*가 모두 합격하였다. 기쁜 일이다. 하지만 서울에서 실시된 과거시험의 합격자 명단은 기다리기 어려울 정도로 몹시 궁금하다. 하사받은 책과 김부륜이 구입한 책은 모두 무사히 이곳에 도착하였다. 네 증조할아버지 묘갈문도 잘 받았다. 곧바로 지어서 보내준 기대승 영감의 마음씀이 몹시 고맙구나. 지금 서울로 올라가는 박협朴協*에게 전해주려고 급히 편지를 쓰느라 이번에는 기대승 영감에게 감사의 답장을 보내지 못한다. 추후에 보낼 생각이다.

성혼成渾*이 자신의 아버지 청송聽松 성수침成守琛*의 묘갈문을 지어달라고 저처럼 몹시 간절하게 부탁하니, 끝내 거절하기가 어려웠다. 그의 아버지 행장은 일전에 보내와서 상자 속에 넣어두었다. 조만간 병이 덜한 틈을 타서 지어볼 생각이지만, 기한 내에 짓지는 못할 것이다. 그러나 그의 아버지가 쓴 글씨와 내게 글씨를 써 달라고 보낸 생초生綃*는 금군*이 가져올 때 그만 장맛비에 젖게 만들었으니 지극히 안타까운 일이다. 하지만 우선은 성혼이 이 사실을 모르게 하거라.

내가 보낸 여러 집안의 묘갈문은 모두 다 전하였느냐? 권동보權東輔*가 자신의 아버지 충재冲齋 권벌權橃* 선생의 행장을 가벼이 남들에게 내보이지나 않았는지 그것이 몹시 걱정된다. 시국이 이와 같은 상황에, 때가 아닌데 잘못 준 것은 아닌지 몹시 걱정된다. 부디 경계해야 할 것이다.

기사년 8월 28일 도산에서 할아버지가

| 추신 |

도산서당에 있으면서, 이함형李咸亨*이 박협에게 종을 보내는 편에 급히 편지를 써서 보내느라 네 어머니에게는 편지를 적어달라는 말을 미처 하지 못했다. 이상하게 생각하지 말거라.

해설 이 편지는 서울 죽전동 장인의 집에 있던 안도에게 보낸 것이다. 퇴계는 이때 도산서당에 있었고, 준은 사면령을 전하는 일로 경상감사를 수행해서 남도 지방에 내려가 있었다. 준은 공무를 마치고 의령에 들러서 토계로 올 계획이었다. 한편 안도는 이 달에 있은 대과 과거 1차시험인 초시에 합격하였으나, 9월에 있은 특별 과거시험에는 낙방하였다.

* 유곡 : 유곡도幽谷道. 유곡도는 조령 이하 경상도 일정 지역 도로의 역참을 관장하던 기관으로, 찰방이 주재하던 유곡역은 현 경상북도 문경시 유곡동에 있었음.
* 박판관 : 그 당시 판관 벼슬을 하던 박씨 성을 가진 사람이나, 구체적으로 누구인지는 미상임.
* 안제 : 자는 여지汝止, 호는 등고東皐, 본관은 순흥順興, 안동에 살았음. 1538년 출생, 1602년 서거함. 퇴계의 제자. 대과 과거시험에 합격하여 벼슬이 정랑에 이름.
* 박협 : 미상.
* 성혼 : 자는 호원浩源, 호는 우계牛溪 또는 묵암默菴, 시호는 문간文簡, 본관은 창녕昌寧, 파주에 살았음. 1535년에 출생, 1598년에 서거함. 백인걸에게 배웠으며, 같은 파주에 살던 이이와 도의지교를 맺었음. 선조 초년에 학행으로 천거되어 참봉과 현감 등에 임명되었으나 나가지 않고 학문에 전념하였음. 동서분당 때에는 이이·정철 등 서인과 정치노선을 함께 하였음. 기축옥사로 서인이 정권을 잡자 이조참판에 등용되었으나, 북인 최영경崔永慶의 옥사 문제로 정인홍鄭仁弘 등 북인의 강렬한 비난을 받았음. 임진란 중에는 세자의 부름으로 우참찬이 되었으며, 1594년 좌참찬으로서 영의정 유성룡柳成龍과 함께 주화론을 주장하였음. 그의 학문은 퇴계와 율곡을 절충했다는 평가를 받음. 좌의정에 추증되고, 문묘에 종사됨. 저서로 『우계집牛溪集』 등이 있음.
* 성수침 : 자는 중옥仲玉, 호는 청송聽松 또는 죽우당竹雨堂, 시호는 문정文貞, 본관은 창녕. 1493년에 출생, 1564년에 서거함. 성혼의 아버지. 기묘사화로 스승 조광조가 희생되자 벼슬에 뜻을 버리고 은거해 살았음. 좌의정에 추증됨. 저서로 『청송집聽松集』이 있음. 퇴계는 이 편지를 보내던 1569년에 성혼에게서 그의 아버지 성수침의 묘갈명을 지어줄 것을 부탁받고, 그 이듬해인 1570년에 지어서 주었음.

* 생초 : 생사로 얇게 짠 비단으로 화포로 사용함.

* 금군 : 미상.

* 권동보 : 자는 진경震卿, 호는 청암靑巖, 본관은 안동, 봉화에 살았음. 1518년에 출생, 1602년에 서거함. 생원시와 진사시에 합격하였고, 군수를 지냈음.

* 권벌 : 자는 중허仲虛, 호는 충재冲齋 또는 훤정萱亭, 시호는 충정忠定, 본관은 안동. 1478년에 출생, 1548년 서거함. 권동보의 아버지. 대과 과거시험에 합격하여 벼슬길에 나감. 기묘사화에 연루되어 파직되었다가 복직되고, 명종이 즉위하자 우찬성으로 원상에 임명됨. 을사사화로 위사공신衛社功臣에 올랐으나 정순붕鄭順朋의 반대로 삭훈削勳되고, 양재역 벽서사건에 연루되어 구례에 유배된 후, 삭주에 이배되어 배소에서 서거하였음. 좌의정에 추증되고, 저서로 『충재집冲齋集』이 있음. 퇴계는 이 해, 곧 1569년 6월에 그의 행장을 지었음.

* 이함형 : 자는 평숙平叔, 호는 산천재山天齋 · 천산재天山齋 · 대축재大畜齋, 본관은 전주, 서울에 살다가 나중에 순천으로 옮겨가 살았음. 생졸년 미상. 퇴계의 제자. 퇴계는 그가 부부간에 금슬이 좋지 않다는 말을 듣고, 그가 도산서당에서 가르침을 받다가 집으로 돌아갈 때, 자신의 경우를 예로 들어 부부간에 서로 화락하기를 충고한 장문의 편지를 써서 주었음. 그 뒤로 부부간의 관계가 좋아져서 해로하였다고 함. 퇴계가 서거한 뒤에 그의 부인이 퇴계를 위해 심상心喪 삼년을 지냈다고 함. 이덕홍과 함께 퇴계의 『심경』과 『주자서절요』에 대한 해석을 편집해서 『심경강록心經講錄』과 『주자서강록朱子書講錄』을 엮기도 하였음.

9월 3일

안도에게 답한다

계근이 등이 돌아오는 편에 부친 편지를 받아보고, 네가 별탈 없이 잘 지내고 있음을 알게 되니 기쁘다. 다만 네 아버지는 지금도 이곳에 도착하지 않았다. 의령에서 지체되어 그런 것 같다만, 먼길을 바쁘게 쫓아다닐 것을 생각하니 몹시 걱정된다. 네 매부는 그 집안의 초상 때문에 출발이 늦어진 데다 뱃길도 많이 막혀서, 종과 말도 오래도록 기다리는 것이 너무 힘들었고, 집에서도 이제나저제나 기다리느라 너무 걱정되었다. 어제 비로소 영주에 도착했다고 계근이 등이 먼저 와서 알려주니 이제야 마음이 놓인다.

『계몽전의』는 네 아버지가 이곳에 오면 찾아볼 생각이다. 『성학십도』는 김취려가 인쇄 제본해서 보내주었다. 말로 다할 수 없을 정도로 고맙구나. 다만 지금은 네 큰외숙부가 급히 서울로 올라간다고 하기에 미처 감사의 답장을 보내지 못한다. 그리고 첨지중추부사僉知中樞府事* 기대승이 네 증조할아버지 묘갈문을 지어서 보내준 것은 지극히 기쁘고 고마운 일이지만, 이번에도 그에게 감사의 답장을 보내지 못하니 몹시 아쉽구나. 오건 · 권호문 · 유중엄柳仲淹* · 최덕수 등의 편지도 답장을 하지 못한다. 만나거든 이러한 사정을 전해주거라.

너는 과거시험을 본 결과가 어찌되었느냐? 서울에서 실시된 과거시험의 합격자 명단을 지금도 보지 못해서 하는 말이다. 민응기와 금응협 등이 합격한 것은 기뻐할 일이다. 지난번 박협이 먼저 서울에 올라간다고 하기에 편지를 써주어 네게 전해달라고 하였다만, 그가 예정된 날짜보다 뒤에 서울로 떠났다는구나. 조만간 그 편지를 받아볼 것이기에 일일이 다 적지 않는다.

기사년 9월 3일 토계에서 할아버지가

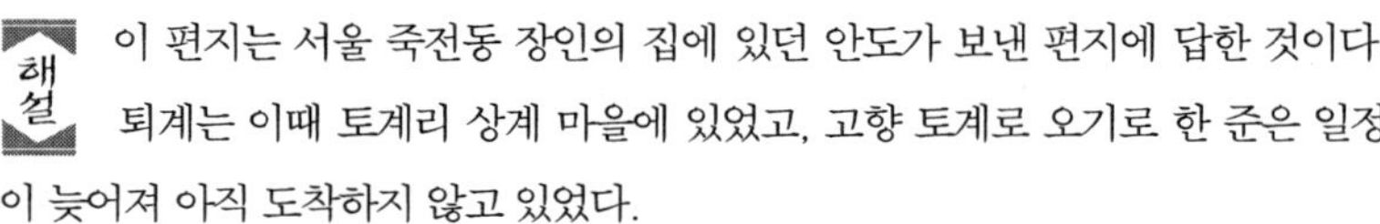

이 편지는 서울 죽전동 장인의 집에 있던 안도가 보낸 편지에 답한 것이다. 퇴계는 이때 토계리 상계 마을에 있었고, 고향 토계로 오기로 한 준은 일정이 늦어져 아직 도착하지 않고 있었다.

* 첨지중추부사 : 조선시대 서반의 최고기관인 중추부의 정3품 당상관 관직임.

* 유중엄 : 자는 경문景文 또는 희범希范, 호는 파산巴山, 본관은 풍산豐山, 안동 풍산에 살았음. 1538년에 출생, 1571년에 서거함. 퇴계의 제자. 저서로 『파산집巴山集』이 있음.

9월 10일

안도에게 답한다

네 매부가 내려오는 편에 가지고 온 네 편지를 받아보고 그간의 소식을 알게 되었다. 그리고 이 달 8일에 명복이가 와서 또 네 편지와 서울에서 실시된 과거시험 합격자 명단을 받아보고, 비로소 너와 다른 많은 사람들이 합격하였음을 알게 되니 너무너무 기쁘다. 다만 김부륜이 낙방하였으니 안타깝기 그지없는 일이다. 그러나 특별 과거시험이 곧 있을 것이니, 우연히 한 번 낙방했다고 해서 안타까워하고만 있어서야 되겠느냐. 네가 과거시험에 응시했을 때 제출했던 논문 · 과부科賦* · 책문은 도두 다 살펴보았다. 논문과 책문은 합당한 점수를 받았지만, 과부는 이보다 못한 점수를 받는 것이 합당할 듯하다.

특별 과거시험이 임박하였는데 어떻게 하고 있느냐? 너는 평소 글을 읽을 때 자세히 뜯어보고 깊이 음미하려고 하지 않으므로, 갑자기 시험 문제를 접하게 되면 마치 짙은 안개 속을 헤매듯 당황하게 되는 것이다. 뭐 그리 이상할 것이 있겠느냐. 너는 고향을 떠난 지가 이미 일년이 넘었으니 들아오고 싶은 마음이 간절할 것이다. 그러나 다녀가느라 시간을 허비하고 학업을 폐하기보다는, 차라리 서울에 그대로 머물러 있으면서 열심히 공부하는 한두 명의 벗들과 산에 들어가 글을 읽는 것이 나을 것이다. 네 아버지와 네 어머니의 뜻도 이와 같기에 하는 말이다.

이후백李後白* · 김규金戣* · 우성전 · 정곤수鄭崑壽* · 유중엄 등의 편지에 대한 답장을 보낸다. 특별 과거시험을 본 다음 잊지 말고 전해주면 좋겠다. 의정부영의정 이준경 대감께서 친히 편지를 보내주시니* 송구스럽기 그지없다. 현량과가 회복되어 전 홍문관교리 이연경의 관직이 환급된 사실은 추후 그의 묘갈문에 보충해서 기록해 넣을 것이다. 그리고 그때 이준경 대감에게 답장을 보낼 생각이다.* 성혼에게도 추후에 답장을 할 것이다. 백지 두 권과 명지名紙* 여덟 장을 네 아버지가 서울로 올라가는 편에 보낸다. 다만 명지는 조금 얇아서 쓰기에 어떨지 모르겠다. 나머지는 일일이 다 적지 않는다.

기사년 9월 10일 토계에서 할아버지가

| 추신 |

『성학십도』는 제본을 해서 임금님께 올렸느냐? 김취려는 『성학십도』를 인쇄 제본해서 또 다른 세 군데에도 한 권씩 보냈다. 매우 열심히 마음을 써주는구나. 그가 압도鴨島*에 갔다고 하기에 답장은 지금 보내지 않고 추후에 보내겠다. 이함형이 이 달 보름경에 서울로 올라갈 예정이다. 답장을 하지 못한 편지는 그때 답장을 써서 보내겠다.

해설 이 편지는 서울 죽전동 장인의 집에 있던 안도가 보낸 편지에 답한 것이다. 편지에서 고향으로 내려오지 말고 이 달에 있을 특별 과거시험을 대비해 산에 들어가 공부하라고 당부하였다. 퇴계는 이때 토계리 상계 마을에 있었고, 준은 이때 고향에 와 있었던 것으로 추정된다.

* 과부 : 과거시험에 출제되는 글의 일종임.

* 이후백 : 자는 계진季眞, 호는 청련靑蓮, 본관은 연안延安, 시호는 문청文淸, 서울에 살았음. 1520년에 출생, 1578년에 서거함. 대과 과거시험에 합격하여 벼슬길에 올라 호조판서에 이름. 청백리에 선발되고, 종계변무宗系辨誣의 공으로 광국공신光國功臣 2등, 연양군延陽君에 추봉追封됨. 저서로 『청련집靑蓮集』이 있음. 호조는 조선시대 정무를 담당하던 육조 중 특히 국가의 재정 문제를 관장하던 기관임.

* 김규 : 자는 경엄景嚴, 호는 수촌水村, 본관은 희천熙川, 서울에 살았음. 1531년에 출생, 1584년에 서거함. 퇴계의 제자. 대과 과거시험에 합격하여 목사를 지냄.

* 정곤수 : 자는 여인汝仁, 초명은 규逵, 호는 백곡栢谷·경음慶陰·조은朝隱, 처음 시호는 충민忠愍, 고친 시호는 충익忠翼, 본관은 청주淸州, 성주에 살았음. 1538년에 출생, 1602년에 서거함. 퇴계의 제자. 대과 과거시험에 장원 급제를 하고 벼슬이 영중추부사에 이름. 특히 임진란 때 많은 공을 세웠음. 서천부원군西川府院君에 추봉되고, 영의정에 추증됨. 저서로 『백곡집栢谷集』이 있음.

* 의정부영의정 이준경 대감께서 친히 편지를 보내주시니 : 퇴계는 이연경의 묘갈문을 짓는 과정에 현량과 급제자들의 벼슬이 그 당시에 환급된 사실을 확실하게 알 수 없어 기록하지 못하게 되자, 안도에게 믿을 만한 곳에 물어서 알려달라고 한 적이 있었음. 안도는 이 문제를 이연경의 육촌 동생이면서 현량과를 회복시킨 당사자였던 이준경에게 문의하였고, 그러자 이준경은 퇴계에게 편지를 보내 그 사실을 알려 주었음. 퇴계는 이 해 9월 29일 그에 감사하는 편지를 이준경에게 보냈음.

* 명지 : 과거시험 답지로 사용하는 질이 좋은 종이.

* 압도 : 현 서울특별시 마포구 상암동 난지도임. 전에는 섬이었으나 지금은 매립됨.

10월 14일

안도에게 보낸다

네 아버지가 봉화현감에 임명되었다는 소식은 오래 전에 들었다만, 사실이 아닌 것으로 생각하고 있었다. 그러나 이제 들어보니 사실인 것 같구나. 만약 다른 자리로 바꾸지 않는다면 몹시 머리가 아프게 되었다. 이곳은 모두 여전하다. 특별 과거시험 결과는 발표되었을 것이다. 너희들은 어찌되었느냐?

『성학십도』를 작은 크기로 만들어 출판하는 일은 김성일이 우성전과 함께 추진해보겠다고 나를 찾아왔을 때 말하더구나. 그래서 이제 견본으로 그림 한 장과 그 크기에 맞추어 글씨를 써넣은 것 한 장을 보낸다. 이것을 김성일이 서울에 올라가거든 그에게 전해주거라. 그리고 살펴보고 우성전과 함께 그 가부를 잘 헤아려서 출판하게 하거라. 아무쪼록 그가 바쁘지 않을 때 전해주면 좋겠다. 김성일은 근간에 서울로 올라갈 것이다. 나머지는 돌아가는 사람이 바쁘다고 하기에 일일이 다 적지 않는다.

기사년 10월 14일 토계에서 할아버지가

해설 이 편지는 서울 죽전동 장인의 집에 있던 안도에게 보낸 것이다. 퇴계는 이때 토계리 상계 마을에 있었고, 준은 출장을 마치고 서울로 올라갔다가 곧바로 봉화현감에 임명되었다. 준이 봉화현감에 임명된 것은 9월 27일의 일로 추정된다.

10월 28일

안도에게 보낸다

전시殿試*가 끝난 지 이미 오래되었는데도 아무런 소식을 들을 수가 없구나. 이곳 사람들은 모두 낙방한 것이냐? 그렇다면 이제 1차 시험에 합격했던 사람들이나, 1차 시험에 낙방한 사람들이나 모두 똑같이 떨어지고 만 것이니 우스운 일이다. 너는 겨울 동안 누구와 어느 곳에서 공부를 할 것이냐?

네 아버지는 다른 사람들의 말을 잘못 듣고 다른 자리로 바꾸지 않았으니, 끝내는 곤란한 일을 당할 것이 분명하다. 안타깝지만 이제는 어찌할 수 없다. 출발 일자를 미루어 이 달 25일에 서울을 떠났다고 하던데, 지금 어디쯤 왔는지 모르겠다. 눈비가 뿌리고 있는 이때 내려오는 길이 얼마나 고생스럽겠느냐. 걱정이 끊이지 않는다.

이곳은 모두 별일 없다. 다만, 네 종숙부 혜憓*가 하복부가 아픈 증세로 몹시 고통을 당하고 있어서 여간 걱정이 아니다. 네가 글을 읽기 위해 절로 들어가고 나면, 서울에는 자제들이 아무도 없게 되니, 이제부터는 더욱 시국 상황을 들을 수가 없게 되었구나. 그러나 형편이 이와 같으니 어쩌겠느냐. 굿동이가 편지와 약을 중간에 놓아두고는 이곳으로 오지 않으니, 잃어버리지나 않았는지 염려된다. 불러다가 나무라서 끝내 잃어버리는 일이 없도록 해야겠다.

기사년 10월 28일 도산에서 할아버지가

| 별지 |

듣자하니 권호문은 "이안도는 사람이 너무 좋기만 한 것이 아쉬운 점이다"라고 하였다는구나. 그리고 참의參議 김난상金鸞祥*은 "이안도가 아무개의 손자라서 견문이 있는 괜찮은 사람일 것으로 생각했더니, 이제 보니 사리 분별도 할 줄 모르는 사람이었다"라고 하였다는구나. 너는 무엇 때문에 이러한 비방을 듣는 것이냐?

내 생각으로는 지금 세상사람들이 나에 대해 어떤 이들은 속으로는 비난하고 멸시하면서도 겉으로는 치켜세우는 척하기도 하고, 어떤 이들은 마주하고 있을 때는 진심을 다하는 척하다가도 뒤돌아서면 손가락질하고 비웃기도 하고, 어떤 이들은 공공연히 헐뜯고 비방하기도 하고, 어떤 이들은 드러내놓고 배척하기도 한다. 너는 한갓 나를 받들고 보위하려는 마음에 위에서 든 네 가지 유형의 사람들 중 앞의 두 유형의 사람들과 만났을 때, 그들이 겉과 속이 다르고, 마주하고 있을 때와 뒤돌아섰을 때의 태도가 다른 것을 알지 못한 채 대한다면, 반드시 그들에게 우롱을 당할 것이다. 이 때문에 네가 사람이 너무 좋기만 하다는 말을 듣는 것이다. 그리고 위에서 든 네 가지 유형의 사람들 중 뒤의 두 유형의 사람들과 만났을 때, 혹 말이나 얼굴빛에서 편치 않은 모습을 드러낸 채 대한다면, 반드시 그들의 분노를 더욱 부추기게 될 것이다. 이 때문에 네가 사리 분별도 할 줄 모르는 사람이라는 말을 듣는 것이 아니겠느냐.

너는 이제부터 사람들을 만날 때, 나를 치켜세우는 경우나 나를 헐뜯는 경우를 막론하고 마음을 차분히 가라앉히고 혀를 깨문 채 입을 굳게 다물고 있거라. 절대로 말하지도 다투지도 말고, 조심조심 처신하는 것이 좋을 것이다. 또 사람들은 네가 조정의 관리들을 많이 알고 있다고 우쭐댄다고 한다는구나. 이것은 사람들이 가장 미워하고 질투하는 일이다. 부디 잘 알아서 경계하거라.

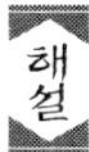

이 편지는 서울 죽전동 장인의 집에 있던 안도에게 보낸 것이다. 퇴계는 이때 도산서당에 있었다.

* 전시 : 대과 과거 2차시험인 회시에 합격한 사람들에게 보이던 시험으로, 임금이 직접 나와서 시험을 주관하였음. 합격과 불합격을 가리지 않고 그 등수만 가렸음.
* 혜 : 자는 여회汝晦. 1543년에 출생, 1578년에 서거함. 퇴계의 넷째 형님 해의 다섯째 아들. 예안 은계에서 예천 감천에 옮겨가 살았고, 음직으로 좌랑을 지냄. 혜는 이때 모친상을 당해 여막에서 집상을 하던 중 병을 얻었음.
* 김난상 : 자는 계응季應, 호는 병산絣山, 본관은 청도淸道, 영주에 살았음. 1507년에 출생, 1570년에 서거함. 양재역 벽서사건에 연루되어 남해로 귀양갔다가 뒤에 단양으로 이배된 다음 풀려나서, 응교·직제학을 거쳐 대사성이 됨. 저서로 『병산집絣山集』이 있음.

11월 20일

안도와 최덕수에게 답한다

이 달 초하루와 초여드레에 보낸 두 통의 편지를 받아본 뒤로는 소식이 끊기었구나. 금년 겨울은 몹시 추운데, 세 들어 있는 집은 온돌방도 없을 것이니, 그 고생을 어떻게 견디고 있느냐. 걱정되는 마음이 놓이지를 않는다.

창아는 영양실조로 병이 났다고 하더니 요즈음은 어떠냐? 젖을 먹일 여종은 옷가지와 짐도 마련해주지 않은 채 그대로 걸려 보낼 수 없는데다, 모든 여건이 어려워서 이제야 보낸다. 창아의 병이 몹시 심해져서 충실하게 자라지 못할까 걱정된다. 일이 이렇게 될 것이었다면 왜 미리 알려주지 않고, 이제 와서 갑자기 그러한 위급한 상황을 알려온단 말이냐. 그리고 부모가 젖을 먹일 여종을 속히 보내주지 않아서 한이 된다고 한 것은 어찌된 말이냐. 요사이 네 부모는 이 일 때문에 몹시 속을 태우고 있는데, 너는 이를 알기나 하느냐.

이곳은 모두 여전하다. 네 아버지도 무사히 부임하였다. 그러나 관청의 재정은 거덜난 상태라서 가족을 데려간다는 것은 생각할 수도 없는 형편이다. 네 종숙부 혜는 하복부가 아픈 증세 등으로 병이 몹시 위중해져 종의 집으로 내려와서 치료하고 있다. 하지만 시골이라 의원도 없고 약도 구할 수 없으니 걱정스럽기 그지없구나.

너는 기억력이 좋지 않은데다 평소 책을 볼 때도 차근차근 꼼꼼하게 읽지 않는다. 그러므로 이제 하루아침에 여러 책을 모두 다 외우려고 하는 것은 참으로 쉽지 않을 것이다. 의당 자기 분수에 맞게 노력할 뿐 억지로 할 수는 없을 것이다. 나머지는 별지에 기록하였기에 이만 그친다.

기사년 11월 20일 도산에서 할아버지가

| 별지 |

이희와 함께 공부한다니 매우 다행스러운 일이다. 그에게 따로 편지하지 못한다. 이 말을 전해주거라. 지난번 그가 보낸 편지의 내용은 잘 알았다. 참 고맙구나.

하사받은 『독서록』 한 질을 언필이가 가져왔다. 받아보니 그 첫 권 내사기內賜記*에는 내 직함이 지중추부사로 되어 있고, 달은 8월로 되어 있더구나. 그렇다면 내가 판중추부사에서 지중추부사로 낮추어진 것은 오래된 일일 것이다. 너희들은 어째서 말하지 않았느냐. 그렇지 않고 승정원에서 잘못 기록하였다면, 임금님에게 올리는 글을 어찌 이렇게 잘못 기록하였단 말이냐. 추후 안도에게 편지를 보내 알아보고 편지해 달라고 할 것이다.*

해설 이 편지는 내년 봄에 시행되는 대과 과거 2차시험인 회시에 대비해서 이희와 함께 서울 성균관 앞에 셋방을 얻어 공부를 하고 있던 안도에게 보낸 것이다. 퇴계는 이때 도산서당에 있었다. 그리고 지난 9월 27일 봉화현감에 임명된 준은 10월에 임지로 내려와서 집무하고 있었다.

* 내사기 : 임금이 신하에게 물건을 내릴 때 적은 기록임.
* 이 단락은 특히 최덕수에게 급한 내용임.

書悉

李生貞 謾主家

之酒甚美 讀之如何 達年人之所

畫而未畫 久潤清且精萬絶之

此文皆畢了 靈痾向差 而寫文足

痛藥絶戒 固生他病 而元老汝母書

自爲何來目 將沈吉化 但旋諸崇

煩碧將抵相 不可說也 龍中

天臺碣 沒立將娟作而 銘文了耶

詞之 雅作也

高粱酒 以係此書之四 逢達年秉之愛

求攸未見者 來否琴者之之

以寄書而計 耕路寫 親母書留

字第川 忘之不已 惟去歲一

庚午上元 日 大父

경오년

__1570년, 퇴계 70세, 준 48세, 안도 30세

1월 15일

안도에게 보낸다

지금은 봄이 되었다. 공부는 어떻게 하고 있느냐? 진상품을 바치러 서울로 올라간 예안현의 아전은 오늘 돌아오기로 되어 있었으나 아직 돌아오지 않았다. 오래도록 소식을 들을 수 없으니 너무 보고 싶구나. 이곳은 모두 별일 없이 잘 지내고 있다. 혜의 병은 나아간다만, 이제는 교가 또 다리의 통증으로 몹시 고통을 당하고 있다. 이 때문에 다른 병이 생기지나 않을까 걱정이다. 네 어머니는 오천에서 돌아왔는데, 다음달에는 네 아버지가 현감으로 재직하고 있는 봉화로 갈 예정이다. 그러나 봉화 고을은 가난한데다 세금도 많으니, 장차 낭패를 당하게 될 것은 말할 것도 없다.

네 증조할아버지 산소에 빗돌을 세우는 작업을 근간에 시작하려고 한다. 하지만 그 빗돌에 새길 묘갈문은 내용 중 일부를 수정해 달라고 다시 성균

관대사성 기대승에게 보냈는데 아직도 수정해 보내주지 않아서 걱정이다. 기대승에게 이러한 사정을 말해서 묘갈문을 빨리 수정해 보내달라고 하려다가, 진상품을 바치러 서울로 올라간 예안현의 아전이 이미 받아서 가지고 오지 않았나 해서 편지를 보내지 않는다. 예안현의 아전이 받아가지고 왔는지의 여부를 확인한 다음, 네 큰외숙부가 서울로 올라가는 편에 편지를 보낼 생각이다. 네 매부는 할머니가 돌아가셨다는 소식을 듣고 추위에 혼자 길을 떠났다. 걱정이 끊이지 않는다. 이만 그친다.

경오년 1월 15일 토계에서 할아버지가

| 추신 |

판중추부사와 겸직한 다른 관직*뿐만 아니라, 교서관校書館과 활인서活人署*의 제조提調*도 아직 갈리지 않았다. 이 사실을 얼마 전에 알게 되었다. 너무도 황송해서 은퇴를 청하는 글을 써서 네 큰외숙부가 서울로 올라가는 편에 부치려고 한다.

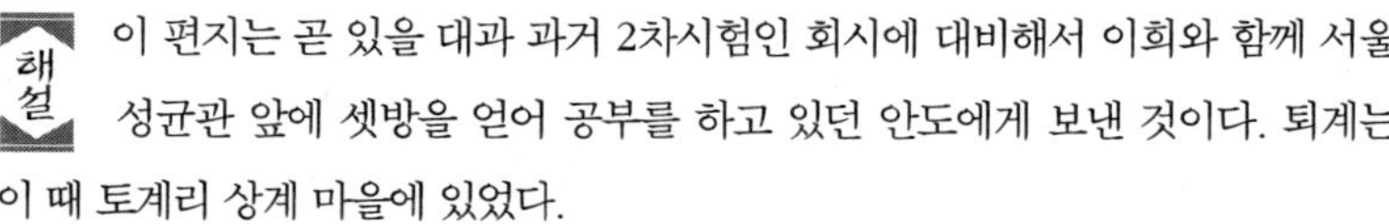

해설 이 편지는 곧 있을 대과 과거 2차시험인 회시에 대비해서 이희와 함께 서울 성균관 앞에 셋방을 얻어 공부를 하고 있던 안도에게 보낸 것이다. 퇴계는 이 때 토계리 상계 마을에 있었다.

퇴계는 지난해인 1569년 6월에 자신의 아버지 식의 행장을 지은 다음, 이것을 기대승에게 주어서 식의 묘갈문을 지어줄 것 청한 적이 있었다. 퇴계 자신이 의정부좌찬성이 되어 아버지 식이 의정부좌찬성에 추증되자, 아버지 식의 산소 앞 빗돌을 다시 세워야 했기 때문이었다. 퇴계는 1569년 7월에 아버지 식의 묘갈문을 기대승에게서 받은 뒤에도 그와 편지를 여러 차례 주고받으면서 묘갈문의 내용을 거듭 수정하는 한편, 이 해 1570년에 들어와서는 예천에서 빗돌을 구해 아버지 식의 묘갈을 세우는 작업을 시작하였다. 그러나 이 해 초에 예천에서 구해왔던 빗돌은 갈아놓고 보니, 흠집도 많고 또 결을 따라 갈라진 곳도 많아서 빗돌로 쓸 수 없었다. 그래서 할 수 없이 가을 농사가 끝난 10월에 예천에서 다시 빗돌을 구해, 11월에 예안으로 옮겨왔으나, 12월 8일 임종을 맞는 바람에 아버지 식의 묘갈을 손수 세우지 못하고 말았다.

퇴계는 생후 7개월 만에 아버지 식을 여의었기 때문에 평생 아버지의 얼굴도 모른 채 한없는 그리움만 안고 살았다. 이 때문에 퇴계는 자신의 생전에 자신의 관작으로 추증된 아버지의 빗돌을 자신의 손으로 꼭 세우고 싶었을 것이다. 이러한 간절한 소망을 이루지 못한 것이 너무나 큰 한이 되었던지, 퇴계는 임종 직전에 특별히 유언으로 자신의 아버지 식의 묘갈을 꼭 세울 것을 당부하였다.

* 판중추부사와 겸직한 다른 관직 : 지경연 · 춘추관사임.

* 활인서 : 동서활인원東西活人院이라고도 함. 조선시대 빈민의 질병 치료를 맡아보던 기관임.

* 제조 : 조선시대 당상관 이상의 관원이 당상관 이상의 관원이 없는 관청에 겸직으로 배속되어 그 관청을 통솔하던 중앙 관직의 하나임. 정2품 이상의 당상관이 겸직함.

1월 24일

안도에게 답한다

진상품을 바치러 서울로 올라갔다가 돌아온 예안현의 아전이 가져온 편지와 김취려의 종이 가져온 편지를 모두 받아보았다. 별탈 없이 글을 읽고 있다니 마음이 놓인다. 또 딸을 낳아서 아쉽다만, 창아가 회복되었다니 너무도 기쁘다. 그러나 네 아버지의 편지에서는 네 아내가 출산 후에 건강이 좋지 않다고 하던데, 네 편지에서는 왜 이런 말을 하지 않은 것이냐. 일시적으로 생긴 작은 병이냐? 지금은 어떤지 알 수 없어 멀리서 몹시 걱정된다.

새로 태어난 아이가 젖이 부족하다니 참으로 걱정이다. 창아는 지금 세 살이니 젖을 먹지 않아도 될 것이다. 다른 집의 보통 아이들처럼 미음이나 부드러운 음식을 먹여서 키우더라도 뭐 안 될 것이 있겠느냐. 이곳은 모두 여전하다. 네 어머니는 다음달에 봉화로 갈 예정이지만 아직 날짜를 잡지는 않았다. 네 증조할아버지 묘갈문은 기대승이 기한에 맞추어 수정해 보내준다고 하였다. 이미 보냈을 것이지만, 누구 편에 보냈는지 모르겠다. 네 증조할아버지 산소에 빗돌을 세우는 작업은 이미 시작되었다.

나는 판중추부사와 다른 겸직한 관직이 아직도 갈리지 않았고, 교서관과 활인서의 제조도 갈리지 않았다. 너무 황송해서 어찌할 바를 모르겠다. 은퇴를 청하는 글, 그리고 교서관과 활인서 제조를 즉시 사직하지 않아 죄를 청하는 글을 네 외숙부 형제가 서울로 가는 편에 올려보냈다. 너는 시간이 없겠기에 네 고모부 최덕수에게 전해 승정원에 제출하게 하였다. 네가 말한 지난 가을 겨울 이후의 정국의 전개는 이제는 어찌할 수 없게 되었다.

너는 그 어지러운 와중에 부디 침묵하기 바란다.

젖을 먹일 여종은 네 편지에서 말한 대로 구해서 보내겠다. 혜는 조금 나았다만, 교가 또 다리의 통증이 심해서 걱정이다. 네 서숙부 적이 재혼*을 하게 되어서 그래도 다행이다. 역동서원易東書院*에서 소장할 『성리군서구해性理群書句解』*는 배편으로 돌아오는 사람에게 맡겨서 내려보내는 것이 좋겠다. 유성룡柳成龍*의 편지를 받아보니 마음이 놓인다. 이단 줄인다.

경오년 1월 24일 토계에서 할아버지가

| 추신 |

이희가 이 달 4일에 부친 편지를 받았다. 몸 건강히 잘 지내고 있다니 고맙고 또 반갑다. 답장을 보내지 못한다는 말을 전해주거라.

해설 이 편지는 큰 있을 대과 과거 2차시험인 회시에 대비해서 이희와 함께 서울 성균관 앞에 셋방을 얻어 공부를 하고 있던 안도가 보낸 편지에 답한 것이다. 퇴계는 이때 토계리 상계 마을에 있었다.

* 네 서숙부 적이 재혼 : 적은 1568년 5월 부인과 사별하고, 이때 퇴계의 제자인 배삼익裵三益의 서동생庶同生과 재혼하였음. 배삼익의 자는 여우汝友, 호는 임연재臨淵齋, 본관은 흥해興海, 예안에 살았음. 퇴계의 제자. 1534년에 출생, 1564년 대과 과거시험에 합격하여 벼슬길에 오름. 1588년 황해감사로 재직 중 큰 흉년을 만나 기민 구제에 힘을 쓰다 병을 얻어 서거함. 저서로 『임연재집臨淵齋集』이 있음.

* 역동서원 : 현 경상북도 안동시 예안면 부포리에 있었으나, 안동댐의 건설로 수몰

될 상황이어서 현재 안동대학교 경내로 이건함.

* 『성리군서구해』 : 중국 송나라 웅절熊節이 엮은 성리학 관련 서적으로 모두 23권임.

* 유성룡 : 자는 이현而見, 호는 서애西厓, 본관 풍산豊山, 시호 문충文忠, 안동풍산에 살았음. 1542년에 출생, 1607년에 서거함. 퇴계의 제자. 1566년 대과 과거시험에 합격하여 벼슬길에 오름. 1588년 홍문관 · 예문관 대제학이 되고, 1590년 우의정에 승진, 광국공신光國功臣 3등으로 풍원부원군豊原府院君에 봉해짐. 이듬해 좌의정과 이조판서를 겸하다가, 건저建儲 문제로 서인 정철의 처벌이 논의될 때 온건파인 남인에 속하여 강경파인 북인 이산해李山海와 대립함. 1592년 임진란이 일어나자 도체찰사都體察使로 군무軍務를 총괄, 이순신과 권율 등 명장을 등용함. 이어 영의정이 되어 선조를 호종하여 평양에 이르렀을 때, 나라를 그르쳤다는 반대파의 탄핵을 받고 면직되었으나, 의주에 이르러 평안도도체찰사가 됨. 이듬해 중국 명나라 장수 이여송과 함께 평양을 수복하고, 그 후 충청 · 경상 · 전라 3도 도체찰사가 되어 파주까지 진격, 이 해에 다시 영의정이 되어 4도 도체찰사를 겸하여 군사를 총지휘하였음. 화기 제조, 성곽 수축 등 군비 확충에 노력함. 1598년 명나라 경략經略 정응태丁應泰가 조선이 일본과 연합, 명나라를 공격하려 한다고 본국에 무고한 사건이 일어나자, 이 사건의 진상을 변명하러 가지 않는다는 북인의 탄핵을 받고 관직을 삭탈당했음. 1600년에 복직되었으나, 다시 벼슬은 하지 않고 은거함. 1604년 호성공신扈聖功臣 2등에 책록되고, 다시 풍원부원군에 봉해짐. 저서로 『서애집西厓集』, 『징비록懲毖錄』 등이 있고, 편서로 『황화집皇華集』과 『정충록精忠錄』 등이 있음.

1월 16~30일(그믐)

안도에게 보낸다

너는 어른들 앞에서는 나서지 말고 차분히 마음을 비운 채 서로 차이가 있는 여러 의견들을 찬찬히 듣고 자세히 살펴서 그중 나은 것을 따라 좋은 점을 취하면 된다. 그런데 이제 먼저 자신의 거칠고 엉성한 식견을 가지고 자신의 생각을 주장하느라 입에서 나오는 대로 큰 소리로 마구 떠들어 어른들의 말을 누르고야 말았으니, 설사 네 말이 이치에 어긋나지 않았다고 하더라도 이미 네 생각만을 큰 소리로 마구 떠들어댄 무례를 저지르고 만 것이다. 이것은 배우는 사람이 자신에게 보탬이 되는 것을 구하는 태도가 아니다. 더구나 제멋대로 보고 잘못 들었는데도 이와 같이 한다면 되겠느냐. 속히 고치도록 하거라.

경오년 1월 16~30일 토계에서 할아버지가

해설 이 편지는 곧 있을 대과 과거 2차시험인 회시에 대비해 이회와 함께 서울 성균관 앞에 셋방을 얻어 공부하고 있던 안도에게 보낸 것이다. 편지에서 어른들 앞에서 자신의 주장만 내세우는 안도의 잘못된 태도를 나무라고 있다. 퇴계는 이때 토계리 상계 마을에 있었다.

3월 4일

안도에게 답한다

네 매부의 종이 돌아오는 편에 부친 편지도 받아보았고, 또 굿동이가 돌아오는 편에 부친 편지도 받아보았다. 두 편지 모두에서 창아가 다시 영양실조로 병이 났다고 하였더구나. 지금은 어떤지 알 수 없어 너무도 걱정된다. 아이들이 동생을 보게 되면 으레 젖을 얻어먹을 수 없게 되어 모두 죽을 먹여 키우게 마련이다. 어찌 꼭 유모가 있어야 살릴 수 있다고 하는 것이냐. 이 아이의 병은 젖을 얻어먹지 못해서 생긴 것만은 아닐 것이다. 그렇다면 젖을 먹인다고 해서 꼭 회복될 수 있는 것도 아닐 것이다. 그래서 날마다 회복되었다는 소식을 기다리고 있었다만, 요사이 그 소식을 들을 수가 없으니 안타깝구나.

여종 학덕이를 보내지 않으려고 하는 것은 아니다. 생후 몇 개월밖에 되지 않은 자기 아이를 버려두고 올라가게 할 수는 없는 것이 아니냐. 그렇다고 데려가게 할 수도 없고. 더욱이 학덕이는 병으로 젖이 부족해서 자기 아이도 제대로 키우지 못할 형편이라고 하더구나. 이 때문에 너무 곤란해서 이러지도 저러지도 못하고 있는 것이다.

이곳은 모두 별일 없다. 네 어머니의 병은 차도가 있는 것은 아니지만, 그렇다고 아주 심해진 것도 아니어서 늘 병이 아니려니 하고 지내고 있다. 다음달 11일에는 봉화로 갈 예정이다. 네 작은외숙부가 과거시험에 합격하였다니 기쁘기 한량없다. 경전의 의미를 풀이하는 시험이 임박하였는데 너는 어찌하고 있느냐? 나는 은퇴를 청하였지만 윤허되지 않고, 도리어 부르시는 명령을 받게 되니 너무 황송해서 어찌할 바를 모르겠다. 이 달 보름이 지난 뒤에 다시 은퇴를 청하는 글을 올리려고 한다. 그 글은 진상품을 바치러 서울로 올라가는 안동 사람 편에 보낼 계획이다. 그러나 시국의 상황이 저와 같으니 참으로 걱정스럽다. 하지만 어찌하겠느냐.

기대승이 벼슬을 그만두고 고향으로 돌아간 것은 참으로 잘한 일이다. 네 증조할아버지 묘갈문은 수정해 보내왔더라. 그러나 빗돌로 쓸 돌을 다듬어보니 흠이 있고 갈라져서 글을 새기지 못하겠다. 가을에 다른 돌을 구해서 새겨야 할 것 같다. 매우 한스러운 일이다. 홍문관부제학弘文館副提學* 유희춘의 편지는 고맙게 받았다. 답장을 보낸다. 서울로 가는 사람이 바쁘다고 하기에 네 작은외숙부와 민응기 등에게는 축하 편지를 보내지 못한다. 만나거든 축하한다는 말을 전해주거라.

경오년 3월 4일 도산에서 할아버지가

| 추신 |

하사한 『성학십도』 한 권을 중추부에서 보내왔다. 그러나 중추부에 보내는 답장에서는 약만 받았다고 했고, 『성학십도』를 받았다는 말은 하지 않았다. 중추부에서 편지를 가져간 긋동이에게 물을 것이니, 내가 깜박 잊고 그 사실을 적지 않았다고 송도사宋都事*에게 일러주면 좋겠다.

해설 이 편지는 이희와 함께 서울 성균관 앞에 셋방을 얻어 공부를 하고 있던 안도에게 보낸 것이다. 편지에서 특히 그때 영양실조로 병이 난 증손자 창양의 건강을 걱정하였다. 퇴계는 이때 토계리 상계 마을에 있었고, 안도는 그때 대과 과거 2차시험에 낙방한 다음 서울에서 고향으로 내려올 계획을 하고 있었다. 비록 아들 창양이 아프기는 했지만, 어머니 봉화 금씨의 병환이 걱정이 되어 고향으로 내려올 계획을 한 것이다.

* 홍문관부제학 : 조선시대 홍문관의 장관으로 정3품 당상관의 관직임.

* 송도사 : 당시 중추부도사이던 송씨 성을 가진 사람이나, 구체적으로 누구인지는 미상임. 도사는 조선시대 주로 관리의 감찰과 규탄을 맡아보던 종5품의 관직임.

3월 26일

안도에게 답한다

저번에는 가흥可興*에서 부친 편지를 받았고, 어제는 또 두 통의 편지를 받았다. 네가 무사히 내려왔다니 몹시 기쁘다. 서울에서 받아온 편지들은 네가 내일 이곳에 오면 그때 가져오고, 못 온다면 지금 편지를 가지고 가는 사람 편에 보내도 된다. 나머지는 다 적지 않는다.

경오년 3월 26일 도산에서 할아버지가

| 추신 |

네 아버지에게는 따로 편지하지 않는다. 듣자하니 봉화에는 환상還上*을 내지 못한 마을이 많다고 하더구나. 몹시 걱정된다. 그리고 이곳 개천에는 둑을 쌓지 않을 수 없는데, 어째서 지금까지 내버려두고 있는지 모르겠구나. 농사일이 점차 많아지면 쌓지 못하게 될까 걱정이다.

해설 이 편지는 서울에서 봉화로 내려온 안도가 보낸 편지에 답한 것이다. 이때 안도는 서울에 가족을 놓아둔 채 혼자 봉화로 내려왔다. 어머니 봉화 금씨의 병환 때문에 아들 창양이 아픈데도 고향으로 급히 내려온 것이다. 퇴계는 이때 도산서당에 가 있었다. 안도가 서울에서 내려올 때 김취려는 그 편에 퇴계가 1568년에서 1569년 사이 서울에 올라가 있는 동안 애완하던 매분梅盆을 보냈다. 퇴계는 임종을 이 매분과 함께 하였다.

* 가흥 : 현 충청북도 충주시 가금면 가흥리임. 앞서 나온 금천과 같이 조선시대 경상도 북부 지역 사람들이 상경하거나 귀향할 때 환승하던 장소로 발달한 마을임.

* 환상 : 환자還子 또는 환곡還穀이라고 함. 각 고을의 사창社倉에서 백성들에게 꾸어주었다가 가을에 이자를 붙여서 받아들이는 곡식임.

4월 5일

안도에게 답한다

듣자하니 젖을 먹일 여종 학덕이가 태어난 지 서너 달 된 자기 아이를 버려두고 서울로 올라가야 한다고 하더구나. 이는 그녀 아이를 죽이는 것과 다름이 없다. 『근사록近思錄』*에서는 이러한 일을 두고 말하기를, "남의 자식을 죽여서 자기의 자식을 살리는 것은 매우 옳지 못하다"고 하였다. 지금 네가 하는 일이 이와 같으니, 어쩌면 좋으냐. 서울 집에도 반드시 젖을 먹일 여종이 있을 것이니, 대여섯 달 동안 함께 키우게 하다가 8~9월이 되기를 기다려 올려보낸다면, 이 여종의 아이도 죽을 먹여서 키울 수 있을 것이다. 이렇게 한다면 두 아이를 모두 살릴 수 있을 것이니, 매우 좋은 일이 아니겠느냐. 만약 그렇게 할 수 없어서 꼭 지금 서울로 올려보내야 한다면, 차라리 자기 아이를 데리고 올라가서 두 아이를 함께 키우게 하는 것이 나을 것이다. 자기 아이를 버려두고 가게 하는 것은 사람으로서 차마 못할 노릇이니, 너무 잘못된 일이다. 비 때문에 너를 만나 의논할 수 없어서 미리 알리는 것이니, 재고하도록 하여라.

경오년 4월 5일 도산에서 할아버지가

해설 이 편지는 그때 봉화에 내려와 있던 안도가 서울에 있는 창양의 유모를 급히 구해 보내면서 부친 편지에 답한 것이다. 퇴계는 아이를 갓 낳은 여종을 유모로 구해, 자신의 아이를 떼어놓고 올라가게 하는 것은 남의 아이를 죽여서 자기 아이를 살리는 것이므로, 사람으로서 차마 못할 노릇이라고 하였다. 이 때문에 안도는 창양의 유모로 여종 학덕이를 서울로 보낼 수 없었다. 퇴계는 이 때 도산서당에 있었다. 그리고 준의 가족은 이 달 11일에 준의 임지인 봉화로 갔다. 한편 안도는 이 해 5월에 도산서당에 와서 다른 제자들과 함께 『역학계몽』을 읽었다.

* 『근사록』 : 중국 남송의 주자가 그의 친구 여조겸呂祖謙의 도움을 받아 엮은 성리학 입문서. 모두 14권임. 북송의 성리학자들이 주돈이周敦頤. 정호 · 정이 · 장재張載의 글에서 학문의 중심 문제와 일상생활에 요긴한 부분을 뽑아서 편집하였음.

6월 14일

안도에게 답한다

지금 네 장인의 편지를 받아보니, 창아가 병을 앓던 과정을 소상히 적어 놓았더구나. 마치 눈으로 직접 보는 듯해서 너무도 가슴 아프다. 의원과 약으로도 치료할 수 없었다면 실로 천명이라 해야 할 것이다. 어찌하겠느냐. 아무쪼록 너는 이렇게 생각하고 마음을 편안히 가지거라. 다만 네 아내가 다른 곳으로 가 있기도 몹시 어려운 상황에 너무 애통허하다가 큰 병이나 나지 않을까 그것이 몹시 걱정된다. 네가 의당 올라가 보아야 하겠지만, 종과 말을 갑자기 마련할 수 없어서 올라갈 수 없으니, 우선 젖을 먹일 여종이라도 급히 보내려 하는 것은 어쩔 수 없어서 그렇게 한 일이겠구나. 그러나 그 젖을 먹일 여종이 자기 아이를 버려두고 올라가게 하는 것은 사람으로 차마 못할 노릇이다. 또 여러 날 젖을 먹이지 않으면 올라가는 도중에 젖이 나오지 않을 수도 있다고 하니, 괜히 올라갔다가 그냥 돌아오게 되지 않겠느냐? 어떻게 처리하였느냐? 도산서당에 모인 제생諸生들이 아직도 가지 않고 기다리고 있다니 지극히 미안하다. 지금 나가보아야 하겠지만, 서울에서 온 편지의 답장을 써야 하는 등 처리할 일이 있어서 내일 나가보려고 한다. 그러니 너는 속히 이곳으로 와야 하겠다.

경오년 6월 14일 토계에서 할아버지가

해설

이 편지는 그때 봉화에 가 있던 안도가 보낸 편지에 답한 것이다. 안도는 아내 권씨 부인이 젖이 모자랐기 때문에 아들 창양의 죽음 뒤에 이제 태어난 지 얼마 안 되는 딸아이를 위해 급히 유모를 구해서 보내려 했던 것으로 보인다. 그러나 퇴계는 이번에도 아이를 갓 낳은 여종을 유모로 구해, 자신의 아이를 떼어놓고 올라가게 하는 것은 사람으로서는 차마 못할 노릇이라고 하면서 그렇게 하지 말도록 간곡히 당부하고 있다. 퇴계는 이 달 4일 저녁에 창양이 앓다가 지난달 5월 23일에 사망했다는 소식을 함창의 안도 처가에서 보내온 서울에 있던 안도 장인이 부친 편지로 알게 되었고, 퇴계는 그후 한동안 창양을 잃은 슬픔에 고통스러워하였다. 퇴계는 이때 토계리 상계 마을에 있었는데, 곧 도산서당으로 갈 계획이었고, 안도도 그곳으로 올 계획이었다. 안도는 도산서당에서 『역학계몽』을 읽고 있다가 유모를 구하는 등의 일로 봉화로 가 있었던 것으로 보인다. 특히 안도는 창양이 죽고 난 뒤에도 어머니 봉화 금씨의 병환 때문에 곧바로 서울로 올라가 볼 수 없었다. 창양의 시신은 임시로 김취려의 선영에 가매장했다가, 이 해 8월 서울로 종을 보내 함창으로 이장하였다.

7월 17일

안도에게 답한다

나는 평안하다만, 네 어머니의 병이 차도가 없어서 걱정이다. 약수탕에 한 차례 다녀오지 않을 수 없겠다. 네 어머니가 병을 치료하기 위해 약수탕에 가는 것은 참으로 중요한 일이다. 너는 의당 네 어머니를 모시고 약수탕에 가야 할 것이고, 네 동생 순도 등도 봉화에 가서 떠나는 행차를 보고 돌아오는 것이 좋겠다. 『심경』과 『근사록』을 숙독하는 것은 매우 긴급한 일이다만, 이 때문에 네 어머니를 모시고 약수탕에 가지 않을 수 없기에 하는 말이다. 『대광익회옥편大廣益會玉篇』*을 보낸다.

경오년 7월 17일 토계에서 할아버지가

해설 이 편지는 유종 치료차 오전약수탕에 가는 어머니 봉화 금씨를 수행하기 위해 봉화로 간 안도가 보낸 편지에 답한 것이다. 안도와 순도는 퇴계의 다른 제자들과 함께 역동서원에서 퇴계의 지도로 『심경』 읽기를 마친 다음 봉화로 갔다. 봉화 금씨는 7월 20일경에 오전약수탕으로 갔다가 8월 3일에 돌아왔다. 그러나 치료가 쉽게 되지 않아서 이 해 내내 아팠다. 이하 편지의 내용은 봉화 금씨의 유종 치료 문제가 중심이 되고 있다. 봉화 금씨는 이렇게 계속 아프다가, 이듬해인 1571년 2월 23일에 서거하였다. 한편 퇴계는 이 해 1570년 12월에 서거하였다. 결국 봉화 금씨는 자신의 병 때문에 한평생 시아버지 퇴계를 모시지 못한 것이다. 이것이 한이 되어 죽어서라도 시아버지 퇴계를 모실 수 있도록 퇴계의 산소 아래에 묻어달라고 유언하였다고 한다. 봉화 금씨는 현 경상북도 안동시 도산면 토계리 하계 마을 동암 위쪽 건지산 중턱에 있는 퇴계 산소 아래에 안장되었다. 퇴계는 이때 역동서원에서 토계리 상계 마을로 돌아와 있었다.

* 『대광익회옥편』 : 중국 북송의 진팽년陳彭年 등이 황제의 명령을 받아 고야왕顧野王의 『옥편玉篇』을 개수改修한 책으로 모두 30권임. 명나라 매정조梅鼎祚의 『자휘字彙』가 나오기 전까지 대표적인 부수部首 분류식 한자 자전이었음.

7월 26일

안도에게 보낸다

약수탕으로 떠난 뒤 매일같이 비가 억수같이 쏟아지고 있으니 얼마나 고생스럽겠느냐. 너무도 걱정된다. 오늘 순도가 그곳에서 돌아와 비로소 모두 별일 없다는 말을 듣게 되니 걱정하던 마음이 놓인다. 하지만 약수탕 주변의 방들은 이미 다른 사람들이 차지한 상태라서, 편한 곳에 거처를 정하지 못해 하인들이 비도 피할 수 없게 되었다니 너무도 딱한 일이다. 아직도 그러하냐? 이곳은 여전하다. 다만 비가 그치지 않아 농사를 망치게 되었으니, 백성들은 어찌 살아야 하겠느냐. 안부가 궁금해서 사람을 보내느라 급히 적는다.

경오년 7월 26일 토계에서 할아버지가

| 추신 |

약수탕에는 언제까지 있을 예정이냐? 피차간 노비가 섞이는 문제는 엄격히 금해야 하겠다.

이 편지는 오전약수탕에 가 있던 안도에게 보낸 것이다. 퇴계는 이때 토계리 상계 마을에 있었다.

9월 29일(그믐)

안도에게 답한다

이 달 27일에 부친 편지를 받아보고 네 어머니의 병이 차도가 없음을 알게 되었다. 침으로 종기를 터뜨려야 할지도 결정하지 못했다니 몹시 걱정된다. 노계상盧繼祥* 의원醫員이 온 뒤에 침을 놓기로 결정했느냐? 안동에 있는 서울 의원은 그곳에 왔느냐? 침을 놓아 종기를 터뜨리는 일은 금수억琴守億*이 하느냐? 이 사람은 먼 친척이 되니 이처럼 급한 때에 침을 놓게 해도 무방할 것 같구나. 그러나 다른 의원들과 잘 의논한 다음 침을 놓게 하는 것이 좋을 것이다.

네 아내가 저처럼 병이 중하다고 하니 몹시 걱정된다. 아녀자들은 꽉 막혔다고 하지만, 무슨 고집이 그렇게 센 것이냐.* 네 어머니의 병이 좀 차도가 있으면 네가 올라가보지 않을 수 없겠다. 일마다 이와 같으니 너무도 걱정스럽다.

나는 도산서당도 너무 춥고, 제생들 각각의 학업을 지도하는 데도 시달려서 버텨낼 수 없을 정도이다. 날로 더 지치니, 이러다가는 병이 날까 두려워 오늘 상계의 집으로 가서 겨울 동안 편히 지낼 생각이다. 그래서 제생들에게 집으로 돌아가라고 했으나, 이 말을 듣고 돌아간 사람도 있지만, 듣지 않고 계재에 그대로 눌러앉아 있는 사람도 한둘이 아니어서 머리가 아프다. 보내준 네 장인의 편지는 돌려보낸다.

경오년 9월 29일(그믐) 도산에서 할아버지가

해설

이 편지는 봉화에 가 있던 안도가 보낸 편지에 답한 것이다. 안도는 이 해 9월에 도산서당에서 퇴계의 지도를 받으면서 다른 제자들과 함께 『역학계몽』과 『심경』을 읽다가 어머니 봉화 금씨의 병 때문에 봉화에 간 것으로 보인다. 퇴계는 도산서당에서 이 편지를 보내고 곧바로 토계리 상계 마을로 돌아왔다.

* 노계상 : 미상.

* 금수억 : 미상.

* 아녀자들은 꽉 막혔다고 하지만, 무슨 고집이 그렇게 센 것이냐 : 이때 안도의 아내 권씨 부인은 병이 중해서 소시를 하던 것을 그만두고 육식을 하도록 권했으나 따르지 않았던 것으로 추정됨. 안도의 아내 권씨 부인은 5월 23일 아들 창양의 사망 이후 계속 소식을 하다가 이 해 10월에야 그것을 마쳤음.

10월 10일

안도에게 보낸다

네 어머니의 병은 지금 좀 어떠냐? 아무쪼록 속히 의원에게 보이고 침을 놓는 것이 좋을 것이다. 지난 6일 예안현의 아전이 서울로 올라갈 때는 형편상 너의 편지를 받아서 보내기가 어려웠다. 그래서 내가 네 장인에게 답하는 편지에서 너는 어머니 병 때문에 곧바로 올라갈 수 없다고 말하였다. 일전에 듣자하니 네 막내동생 영도詠道*가 네 어머니와 함께 거처한다고 하더구나. 이는 필시 보통 때와는 달리 병든 사람을 돌보아야 하기 때문에 그렇게 하는 것으로 안다만, 잠만은 다른 곳에서 자게 하거나, 아니면 아예 다른 곳에서 거처하게 하는 것이 옳을 것이다. 남자는 열 살이 되면 집을 떠나 스승을 찾아가 가르침을 받으며 밖에서 거처한다는 『소학』의 가르침을 너는 보았을 것이다.

경오년 10월 10일 토계에서 할아버지가

해설 이 편지는 봉화에 가 있던 안도에게 보낸 것이다. 퇴계는 이때 토계리 상계 마을에 있었다. 한편 남자는 열 살이 되면 집을 떠나 스승을 찾아가 가르침을 받으며 밖에서 거처하는 것이 『소학』의 가르침이었다. 일찍부터 사내아이들의 독립심을 길러주려고 한 것이다. 그러나 안도의 막내동생 영도는 어머니 봉화 금씨가 아프다는 핑계로 여전히 안방에서 어머니와 함께 거처하고 있었기 때문에 퇴계는 이를 나무란 것이다. 안도의 경우도 열세 살이 되어서도 안방에서 어머니 봉화 금씨와 함께 거처하였다. 그때도 퇴계는 준에게 이와 똑같은 내용으로 나무란 적이 있었다.

* 영도 : 자는 성여聖與, 호는 동암東巖. 퇴계의 셋째 손자. 1559년에 출생, 1637년에 서거함. 음직으르 벼슬이 원주목사에 이르고, 선무원종훈宣撫原從勳으로 좌승지에 추증됨.

10월 13일

안도에게 답한다

네 어머니는 아직도 유종이 곪지 않아서 침을 놓아 터뜨리지 못하고 있다니 너무 걱정된다. 그러나 이런 훌륭한 의원을 만난 것은 천만다행이다. 아무쪼록 그의 말에 따라 치료하는 것이 좋을 것이다. 김수金睟* 등은 새로 지은 계재에 있다. 이희가 오늘 이곳에 왔다. 그러나 마침 너는 봉화에 가 있었고, 나는 제사 때문에 재계齋戒*를 하는 중이었다. 그냥 돌아가게 하기가 미안해서 자고 가라고 했더니, 듣지 않고 곧바로 가버리고 말았다. 참 아쉽게 되었다. 나는 날마다 사람들을 만나느라 쉴 틈이 없어서 몹시 지쳐 있다. 지금도 손님을 만나느라 서울로 보낼 편지를 한 장도 쓰지 못하였다. 다만 우성전에게는 급히 회답을 해달라고 하기에 답장을 써서 보낸다. 석진이를 시켜 전해주면 될 것이다. 김취려에게도 편지를 하지 못한다. 나머지는 다 적지 않는다.

경오년 10월 13일 토계에서 할아버지가

| 추신 |

우성전에게 보내는 별지는 읽어보거라. 그런 다음 너도 편지를 써서 내가 우성전에게 부치는 편지에 동봉해서 보내거라.

이 편지는 토계에 있다가 봉화로 가 있던 안도가 보낸 편지에 답한 것이다 퇴계는 이때 토계리 상계 마을에 있었다.

* 김수 : 자는 자앙子昂, 호는 몽촌夢村, 본관은 안동, 서울에서 살았음. 1547년에 출생, 1625년에 서거함. 퇴계의 제자. 대과 과거시험에 합격하여 벼슬길에 나감. 조정의 당이 남과 북 두 파로 갈리자 남인이 되었음. 임진란 초기에 계책을 세워 왜군에 대처하지 못하고 적병을 피하여 전라도로 도망갔다는 비난을 받았음. 벼슬은 영중추부사에 이르렀으나, 손자 비秘가 옥사獄死할 때 탄핵을 받고 삭직됨. 저서로 『몽촌집夢村集』이 있음.

* 재계 : 제사를 올리기 전에 심신을 깨끗이 하고 금기를 범하지 않도록 하는 일.

10월 19일

안도에게 답한다

오늘 하루 두 통의 편지를 받았다. 네 어머니의 유종은 아직 곪지 않아서 속히 침을 놓을 수 없는데다, 종기로 인해 이곳저곳 통증이 있다니 걱정이 끊이지 않는다. 네 아내의 병도 오래도록 차도를 보이지 않는다니, 그 또한 몹시 걱정된다. 김수는 서울에서 종과 말이 이미 도착해서 이 달 22일에는 이곳을 떠날 것이다. 너는 그와 함께 지내지도 못하고, 또 작별도 못하게 되었으니 아쉬운 일이다. 그러나 형편이 이러하니 어쩌겠느냐. 빗돌로 쓸 돌을 뜨기 위해 네 서숙부 적이 오늘 예천으로 갔다. 나머지는 네 아버지에게 보내는 편지에서 상세히 언급하였다. 순도는 그제부터 『서경書經』을 읽기 시작하였다. 우성전과 김취려에게 부치는 편지는 돈이가 그곳 봉화로 돌아갈 때 보내겠다.

경오년 10월 19일 토계에서 할아버지가

이 편지는 봉화에 가 있던 안도가 보낸 편지에 답한 것이다. 퇴계는 이때 토계리 상계 마을에 있었다.

10월 23일

안도에게 답한다

어제 부친 편지에서 네 어머니가 팔에 침을 맞은 뒤로는 좀 덜해졌다고 하니 기쁘다. 두 번째 침을 맞고 나서는 좀 어떠냐? 원리의 종기는 약을 써도 오래도록 곪지 않으니, 안에 종기의 뿌리가 없어서 고름이 나오지 않는 그런 증세는 아니냐? 의원은 뭐라고 하더냐? 김수는 집으로 돌아갔다. 네가 그와 함께 지내지 못한 것이 아쉽구나. 그러나 어찌겠느냐. 나머지는 그곳 봉화로 가는 순도에게 물어보거라.

경오년 10월 23일 토계에서 할아버지가

| 별지 |

빗돌로 쓸 돌을 뜨기 위해 예천에 갔던 네 서숙부 적이 어제 밤에 사람들을 데리고 돌아왔다가 오늘 새벽에 이곳에 왔더라. 돈이 아직 그곳에 가지 않았기 때문에 한필이는 교대를 하지 못한 채 그대로 머물러 있다는구나.

빗돌로 쓸 돌은 세 개를 마련하였는데, 세 번째 마련한 돌은 아직 잘라보지 않아서 흠이 있는지의 여부를 지금은 알 수 없다고 하는구나. 그리고 당초에는 20일 정도 걸릴 것으로 예상했으나, 지금까지도 일이 끝나지 않고 있기 때문에 제공하는 음식이 충분치 않아서 석공들이 불만이라는구나. 몹시 걱정된다. 쌀은 부족하지 않다고 하더라. 이러한 사정을 네 아버지에게 알려주거라.

큰돌의 길이와 너비는 내가 직접 본 다음 빗돌로 사용할지의 여부를 결정해달라고 하는구나. 네 종숙부 굉 등이 속히 알고 싶다고 해서 편지를 보내니, 사람을 구해 곧바로 전해주면 좋겠다.

위 그림*에서 알 수 있듯이, 이번에 구한 돌은 지난번 구했던 돌보다 길이가 짧아 빗돌로 사용하기에는 부적합하다. 다시 지난번과 비슷한 길이의 돌을 구해보되, 만약 구하기가 쉽지 않으면, 이번에 구한 돌에 글자를 잘게 써서 사용할 생각이다.

이 편지는 봉화에 가 있던 안도가 보낸 편지에 답한 것이다. 이 날 순도도 봉화로 갔다. 퇴계는 이때 토계리 상계 마을에 있었다.

* 위 그림 : 구한 빗돌을 그린 그림임. 원래는 있었던 것으로 추정되나, 현재는 전하지 않음.

10월 25일

안도에게 답한다

어제 부친 편지를 받아보고 네 어머니가 침을 맞은 곳의 통증이 조금 덜하여졌음을 알게 되었다. 기쁜 일이다. 유종이 있는 바르 그 자리에는 언제 침을 놓을 수 있느냐? 이곳저곳에 생긴 통증은 또 좀 어떠냐?

빗돌로 쓸 돌을 뜨는 일은 다시 생각해보니, 그 돌은 길이는 짧지만 너비는 상당히 넉넉하다. 따라서 줄을 더 늘려서 글자를 쓴다면 그대로 사용할 수 있겠기에, 다른 돌을 구하지 말고 그 돌을 그대로 사용하자고 어제 네 종숙부 굉 등에게 알렸다. 한필이는 아직도 오지 않는다. 무슨 까닭인지 알 수 없어 참 걱정된다.

안동부사 한옥韓沃*이 오늘 아침 이곳에 온다는구나. 그리고 성주목사 김극일金克一*은 26일에 이곳에 오겠다고 하더니만, 예안현에서 알려오기로는 25일에 본가를 떠났다고 하니, 오늘 이곳에 올 것 같다. 그렇다면 네 아버지가 내일 오게 되면 필시 서로 만나지 못할 것이다. 무엇 때문에 미리 약속을 해놓고 오겠다는 것이냐.

다음달 6일은 넷째 형수의 대상이다. 따라서 온계의 동회洞會*는 다음달 6일 넷째 형수의 대상과 너무 가까워서 미안하기 때문에 이 달 그믐(30일)으로 날짜를 정하였다. 뒤로 미루어 날짜를 잡기 어려운 형편이라 그렇게 한 것이다. 어떻겠느냐? 이 달 28일경으로 당겨 날짜를 잡아서 알리려고 했지만, 뜻밖에 손님이 온다고 하기에 모든 일이 바빠서 어떻게 할 겨를이 없다. 김수는 이미 돌아갔을 것이기에 답장을 하지 않는다.

경오년 10월 25일 토계에서 할아버지가

| 추신 |

곧 손님이 온다고 해서 네 아버지에게는 미처 편지하지 못한다.

이 편지는 봉화에 가 있던 안도가 보낸 편지에 답한 것이다. 퇴계는 이때 토계리 상계 마을에 있었다.

* 한옥 : 미상.

* 김극일 : 자는 백순伯純, 호는 약봉藥峯, 본관은 의성, 안동에 살았음. 1522년에 출생, 1585년에 서거하였음. 퇴계의 제자. 대과 과거시험에 합격하여 성주와 예천 등 다섯 고을의 수령을 역임하고, 성균관사성成均館司成에 이름. 저서로 『약봉집藥峯集』이 있음. 성균관사성은 조선시대 성균관의 차관으로 종3품 관직임.

* 동회 : 한 고을 양반들의 모임.

10월 29일

안도와 순도에게 보낸다

네 어머니는 요 며칠 사이에 좀 어떠냐? 아직도 침을 놓지 못하였느냐? 예안현의 아전이 어제 돌아왔기에 서울로 부치는 편지 등을 보낸다. 그리고 이곳에 온 편지도 아울러 보내니, 살펴본 다음 다시 이곳으로 보내면 된다. 지금 이함형의 편지를 받았는데, 근간에 종을 이곳으로 보낸다고 하는구나. 그 종이 돌아갈 때 그의 『심경강록心經講錄』*을 보내야겠다. 지금 그 책은 어디에 있느냐?

경오년 10월 29일 토계에서 할아버지가

| 추신 |

안도에게 알린다. 네 아내는 지금 소식素食을 마쳤고,* 네 어머니의 병은 차도가 있다니 기쁘다. 다만 네 어머니는 다른 증세가 아직 낫지 않아서 걱정이다. 선산의 박씨 집안과의 문제는 다시 논란거리가 생긴다고 하더라도 일단 경솔하게 관심을 가지는 말은 하지 말라고 네 아버지와 어머니에게 남 모르게 알려주는 것이 좋겠다. 먼 곳에서 생긴 일이고, 또 오랜 시간이 걸려야 해결될 문제이기에 혹 난처한 일이 생길까 걱정이 되어 하는 말이다. 이경중李敬仲*의 편지는 받아보았다. 배삼익裵三益이 부쳐온 조보 한 장을 보낸다.

이 편지는 봉화에 있던 안도와 순도에게 보낸 것이다. 퇴계는 이때 토계리 상계 마을에 있었다.

* 『심경강록』 : 이함형이 퇴계에게서 『심경』 강의를 들으면서 기록한 내용을 정리한 책. 1책 54장의 단행본. 1570년에 엮음.
* 네 아내는 지금 소식을 마쳤고 : 안도의 아내 권씨 부인은 아들 창양의 죽음을 애도해서 소식을 했으며, 그것을 지금 마쳤다는 것임.
* 이경중 : 자는 공직公直, 호는 단애丹厓, 본관은 전주, 서울에 살았음. 1542년에 출생, 1584년에 서거함. 퇴계의 제자. 대과 과거시험에 합격하여 벼슬길에 나감. 이조판서에 추증되고, 시호가 있음.

11월 1일

안도에게 답한다

순도가 와서 편지를 받아보았다. 네 어머니는 침을 맞은 뒤로 통증이 더하여 병이 더 심해진 듯하다고 하니 몹시 걱정된다. 어제 침을 맞은 뒤로는 증세가 좀 어떠냐? 침을 맞은 뒤에는 독기가 빠져나오는 것이 보통이다만, 지금은 이와 상반되니 무엇 때문에 그런지 걱정이 되어 더욱 속이 탄다. 우종이 있는 바로 그 자리는 아직도 곪지 않아 오래도록 침을 놓지 못하고 있으니, 병이 오래 끄는 것은 이 때문이 아니겠느냐? 어찌해야 하느냐.

서울에서 보내온 은어 한 두름 중 한 줄을 보낸다. 매년 하사하는 게장 한 항아리가 왔기에 시제時祭에 쓰려고 한다. 하지만 서울의 네 처가에서 먼 길에 사람을 구해서 이렇게 보내는 것이 참으로 미안하다. 네가 네 처에게 보내는 편지에다 앞으로는 이러한 하사품을 꼭 이곳으로 내려보내지 않아도 된다는 말을 했으면 좋겠다.

네 서조모는 목에 통증이 있어서 백회혈百會穴* 등에 침을 맞은 뒤로는 다소 차도가 있더니, 어제 밤부터 다시 아프기 시작하였다. 부득이 다시 침을 맞아야 하겠지만, 이곳은 침을 놓기가 쉽지 않은 곳이라서 어쩌지 못하고 있다. 두 곳 모두 이처럼 우환이 있으니 답답하구나. 네 서조모는 아파서 언문편지에 대한 답장을 하지 못하겠다는구나. 『심경강록』은 네가 편지에서 말했듯이 일단 그대로 두어도 무방하겠다. 박군*은 간신히 타일러서 어제 돌아갔다. 두 김군*도 일간에 돌려보내려고 한다. 나머지는 다 적지 않는다.

경오년 11월 1일 토계에서 할아버지가

이 편지는 봉화에 있던 안도가 보낸 편지에 답한 것이다. 퇴계는 이때 토계리 상계 마을에 있었다.

* 백회혈 : 양쪽 귀에서 똑바로 올라간 선과 미간 중심에서 올라간 선이 교차하는 부분에 있는, 백 가지 경락이 만나 교차한다는 혈임.

* 박군 : 미상.

* 두 김군 : 미상.

11월 3일

안도에게 답한다

순도가 와서 하는 말이, 네 어머니의 증세가 더욱 중해졌다고 하서 너무 걱정되었다. 그러나 지금 네 편지를 받아보고 그제 침을 맞은 뒤로 다시 통증이 생기기는 했지만, 그래도 일시적으로 통증이 좀 덜해졌음을 알게 되었다. 그렇다면 침으로 치료할 수 있는 것이 아니겠느냐. 몹시 기쁘고 다행스러운 일이다. 어제 침을 맞은 뒤로는 또 좀 어떠냐? 의원의 말이 아주 이치에 맞는 듯하니, 종기가 곪기를 기다리고 있는 것만이 좋은 방책은 아닌 듯하다.

네 서조모는 한 번 침을 맞고 괜찮아졌다가 금방 재발해서 하루 밤낮을 고통스러워하였다. 그래서 다시 침을 맞으려 하고 있었으나, 목에 침을 놓는 것이 지극히 위험한 일이라 망설이던 차에 저절로 나아버렸다. 필시 처음 침을 맞고 나서 독기가 빠져나갔기 때문일 것이다. 다행스러운 일이다. 제사를 지내기 위해 네 서숙부 적과 늙은 여종 등이 잇달아 그곳으로 갈 것이기에 이만 그친다.

경오년 11월 3일 토계에서 할아버지가

| 추신 |

순도는 제사를 지내는 일로 어제 제비실*에 갔다.

이 편지는 봉화에 갔다가 돌아온 순도 편에 부친 안도의 편지에 답한 것이다. 퇴계는 이 때 토계리 상계 마을에 있었고, 안도는 봉화에 있었다.

* 제비실 : 현 경상북도 안동시 도산면 의일리의 제비실 마을임.

11월 7일

안도에게 답한다

어제 네 매부가 와서 또 편지를 받아보았다. 네 어머니의 병이 덜하다니 기쁘기 그지없다. 유종이 있는 그 자리에 침을 맞은 뒤로는 좀 어떠냐? 지금 걱정하는 것은 바로 여기에 있다.

한석이는 지금 일어나서 다닌다. 확실히 알 수는 없지만, 사람들은 모두 전염병이 분명하다고 한다. 이후로 어찌될지 모르겠다. 명복이가 사는 마을에는 이미 서너 사람이 병을 치렀으니, 이곳은 그래도 괜찮다고 하겠다. 그러나 봉화 관아에는 아직도 많은 사람들이 병을 치르지 않아 몹시 걱정된다. 서로 왕래하지 않는 것이 좋겠지만, 형편상 그렇게 할 수 없으니 어쩌겠느냐. 오늘 제사*에 네 서숙부 적과 여종들이 가지 못한 것도 이 때문이다. 도목道目*의 배씨 집안에도 전염병이 돌아 네 서숙모도 전염되었다고 하는데, 아직 자세히는 모르겠다.

용궁현감 신섬이 부친 편지를 보낸다. 석공들에게 줄 곡물을 아주 많이 보내와 미안하기 짝이 없다. 그러나 이미 보내온데다 사양하려 해도 들으려고 하지 않기 때문에 고맙다는 답장을 이미 보냈다. 어제 편지에서 말한 것처럼 큰 돌 값은 무명 두 필에다 쌀로 한 필 값을 보태 세 필로 계산해주고, 작은 돌 값은 그 나머지 쌀과 콩으로 계산해주었다. 네 아버지에게도 나중에 용궁현감 신섬에게 고맙다는 편지를 하라고 전하거라.

돌을 운반하는 데 협조해달라는 글을 오늘 예안현에 보내, 관인에게 안동부사와 예안현감에게 전해달라고 하였다. 하지만 신홍조가 송사訟事를 당해 의성에 가 있기 때문에, 열도閱道*와 송복기宋福基*에게 편지를 보내 예천군수를 찾아뵙고 돌을 안동 경계까지 감독해서 운반해오라고 지시하였다. 이곳에서부터 오리원五里院*까지는 송여능宋汝能* 형제와 권호문, 그리고 김윤명金允明*과 수도守道* 등에게 거리를 헤아려 교대로 감독해서 운반해오라고 지시할 것이다. 그리고 오리원 이후로는 이곳에 있는 자제들이 감독해서 운반해오게 할 계획이다.

작년에 이어 올해도 또 돌을 운반하게 되었구나. 돌 한 개를 가져오는 것도 지극히 미안한 일인데, 두 개씩이나 가져오게 되었으니 더욱 미안하게 되었다. 하지만 석공이 돌 두 개를 모두 가져가는 것이 좋겠다고 하였다는구나. 혹시라도 약간의 흠이라도 있어서 문제가 되지 않을까 염려되어, 번거롭더라도 돌 두 개를 모두 가져오게 하였다. 번거로운 줄 알면서도 그만두지 못하니 미안하기 그지없다. 더욱이 네 어머니가 아파서 너희 부자는 모두 한 번 가보지도 못한 채 다른 자제들만 분주하게 만드니, 이 또한 미안한 일이다. 그러나 어찌할 수 없구나. 김성일의 편지를 보낸다.

경오년 11월 7일 토계에서 할아버지가

| 추신 |

네 서조모가 쓰려고 하다가 쓰지 않은 무명이 남아 있다고 하더구나. 이 사실도 네 아버지에게 알려라.

이 편지는 봉화에 있던 안도가 보낸 편지에 답한 것이다. 퇴계는 이때 토계리 상계 마을에 있었다. 퇴계는 이 편지를 부치고 이틀 뒤인 11월 9일에 온계의 종택 사당에 시제를 지내러 갔다가 감기가 걸린 다음부터 아프기 시작하다가, 11월 22일에 병세가 위중해져 자리에 누운 뒤 끝내 회복하지 못한 채 12월 8일에 서거하였다. 현재 전하는 것으로는 이 편지가 안도에게 부친 마지막 편지이다. 한편 퇴계는 이 해에 두 번씩이나 예천에서 빗돌을 구해서 자신의 아버지 식의 묘갈을 세우려고 했으나, 결국 세우지 못하고 말았다. 그래서 퇴계는 임종 직전에 특별히 유언으로 자신의 아버지 식의 묘갈을 꼭 세울 것을 당부하였다.

* 오늘 제사 : 안도의 할머니 허씨 부인의 제사임. 이 제사는 안도가 봉화에서 받들어야 했기 때문에 퇴계는 적과 여종을 그곳으로 보내려 했던 것이나, 전염병 때문에 보내지 못하게 된 것임. 허씨 부인은 1527년 11월 7일에 서거하였음.
* 도목 : 도목촌道目村 · 桃木村임. 도목촌은 현 경상북도 안동시 와룡면 오천리 외내 마을과 도산면 동부리 다래 마을 사이에 있었으나, 현재는 수몰됨. 그 위치는 현 도산면 동부리에 해당됨.
* 열도 : 자는 정가靜可, 호는 우암遇菴, 퇴계의 조카 굉의 맏아들. 1538년에 출생, 1591년에 서거함. 현 예천군 호명면 백송리 선몽대 마을에서 살았음.
* 송복기 : 자는 덕구德久, 호는 매포梅圃, 본관은 야성冶城, 영주에서 살았음. 1541년에 출생, 1605년에 서거함. 퇴계의 제자. 퇴계의 문족인 듯하나 확인할 수 없음.
* 오리원 : 현 경상북도 안동시 와룡면 감애리에 있었음.
* 송여능 : 미상. 퇴계의 문족인 듯하나 확인할 수 없음.
* 김윤명 : 미상. 퇴계의 문족인 듯하나 확인할 수 없음.
* 수도 : 퇴계의 장조카 완의 둘째 아들임. 나머지는 미상.

箴銘

四勿箴 并序 伊川先生

顔淵問克己復禮之目子曰非禮勿視非禮勿聽非禮勿言非禮勿動四者身之用也由乎中而應乎外制於外所以養其中也顔淵事斯語所以進於聖人後之學聖人者宜服膺而勿失也因箴以自警

| 퇴계와 안도에 대하여 |

퇴계退溪 이황李滉(1501~70)

초명初名은 서홍瑞鴻, 자는 경호景浩, 초자初字는 계호季浩, 호는 지산芝山 · 퇴계退溪 · 도옹陶翁 · 퇴도退陶 · 청량산인淸凉山人, 본관은 진성眞城, 시호는 문순文純. 경상도 예안현 온혜리에서 출생, 같은 예안현 토계리에서 살았다. 1534년 34세 때 대과 과거시험 식년시에 합격하여 벼슬길에 나가 여러 관직을 두루 거쳤다. 1543년 43세 때는 『주자전서朱子全書』를 얻어보고 벼슬에서 물러나 학문에 매진할 뜻을 가졌으며, 1545년 45세 때는 이기에 의해 관작을 삭탈당했다가 되돌려받은 적도 있었다. 1546년 46세 때는 토계리 하계 마을 동암東巖 곁에 양진암養眞菴을 짓고, 시내 이름이 토계兎溪 · 土溪이던 것을 퇴계退溪로 고치고 자신의 호로 삼았다. 1550년 50세 때에는 비로소 토계리 상계 마을에 터를 잡고 살게 되었다. 그리고 그 시내 서쪽에 한서암寒棲菴을 짓고 학문에 몰두하였다. 그 이듬해 시내 동북쪽에 한서암을 옮겨서 서당을 짓고 '계상서당' 溪上書堂(또는 溪堂)이라고 하였으며, 이때부터 사람들이 배우러 찾아오기 시작하였다. 1557년 57세 때는 도산陶山 기슭에 터를 잡고 서당을 짓기 시작하여 5년 만인 1561년 61세 때 완공하고 '도산서당' 陶山書堂이라고 이름하였다. 노년에는 특히 벼슬에 뜻이 없어 계속 물러나 있었다. 1565년 65세 때 문정왕후가 승하하고 윤원형이 실각한 다음 조정이 사림의 손에 들어오자 서울로 올라오라고 부르는 명령이 끊이지 않았다. 1567년 67세 때는 명나라 사신이 오는 일로 잠깐 서울로 올라갔다가 돌아왔고, 1568년 68세 때는 의정부우찬성에 승진시켰다가 판중추부사로 체직시키기까지 하면서 거듭 부르는 선조의 명령을 견디지 못해 상경했다가, 「무진육조소戊辰六條疏」와 「성학십도聖學十圖」 등을 올린 다음, 1569년 69세 때 고향으로 들어왔다. 1570년 70세의 나이로 정침正寢에서 서거하였다. 서거 후 의정부영의정에 추증되고, 문묘와 선조의 묘정에 배향되었다. 주자를 깊이 연구하였고, 이언적의 주리설을 계승 발전시켰다. 저서로 『계몽전의啓蒙傳疑』 · 『송계원명이학통록宋季元明理學通錄』 · 『퇴계집退溪集』 등이 있다.

몽재蒙齋 이안도李安道(1541~84)

아명兒名은 아몽阿蒙, 자는 봉원逢原, 호는 몽재蒙齋, 본관은 진성, 경상도 예안현 온혜리에서 출생, 같은 예안현 토계리에서 살았다. 퇴계의 맏손자로 천성이 순후하였다. 어려서부터 퇴계의 지도를 받으면서 학문을 닦았으며, 1561년 21세 때는 소과 과거시험 생원시에 합격하였고, 1566년 26세 때는 대과 과거시험 초시에 합격하였다. 할아버지 퇴계 서거 후에는 과거시험 준비에 별로 관심을 가지지 않은 채, 퇴계의 일생 행적을 체계적으로 정리한 『퇴계연보초기退溪年譜草記』 9책을 엮고, 퇴계 문집 편찬을 주관하는 등 퇴계와 관련된 일을 하는 데 힘을 쏟았다. 그중 『연보초기』는 후일 유성룡이 엮은 『퇴계연보退溪年譜』의 바탕이 되었다. 이런 면에서 안도는 자상한 할아버지이면서 엄격한 스승이었던 퇴계의 가르침을 가장 잘 배운 손자이면서 제자였다. 그래서 후일 그를 두고 퇴계 문하의 자사子思라고 칭하였다. 1584년 44세의 나이로 집상 중에 얻은 병으로 서거하였다. 천거로 사온서직장을 지냈다. 그의 유문遺文은 서거 후 제대로 수습 보관되지 못해서 많이 유실되고 말았다. 현재 그중 수습된 일부를 묶은 『몽재집蒙齋集』이 전하고 있다.

퇴계 선생과 몽재 연표

* 몽재 관련 사항은 고딕체로 표기하였음.

1501년	신유년	11월 25일 현 경상북도 안동시 도산면 온혜리 노송정에서 아버지 식과 어머니 춘천 박씨 사이에서 6남 1녀 중 막내로 출생함.
1502년(2세)	임술년	6월 출생한 지 7개월 만에 아버지 식이 사십의 나이로 서거함.
1506년(6세)	병인년	처음으로 글을 읽기 시작함.
1512년(12세)	임신년	숙부 우에게 『논어』를 배움.
1515년(15세)	을해년	할머니 영양 김씨의 생신 석상에서 「어부사」를 처음 듣고 그 가사의 대략을 기록해둠.
1517년(17세)	정축년	11월 숙부 우가 안동부사로 재임중 병으로 서거함.
1518년(18세)	무인년	2월 이현보가 안동부사로 재직하며 향교에다 유학하는 선비를 크게 불러모으고 학문을 장려하였기 때문에 가서 배움.
1519년(19세)	기묘년	9월 문과 별시 초시에 응시하기 위해 서울에 갔다가 중종이 성균관에서 알성할 때 조광조를 보게 됨. 이 해에 『성리대전』 수미 두 권을 얻어서 읽음.
1520년(20세)	경진년	『주역』을 읽고 그 의미를 강구하느라 거의 침식을 잊다시피 한 결과 항상 몸이 마르고 쇠약해지는 병에 걸리게 됨.
1521년(21세)	신사년 봄	동갑인 김해 허씨 허찬의 따님과 결혼함.
1523년(23세)	계미년	10월 맏아들 준이 출생함. 이 해에 처음 성균관에 유학함. 이때 기묘사화를 겪은 지 얼마 되지 않아 사습이 부박하였기 때문에 이내 실망하고 돌아옴. 성균관에 있을 때 『심경』을 얻어 보고 비로소 심학의 연원과 심법의 정미함을 알게 됨.
1527년(27세)	정해년	가을 경상도에서 시행된 소과 과거 1차시험인 초시 진사시에 1등, 생원시에 2등으로 합격함. 10월 둘째 아들 채가 출생함. 11월 허씨 부인이 서거함.
1528년(28세)	무자년	2월 소과 과거 2차시험인 회시 진사시에 2등으로 합격함.

1530년(30세)	경인년	안동 권씨 권질의 따님과 결혼함.
1531년(31세)	신묘년	6월 측실에게서 아들 적이 출생함. 이 해에 처음으로 현 경상북도 안동시 도산면 온혜리 영지산 기슭 양곡에 살림집 지산와사를 마련함. 이때부터 영지산에 사는 사람이라는 의미로 영지산인 또는 지산이라는 호를 사용함.
1533년(33세)	계사년	5월 넷째 형님 해의 권유로 서울로 올라가 성균관에 유학함. 이때도 성균관의 분위기에 크게 실망함. 6월 경상도에서 시행되는 대과 과거 1차시험인 초시에 응시하기 위해 고향으로 내려오다가 여천에서 김안국을 만나 처음으로 정인군자의 언론을 듣게 됨. 경상좌도에서 시행된 대과 과거 1차시험인 초시에 1등으로 합격함. 이때 조식은 경상우도에서 시행된 같은 시험에 2등으로 합격함.
1534년(34세)	갑오년	3월 대과 과거 식년시에서 을과 1등(전체 4등)으로 합격함. 권지승문원부정자에 선임되었다가 곧바로 예문관검열 겸 춘추관기사관에 천거되었으나, 김안로가 사주하여 장인 권질이 안처겸 옥사에 연루된 권전의 형이라는 이유로 탄핵을 당해 체직됨.
1536년(36세)	병신년	3월 6품관인 승무랑에 승진됨. 이때부터 외직으로 나아가 어머니를 편안하게 봉양하려고 했으나 김안로의 저지로 뜻을 이루지 못함.
1537년(37세)	정유년	10월 어머니 춘천 박씨가 서거함.
1539년(39세)	기해년	12월 3년상을 마치고 홍문관부수찬에 임명되었으나 취임하지 않음. 이보다 한 해 전에 김안로가 패사했기 때문에 홍문관 관직에 임명될 수 있었던 것임.
1540년(40세)	경자년	1월 사간원정언에 임명되어 조정으로 돌아옴.
1541년(41세)	신축년	3월 사가독서를 함. 5월 자문점마관으로 의주에 갔다가 돌아옴. 6월 맏손자 안도가 출생함. 9월 재상어사가 되어 경기도 일대를 검찰함.
1541년	신축년	6월 4일 현 경상북도 안동시 도산면 온혜리 지산와사에서 아버지 준과 어머니 봉화 금씨 사이에서 3남 2녀 중 장남으로 출생함. 할아버지 퇴계가 '아몽'이라는 아이 때 이름을 지어줌.

1542년(42세)	임인년	3월 구황적간어사가 되어 충청도 여러 고을을 검찰함. 4월 근하기 위해 고향으로 돌아가는 이언적을 전송함. 7월 은퇴하기 위해 고향으로 돌아가는 이현보를 전송함. 8월 재상어사가 되어 강원도 영서 지방을 검찰함. 이때 금강산은 검찰하는 지역 밖에 있었기 때문에 가보지 못함.
1543년(43세)	계묘년	2월 병으로 사직함. 『주자전서』의 교정을 계청함. 10월 휴가를 받고 고향으로 돌아와 성묘함. 11월 예빈시부정에 임명되었으나 취임하지 않음. 물러날 뜻을 굳히고 실제 물러나기 시작한 것은 이때부터로, 비록 소환되어 벼슬에 나가더라도 조정에 오래 머물지 않음.
1544년(44세)	갑진년	2월 홍문관교리에 임명되어 조정으로 돌아옴. 4월 세자시강원좌필선에 임명되었으나 취임하지 않음. 9월 휴가를 받고 고향에 갔다가 조정으로 돌아옴. 11월 중종이 승하하자 명나라에 부음을 알리고 시호를 청하는 표문을 짓고 그 글씨를 씀.
1545년(45세)	을사년	2월 원접사종사관에 임명되었으나 병으로 가지 못함. 4월 중종대왕 애책문의 글씨를 씀. 7월 인종이 승하하고 명종이 즉위하자 상소하여 왜인들이 강화하자고 비는 것을 허락하기를 청함. 9월 인종대왕 애책문의 글씨를 씀. 10월 이기가 아뢰어 관직이 삭탈되었다가 다시 되돌려받음. 이는 평소 퇴계의 인품을 중시해온 이기의 조카 이원록의 노력에 의한 것이었음.
1545년(5세)	을사년	9월 처음 글을 읽게 되자 할아버지 퇴계가 손수 『천자문』을 써서 가르침.
1546년(46세)	병오년	2월 오흥 당경신의 『만죽산방집첩』을 임서함. 휴가를 받고 고향으로 내려옴. 5월 병으로 조정으로 돌아가지 못하여 해임됨. 7월 권씨 부인이 현 서울특별시 중구 정동 구 대법원 경내에 있었던 서소문 우사에서 출산 중 서거함. 8월 교서관교리에 임명되었으나 취임하지 않음. 11월 예빈시정에 임명되었으나 취임하지 않음. 현 경상북도 안동시 도산면 토계리 하계 마을 동암 곁에 양진암을 지음. 시내의 속명이 토계이던 것을 퇴계로 고치고 자신의 호로 삼음.
1547년(47세)	정미년	3월 월란암에 머물며 『심경』을 읽음. 4월 이현보의 초대를 받고 그가 살던 현 경상북도 안동시 도산면 분천리 부내 마을 앞 낙동

		강에 있었던 점석에서 놀이를 함. 7월 단동부사에 임명되었으나 취임하지 않음. 9월 홍문관응교에 임명되어 조정으로 돌아옴. 서울로 올라와서 양재역 벽서사건으로 봉성군 완이 사사되고 많은 사류들이 죽거나 귀양갔음을 알게 됨. 병을 칭탁하고 두문불출함. 12월 병으로 홍문관응교를 사직하고 의빈부경력에 임명됨.
1548년(48세)	무신년	1월 의직을 구하여 단양군수에 임명됨. 2월 둘째 아들 채가 서거함. 4월 도담에서 유람함. 5월 구담 일대를 구경하고 「단양산수가유자속기」를 지음. 9월 휴가를 받고 고향에 돌아와 성묘함. 10월 풍기 군수로 전임됨. 11월 부임함. 넷째 형님 해가 충청감사가 되었기 때문에 상피해서 단양에서 풍기로 바꾼 것임.
1548년(8세)	무신년	할아버지 퇴계에게서 『효경』을 배움.
1549년(49세)	기유년	1월 풍기의 백운동서원에서 강학함. 4월 소백산을 유람함. 「유소백산록」을 지음. 9월 병으로 감사에 사직서를 제출함. 휴가를 받고 고향으로 돌아옴. 12월 감사에게 글을 올려 백운동서원에 편액, 서적, 학전을 내려줄 것을 청하자 감사가 명종에게 아뢰어 내려줌. 병으로 감사에게 세 번 사직서를 제출하고 회답도 기다리지 않은 채 고향으로 돌아옴. 「서어부가후」를 지음.
1549년(9세)	기유년	여름 할아버지 퇴계가 군수로 재직하던 풍기에 와 있음.
1550년(50세)	경술년	1월 임지를 무단 이탈했다고 하여 고신 이등을 삭탈당함. 2월 현 경상북도 안동시 도산면 토계리 상계 마을 시내 서쪽에 한서암을 짓고 성리학 연구에 본격적으로 몰두함. 3월 부내 마을에 가서 이현보를 만남. 4월 한서암 앞에 연못을 파고 광영당이라 이름함. 8월 넷째 형님 해가 이기의 무함을 받고 귀양을 가는 도중 장독 때문에 서거함.
1551년(51세)	신해년	3월 한서암을 철거하여 같은 상계 마을 시내 동북쪽으로 자리를 옮겨 작은 서당 계상서당(또는 계당)을 지음. 이 해에는 벼슬을 하지 않고 집에 있었음.
1552년(52세)	임자년	1월 현 경상북도 안동시 도산면 의인리 도산서당 건너편 시사단 아래쪽에 있었던 임강사로 가서 이현보를 만남. 4월 홍문관교리로 부름을 받고 서울로 올라감. 7월 성균관대사성에 임명됨. 9월 「주경유청량산록발」을 지음. 12월 병으로 사임하여 상호군에 임명됨.

1552년(12세)	임자년	11월 과거시험에 응시하러 간 아버지 준을 대신해서 할머니 허씨 부인의 제사를 지냄. 이 해에 『고문진보』를 읽기 시작해서 이듬해까지 계속 읽음.
1553년(53세)	계축년	2월 「삼조어서첩발」을 지음. 4월 다시 성균관대사성에 임명됨. 무너진 선비들의 기풍을 진작시키기 위해 사학에 통문을 돌려 학생들을 타이름. 6월 명종이 학전을 하사하자 학생들을 인솔하고 전을 올려 사례함. 7월 문정왕후의 환정교서를 지음. 9월 병으로 사직하여 상호군에 임명됨. 10월 정지운의 「천명도」를 개정함.
1553년(13세)	계축년	9월 할아버지 퇴계가 아이 때 이름인 '아몽' 대신에 '민도'라는 이름을 지어줌. 10월 『사략』을 읽음.
1554년(54세)	갑인년	4월 「서역범제병후」를 지음. 5월 형조참의에 임명됨. 6월 병조참의로 체직됨. 7월 주세붕의 죽음에 곡하고 그 만사를 지음. 노수신에게 편지를 보내어 「숙흥야매잠주해」를 논함. 중창한 경복궁 각 전각의 편액 글씨를 씀. 9월 상호군에 임명됨. 10월 사정전에 「대보잠」을 써서 올림. 11월 첨지중추부사에 임명됨. 12월 「경복궁중신기」를 지어 올리자 임금이 말을 하사함. 이 해에 둘째 손자 순도가 출생함.
1554년(14세)	갑인년	1월 시서를 읽음. 12월 할아버지 퇴계가 '민도' 대신 '안도'라는 이름을 다시 지어줌.
1555년(55세)	을묘년	2월 강녕전에 「칠월편」을 써서 올림. 병으로 세 번 사직서를 내어 해직되자 바로 배를 세내어 고향으로 내려옴. 떠나는 당일 상호군에 임명됨. 3월 명종이 첨지중추부사에 임명하고 서울로 올라오라는 명령을 내렸으나 사양함. 6월 이현보가 서거하자 만사를 지어 그 집에 가서 곡함. 행장을 지음. 7월 권호문에게 법첩을 써서 줌. 11월 청량산에 갔다가 보름을 머물다 돌아옴. 이 해 고향으로 돌아온 뒤 『계몽전의』와 『주자서절요』의 편찬에 착수함.
1555년(15세)	을묘년	4월 관례를 행함. 11월 할아버지 퇴계를 따라 청량산에 갔다 옴. 12월 『논어』를 읽음.
1556년(56세)	병진년	3월 전모와 생모의 묘갈지를 짓고 그 묘비를 세움. 5월 홍문관부제학으로 부르자 두 번 사직서를 올려 체직됨. 「정재기」를 지음. 6월 『주자서절요』 편찬을 완료함. 8월 제자들에게 『주자서절요』를 강의함. 9월 제자들이 현 경상북도 안동시 도산면 토계리 상계 마을 시내 남쪽에 서재 계재를 세움. 12월 향약을 초함.

1556년(16세)	병진년	11월 『소학』을 읽음. 12월 『중용』과 『대학』을 읽음.
1557년(57세)	정사년	3월 현 경상북도 안동시 도산면 토계리 도산 남쪽에 서당 지을 터를 마련하고 공사에 들어감. 7월 『계몽전의』를 완성함.
1557년(17세)	정사년	여름 영주 의원의 접에 처음 참여함.
1558년(58세)	무오년	2월 이이가 계상서당으로 찾아와서 3일간 머물다 돌아감. 3월 도산 남쪽 낙동강가에 창랑대를 쌓음. 이 대는 후일 천연대로 그 이름을 바꾸었음. 5월 『자성록』을 엮음. 윤7월 소를 올려 치사하기를 빌었으나 임금이 허락지 않고 불러서 서울로 올라옴. 10월 성균관대사성에 임명됨. 기대승이 찾아와서 만남. 11월 병으로 사직하여 상호군에 임명됨. 12월 임금이 특별히 공조참판에 승진시키자 재삼 사직했으나 허락을 받지 못함.
1558년(18세)	무오년	6월 경주 의원의 접에 다시 참여함. 9월 상경하는 할아버지 퇴계를 모시고 서울로 올라감. 이 해에 『맹자』를 읽은 다음, 『시전』을 읽음.
1559년(59세)	기미년	2월 휴가를 받고 고향에 내려왔다가 병으로 돌아가지 않음. 7월 사직하자 공조참판에서 체직되어 동지중추부사에 임명됨. 9월 『고경중마방』을 엮음. 셋째 손자 영도가 출생함. 「이산서원기」를 짓고 원규를 세운 다음 편액 글씨를 씀. 12월 『송계원명이학통록』 편찬에 착수함.
1559년(19세)	기미년	2월 할아버지 퇴계를 모시고 고향으로 돌아옴. 9월 현 경상북도 안동시 도산면 운곡리에 있었던 도곡암에서 글을 읽음.
1560년(60세)	경신년	1월 「서조남명유두류록발」을 지음. 7월 지난 47세 때 지은 「제만죽산방집첩발」 뒤에 다시 발문을 붙임. 8월 김인후의 부음을 받고 곡함. 11월 도산서당 건물의 일부가 완공됨. 기대승의 편지에 답하여 사단칠정에 대해 논변함. 12월 중국 사신을 응접하는 일로 부름을 받음. 이 해에 「도산잡영」을 지음.
1560년(20세)	경신년	봄 현 경상북도 안동시 도산면 원천리에 있는 월란암에서 벗과 함께 글을 읽음. 9월 한 해 아래인 안동 권씨 권소의 따님과 안동 관아에서 결혼함. 이때 장인 권소가 안동부사로 재직하고 있었기 때문에, 결혼식은 당시의 풍속대로 신부의 안동 관아에서 결혼식을 갖게 된 것임. 12월 현 경상북도 안동시 와룡면 주계리에 있었던 현사사에서 글을 읽음.

1561년(61세)	신유년	1월 부름을 받고 서울로 가려다가 말에서 떨어져 병으로 사직함. 3월 절우사를 만들고 소나무, 대나무, 매화, 국화를 심음. 4월 이덕홍, 조카 교, 손자 안도와 도산서당 앞쪽 낙동강의 탁영담에서 달밤에 뱃놀이를 함. 정지운의 부음을 받고 곡함. 11월 도산서당을 완공하고 「도산기」를 지음. 도산서당과 그 부속 건물인 농운정사 각 편액의 글씨를 씀.
1561년(21세)	신유년	1월 현 경상북도 안동시 태화동에 있는 서악사에서 처남들과 함께 글을 읽음. 2월 청도에서 시행된 소과 과거 1차시험인 초시 생원시에 합격함. 7월 소과 과거 2차시험인 회시에 응시하기 위해 서울로 올라감. 8월 소과 과거 2차시험인 회시 생원시에 합격함. 11월 권씨 부인이 시댁으로 신행을 옴.
1562년(62세)	임술년	이 해가 임술년이라서 7월 기망(16일)에 소식의 적벽고사에 따라 현 경상북도 안동시 도산면 동부리 달래 마을 앞 낙동강의 풍월담에서 뱃놀이를 하려다가 큰비가 와서 중지함. 9월 제자들에게 『근사록』을 강의함. 이 해에 제자들이 힘을 모아 농운정사 곁에 역락서재를 지음.
1562년(22세)	임술년	10월 상경해서 현 서울특별시 중구 수표동 · 을지로2가 · 장교동에 걸쳐 있던 장인의 죽전동 서울 집에 있으면서 성균관에서 공부함. 이때 권씨 부인은 내직으로 자리를 옮긴 아버지 권소를 따라 먼저 서울에 와 있었음.
1563년(63세)	계해년	3월 황준량이 서거하자 만사를 지어 곡함. 행장을 지음. 4월 기대승의 편지를 받고 출처대의에 대해 논함. 6월 정유일과 탁영담에서 뱃놀이를 함. 9월 왕세자의 부음을 듣고 도산에 나아가 영위를 모셔놓고 곡함. 『송계원명이학통록』 편찬을 완료함.
1563년(23세)	계해년	4월 가족을 데리고 고향으로 돌아옴. 토계리 상계 마을에 있던 계재에서 벗들과 함께 글을 읽음. 이후 서울로 다시 올라갔다가, 8월 할아버지 퇴계가 하사 받은 『이정전서』를 가지고 토계리 상계 마을로 돌아옴.
1564년(64세)	갑자년	2월 이담이 소장한 무이구곡도의 발문을 지음. 4월 제자들과 자질들을 데리고 청량산을 유람함. 9월 조광조의 행장을 지음. 「심무체용변」을 지음.
1564년(24세)	갑자년	2월 성균관에서 시행되는 대과 과거 1차시험인 초시에 응시하기 위해 함창의 처가 본댁(현 경상북도 상주시 공검면 양정리)에서 서울로 올라갔

		다가 돌아옴. 4월 할아버지 퇴계를 모시고 청량산에 갔다가 그곳 김생암과 연대사에서 외숙부인 금응협 · 금응훈 형제와 함께 『춘추집해』를 읽음. 8월 부모님을 뵈러 현 경상북도 안동시 안기동에 있던 안기역에 갔다가 그곳에서 글을 읽음. 이때 아버지 준이 안기찰방으로 재직하고 있어서 가족들이 안기에 살았음. 12월 계재에서 김취려와 함께 주자의 글을 읽음.
1565년(65세)	을축년	3월 「도산십이곡발」을 지음. 4월 동지중추부사의 관직을 해임해 줄 것을 청하여 허락을 받음. 문정왕후의 부음을 듣고 성복함. 도산서당 완락재 벽에 「경재잠도」, 「백록동규도」, 「명당실기」를 써서 걺. 8월 제자들에게 『역학계몽』을 강의함. 『경현록』을 개정함. 12월 제자들에게 『심경』을 강의함. 명종이 특명으로 부름. 다시 동지중추부사에 임명됨.
1565년(25세)	을축년	할아버지 퇴계가 『잠명제훈』을 써서 줌. 5월 청량산 연대사에서 작은외숙부 금응훈과 함께 『주역』을 읽음. 8월 연대사에서 『주역』을 읽고 있다가 할아버지 퇴계의 명으로 계재에 와서 『역학계몽』을 읽음. 9월 함창의 처가 본댁에 감. 10월 장인 권소의 근무지로 간 가족을 따라 함경도 덕원(현 함경남도 원산시)에 감.
1566년(66세)	병인년	1월 「병명」을 지은 다음 그것을 써서 김성일에게 줌. 이 달 부름을 받고 서울로 가다가 병으로 사직함. 2월 공조판서에 임명됨. 3월 집으로 돌아옴. 홍문관 · 예문관 대제학을 겸임하게 함. 4월 체직시켜 지중추부사에 임명하고 교지로 부름. 7월 명종이 기대하는 듯이 간절한데도 오지 않자 독서당 유신들에게 "현인을 불러도 오지 않는다"라는 시제로 근체시 한 수씩 짓게 함. 그리고 화공에게 도산도를 그리게 한 다음 송인으로 하여금 그 위에 「도산기」와 「도산잡영」을 써서 병풍으로 만들어 방안에 둘러두게 함. 10월 이언적의 행장을 짓고 그 문집을 고정함.
1566년(26세)	병인년	5월 함경도 덕원에서 서울로 돌아와 죽전동 장인의 집에서 있으면서 성균관에서 공부함. 7월 대과 과거 1차시험인 초시에 합격함. 8월 토계리 상계 마을로 돌아옴. 9월 부모님을 뵈러 안기로 감. 10월 함창 처가 본댁에 있다가 과거시험에 응시하기 위해 서울로 올라감. 11월 토계리 상계 마을로 돌아왔다가 현 경상북도 안동시 도산면 운곡리에 있는 용수사에서 벗들과 함께 글을 읽음. 12월 후일 역동서원이 건립된 곳(현

		경상북도 안동시 예안면 부포리에 있었음)에서 벗들과 문회를 가짐. 이때 바로 아래 동생 순도도 이 문회에 참여함.
1567년(67세)	정묘년	2월 중국 사신이 오는 것에 대비하려고 올라오라는 명령을 내림. 5월 교지로 올라오기를 재촉하여 서울로 올라감. 명종이 승하하자 7월 행장수찬청 당상관이 되어 명종의 행장을 지음. 8월 예조판서를 사직하고 명종의 장례식도 보지 않은 채 고향으로 돌아옴. 9월 명종의 만사를 지어서 올림. 10월 선조가 지중추부사에 임명한 뒤 교서를 내려 특명으로 부름. 12월 교지로 올라오기를 재촉함.
1567년(27세)	정묘년	2월 할아버지 퇴계의 명으로 3월에 거행될 여동생의 결혼식에 대비해 혼례 의식 관련 자료를 수집 정리함. 퇴계는 이 자료를 토대로 당시 퇴폐한 혼례 의식을 개정한 「혼례홀기」를 만들고, 이에 따라 손녀의 결혼식을 거행함. 이후 우리나라에서는 퇴계가 개정한 「혼례홀기」에 따라 결혼식을 거행하는 사람들이 많았음. 5월 가족이 있는 함경도 덕원에 감. 11월 서울로 돌아옴.
1568년(68세)	무진년	1월 우찬성으로 승진시켜 교지로 올라올 것을 재촉함. 4월 지난해 가을 예안 사림들이 주동이 되어 현 경상북도 안동시 예안면 부포리에 건립한 역동서원의 기문을 지음. 5월 판중추부사로 체직시켜 올라오라는 명령을 내림. 6월 명령에 따라 서울로 가면서 계속 사직했으나 허락하지 않음. 7월 서울로 올라감. 8월 홍문관 · 예문관 대제학과 지경연춘추관 · 성균관사를 겸임함. 유학의 통치 원리와 그 방법을 제시한 「무진육조소」를 지어 올림. 12월 성덕을 닦는 핵심을 열 개의 도표로 압축한 「성학십도」를 지어 올림. 이 해 10여 차례 경연에서 강의함.
1568년(28세)	무진년	3월 아들 창양이 함경도 덕원에서 출생함. 5월 토계리 상계 마을로 돌아옴. 6월 매부 박려와 함께 할아버지 퇴계를 모시고 서울로 올라감.
1569년69세)	기사년	1월 이조판서에 임명되었으나 취임하지 않음. 판중추부사에 임명 됨. 2월 우찬성에 임명되었으나 취임하지 않음. 3월 판중추부사에 임명되고 고향으로 돌아갈 것을 청하여 허락을 받음. 고향으로 돌아올 때 관리들이 조정을 비우고 현 서울특별시 성동구 옥수동의 동호로 나와서 전송함. 4월 글을 올려 치사할 것을 청했

		으나 허락하지 않음. 6월 권벌의 행장을 지음. 8월 배삼익에게 「경재잠」과 「숙흥야매잠」을 써서 줌. 그리고 그가 자신이 살던 도목촌에 임연대를 쌓자 임연재와 도목촌을 대자로 써서 줌.
1569년(29세)	기사년	이 해에는 서울에 있었음. 5월 현 경기도 고양시 덕양구 대자동에 있었던 대자사에서 글을 읽음. 6월 현 서울특별시 마포구 지역인 서강에서 있었던 접에 참여함. 7월 죽전동으로 돌아와서 글을 읽음. 11월 이회와 함께 성균관 앞에 셋방을 얻어 이듬해 2월까지 글을 읽음.
1570년(70세)	경오년	1월 치사를 청하는 전을 올림. 3월 다시 전을 올려 치사를 청했으나 허락을 받지 못함. 5월 역동서원에서 제자들과 회합함. 도산서당에서 제자들에게 『계몽』과 『심경』을 강의함. 7월 역동서원에서 제자들에게 『심경』을 강의함. 8월 역동서원의 낙성식이 있었으나, 마침 그 날 경상감사의 방문을 받게 되어 참석하지 못함. 10월 기대승에게 편지를 보내어 치지격물설을 개정함. 11월 기대승에게 편지를 보내어 「심통성정도」를 논함. 12월 4일 조카 영에게 유계를 받아쓰게 하고 낮에 제자들을 만나봄. 12월 8일 매화 화분에 물을 주라고 한 다음 누운 자리에서 부축을 받고 일어나 편안히 운명함.
1570년(30세)	경오년	3월 부모님을 뵈러 봉화에 감. 이때 아버지 준이 봉화현감으로 재직하고 있었기 때문에 가족들이 봉화에 살았음. 특히 어머니 봉화 금씨가 우종으로 심하게 앓고 있었기 때문에 어머니의 병을 간호하느라 봉화에 있으면서 토계와 함창 등지를 왕래하였음. 5월 도산서당에서 『역학계몽』을 읽음. 이 달에 아들 창양이 서울에서 사망함. 김취려의 선영에 가매장했다가 함창으로 이장함. 7월 역동서원에서 할아버지 퇴계의 지도로 동문들과 함께 『심경』을 읽음. 9월 도산서당에서 할아버지 퇴계의 지도로 동문들과 함께 『역학계몽』과 『심경』을 읽음. 12월 할아버지 퇴계의 상을 당함.
1571년	신미년 (서거 후 1년)	현 경상북도 안동시 도산면 토계리 하계 마을 건지산 중턱에 안장됨.
1571년(31세)	신미년	2월 어머니의 상을 당함. 유언에 따라 할아버지 퇴계의 산소 아래에 안장함. 3월 할아버지 퇴계의 장례식이 거행됨. 아버지 준이 여막을 차리고 집상하는 그 곁에 여막을 짓고 집상을 함. 이 해 할아버지 퇴계의 장례를 마친 다음 할아버지 퇴계의 문집을 엮는 문제를 동문들과 논의함.

1572년(32세)	임신년	이 해에 할아버지 퇴계의 『연보초기』 9책을 엮음. 이것은 후일 유성룡이 퇴계의 『연보』를 엮는 주 자료가 되었으나, 현재는 전하지 않음.
1573년(33세)	계유년	3월 할아버지 퇴계의 묘갈을 세우는 작업을 시작함. 4월 어머니 봉화 금씨의 3년상을 마침. 9월 경상도의 사림들과 도산서당에 모여서 도산서원을 건립하는 문제를 논의함. 11월 할아버지 퇴계의 위판을 현 경상북도 영주시 이산면 이산리에 있는 이산서원에 봉안하는 행사에 참석함.
1574년	갑술년 (서거 후 4년)	여름 도산서원이 건립됨.
1574년(34세)	갑술년	개성의 목청전참봉에 임명됨.
1575년(35세)	을해년	여름 도산서원이 완공됨. 이 해에 아버지 준의 명으로 성균관에서 공부함.
1576년	병자년 12월 (서거 후 6년)	문순이라는 시호가 내림.
1576년(36세)	병자년	2월 도산서원에 할아버지 퇴계의 위판을 봉안하는 행사에 참석함. 동문들과 할아버지 퇴계의 시호를 청하는 문제를 논의함. 목청전에 부임함. 6월 고향으로 돌아와서 도곡암에서 글을 읽음. 8월 근무지인 개성 목청전으로 돌아감. 10월 의흥현감으로 재직하는 아버지 준을 뵈러 의성에 왔다가 할아버지 퇴계의 시호를 내리는 교지를 받음.
1577년(37세)	정축년	4월 근무지인 개성 목청전으로 돌아감.
1578년(38세)	무인년	풍저창부봉사에 임명됨. 7월 할아버지 퇴계의 문집을 교서관에서 간행하기 위해 그 초본을 가지고 서울로 올라감.
1579년(39세)	기묘년	5월 동문들과 함께 할아버지 퇴계의 문집 정본을 만들기 위해 그것을 재편집하는 작업을 함. 10월 근무지인 서울 풍저창으로 돌아감.
1580년(40세)	경진년	서울에서 할아버지 퇴계의 문집 정본을 편집 정사함.
1581년(41세)	신사년	상서원부직장에 임명됨.
1582년(42세)	임오년	8월 집상 중이던 김성일을 현 경상북도 안동시 서후면 금계리로 찾아가 할아버지 퇴계의 저작인 『계산잡영』과 『향교예집』 등의 간행 문제를 논의함.
1583년(43세)	계미년	사온서직장에 임명됨. 5월 고향으로 돌아와 의흥현감으로 재직하는 아버지 준을 뵈러 의성에 감. 6월 근무지인 서울 사온서로 돌아감. 7월 아

		버지 준이 병이 들었다는 말을 듣고 사직한 다음 급히 의성으로 내려오던 도중에 부음을 들음. 의성에서 운구하여 고향으로 돌아옴. 12월 아버지 준을 현 경상북도 안동시 도산면 토계리 건지산 남쪽 죽동에 장사 지냄
1584년(44세)	갑신년	6월 바로 아래 동생 순도가 집상 중에 서거함. 안도 8월 7일 집상 중에 서거함. 11월 건지산 남쪽 죽동에 장사 지냈다가 사지동 할아버지 퇴계의 산소 동쪽에 이장함.
1606년	병오년 3월 (안도 서거 후 21년)	아내 권씨 부인이 서거함.

| 번역을 마치며 |

흔히 현대는 참된 스승이 없는 시대라고 한다. 선생과 학생과의 사이에 지식을 전수하는 그 이상의 인간적인 관계가 맺어지기 어려운 현실을 두고 하는 말일 것이다. 하기야 선생과 학생과의 사이에서만 인간적인 관계가 사라져 가는 것은 아닐 테지만. 가장 가까워야 할 부모와 자식 사이에서도 인간적인 관계가 상실되어 가기는 마찬가지이다. 생활에 쫓기느라 학교에만 맡겨두고 자식을 돌아보지 못한 채 한참의 기간을 보내고 나면, 어느덧 말문을 닫은 채 훌쩍 커버린 낯선 자식을 대면하곤 한다. 이미 가정에서 부모와의 인간적인 교류를 나누지 못하는 자식이 사회에 나가서 다른 사람들과의 원만한 인간관계를 맺어가기가 쉽겠는가. 자식들의 인격 형성에 부모의 역할이 새삼 중요함을 새롭게 인식하지 않을 수 없게 된다. 이는 남의 자식을 가르치는 선생이면서 내 자식의 아버지이기도 한 바로 나 자신의 문제이기도 하기에 하는 말이다.

조선시대까지만 해도 현대와는 달리 가정 교육이 특히 강조되었다. 이는 조선사회가 기반하고 있는 유학의 가르침에도 부합되는 것이기도 하였다.

아이들은 정식 교육을 받기 전에 먼저 가정에서 할아버지나 아버지에게서 교육을 받았다. 그러한 교육은 현재의 초등교육 정도에서 그치는 것이 일반적이기는 했지만, 아이를 가르치는 할아버지나 아버지의 역량에 따라 가정에서 현재의 중등교육 이상의 교육이 이루어지는 경우도 적지 않았다. 더욱이 가정에서의 할아버지나 아버지를 통한 교육만으로도 학문을 대성한 사람도 더러 있었다. 물론 학문이 세분화되기 이전의 사회였기에 가능한 일이었을 것이다. 그래서 조선시대 학자들의 제자 명부에 자식이나 손자의 이름이 기록된 예는 흔히 발견된다.

퇴계는 슬하에 딸은 없고 준 · 채 · 적 세 아들만 두었다. 하지만 채는 21세의 젊은 나이로 결혼도 하지 못한 채 죽었고, 적은 서부인 소생이었기 때문에, 퇴계는 당연히 준의 교육에 많은 힘을 쏟았다. 그러나 준은 퇴계의 기대에 제대로 부응하지 못했는지 퇴계는 준에게서 태어난 손자 안도에게 특별한 기대를 걸고 그 교육에도 각별한 관심을 쏟았다. 퇴계는 안도가 글을 읽기 시작한 다섯 살 때 손수 『천자문』을 써서 가르친 것을 시작으로, 그를 슬하에 두고 학습 진도를 일일이 살펴가며 차근차근 지도하였다. 그리고 안도가 나이가 들면서 과거시험 준비나 결혼 등으로 어쩔 수 없이 슬하를 떠나 있게 되어서는 그에게 자주 편지를 보내 자상한 가르침을 내리기를 아끼지 않았다.

퇴계가 안도에게 처음 편지를 보낸 것은 그의 나이 55세, 곧 안도 15세 때의 일이다. 퇴계는 안도가 당시로서는 성년이 되는 나이인 15세 때 처음 편지를 보낸 이후로 서거하던 70세, 곧 안도 30세까지 16년 동안 줄곧 편지를 보냈다. 특히 안도가 결혼을 하고 당시 풍습대로 처가살이를 하기 시작한 그의 나이 60세, 곧 안도 20세 이후로는 안도에게 더욱 빈번히 편지를 보냈으므로 퇴계가 안도에게 보낸 편지는 상당한 양에 이르렀을 것으로 추정된다. 그중 현재 전하는 것만도 125통이다. 조선시대 선비들이 가족에게도 많은 편지를 쓰기는 했지만, 손자에게 교육적인 내용을 중심으로 이토록 많은 편지를 보낸 사람은 퇴계 외에는 그 예를 찾아보기가 어렵다.

비록 할아버지와 손자간이기는 하지만, 교육적인 내용이 중심이 된 편지를 16년이라는 기나긴 기간 동안 끊이지 않고 빈번하게 주고받으려면, 보내는 쪽에서나 받는 쪽에서나 모두 서로에 대한 깊은 애정과 신뢰가 전제되지 않고는 어려운 일이었을 것이다. 실제 이 책에 실린 편지들을 한 편 한 편 찬찬히 읽어보면, 이 점을 확인해보기 어렵지 않다. 어느 날은 아주 자상한 목소리로 타이르다가도, 다른 날은 몹시 엄하게 나무라는 그 가르침을 묵묵히 수용하는 안도의 모습을 상상하기란 그리 어렵지 않다. 다만 안도가 퇴계에게 보낸 편지가 한 통도 남아 있지 않아 그러한 사실들을 직접 확인해볼 수 없는 것이 안타까울 뿐이다. 이와 함께 퇴계 일생의 가장 중요한 시기인 노년 16년 동안의 퇴계 자신의 생활뿐 아니라, 퇴계 자신의 출사 · 귀향 · 치사, 퇴계 집안 사람들의 출생 · 질병 · 사망 및 과거시험 급제와 낙방, 제자들과 시국의 동향 등도 아울러 알 수 있다. 이 책에 실린 편지들을 읽는 과정에 얻게 되는 또 다른 소득일 것이다. 그중에는 퇴계의 일상 생활 중 잘 알려지지 않았던 새로운 사실들이 적지 않다.

이 책은 퇴계가 손자 안도에게 보낸 편지 125통 전부에, 안도에게 준 시 2제, 글 1편, 준에게 보낸 편지 1통을 묶어서 번역한 것이다. 현재 퇴계가 안도에게 보낸 편지는 한곳에 모두 묶여서 전해지고 있지는 않다. 조선시대에는 일상적인 성격이 강한 이러한 편지는 흔히 정식 문집이 간행되는 과정에는 대부분 제외되기 마련이다. 그래서 퇴계 문집이 간행될 때는 125통 중 11편만 뽑혀서 실리게 되었다가, 1차 퇴계 문집 보유편인 속집이 간행될 때 다시 10통이 추가로 실리게 되었다. 그 나머지는 퇴계 문집을 다시 전집 형태로 필사할 때 2차 퇴계 문집 보유편인 유집에 또다시 추가로 실리게 되었다. 이처럼 퇴계가 안도에게 보낸 편지는 여러 문헌에 흩어져 실려 있기 때문에 그것들을 보낸 순서대로 연年·월月·일日을 밝혀서 정리하는 것은 여간 어려운 일이 아니었다. 다행히 퇴계 종택 서고인 상계 광명실에 소장된 유묵을 살펴볼 수 있어서 그중 반 정도는 바로 연·월·일을 확인해서 정리할 수 있었다. 하지만 그 나머지 편지들의 연·월·일을 밝히는 작업은 용이한 일이 아니었다. 퇴계의 전 저작뿐 아니라, 퇴계 관련 자료들을 두루 살펴서 고증 작업을 가한 다음, 나머지 편지 모두의 연·월·일을 밝혀서 정리할 수 있게 되었다. 여기에 한 통의 편지가 잘못 분리된 것은 합하고, 두 통 이상의 편지가 한 통의 편지로 잘못 묶인 것은 분리하는 작업을 거친 다음, 유묵 등과의 교감 작업을 거쳐 대본을 확정하였다. 그 번역 대본은 이 책 끝에 실어두었다.

번역은 고증 작업과 교감 작업을 거쳐 새롭게 만든 대본을 가지고 하였으며, 원문에 충실하게 직역하는 것을 위주로 하되, 의미를 효과적으로 전달하기 위해 일부 의역을 한 부분도 있다. 그러나 이미 편지 자체가 일상적인 성격이 강한 것일 뿐만 아니라, 편지를 받는 쪽인 안도가 퇴계에게 보낸 편지가 한 통도 남아 있지 않기 때문에 의역만으로도 의미 전달이 되지 않는 경우가 적지 않았다. 그래서 편지 모두에 해설과 주석을 부치지 않을 수 없었다. 해설에서는 퇴계와 안도의 근황, 가족과 관련된 사실이 나올 경우 가족과 관련된 사항 등 편지를 이해하는 데 필요한 내용을 주로 기록하였다. 그리고 주석에서는 인명, 지명, 관직명, 설명이 필요한 부분 등을 주로 풀이하였다. 어느 경우는 해설이 길어지고, 또 주석도 많아서 편지 번역문보다 해설이나 주석이 더 많은 경우도 더러 있었다. 이해를 돕기 위한 배려였지만, 해설과 주석이 번역문을 가리지 않을까 걱정이 앞선다.

이 책에 실린 편지들을 번역하기 시작한 것은 내 큰 아이가 고등학교에 진학할 무렵이었다. 큰 아이에게 선물로 주고 싶었다. 아니, 선물이라기보다는 퇴계를 오래도록 공부하고도 퇴계의 참된 가르침을 깨우치지 못한 아버지의 회한의 심정을 담은 편지로 주고 싶었다. 작년에 초벌 번역을 마쳐놓고도 계속 잘못된 곳이 나와서 거듭 수정하지 않을 수 없었다. 그래서 이제야 탈고를 하게 되었다. 먼저 종택 소장 유묵을 쓸 수 있도록 허락해주신 퇴계 종손 어른께 감사드린다. 그리고 이 원고를 읽고 출판을 선뜻 허락한 들녘 가족에게 감사드린다. 이 책은 큰 아이뿐 아니라 아내 및 가족들과도 함께 읽고 싶다.

2005년 초가을
정 석 태

원문

일러두기

* 표점標點을 붙였으며, 인명 및 인명을 지칭하는 부분은 밑줄을, 지명은 눕힌 글씨로 표기하였음.

* 책명은 『 』, 작품명은 「 」로 하였음.

* 원문 고증은 작은 고딕체로 표기하였음.

* 원문 중 의문되는 한자는 〈?〉, 보충한 한자와 설명은 〈 〉로 표기하였음.

* 첩재疊載는 한 편지가 문집 두 곳 이상에 실린 경우, 합편合編은 한 통의 편지가 둘 또는 셋으로 나뉘어 문집 여러 곳에 실려 있는 것을 합쳐서 원래의 한 통 편지로 만든 경우, 분편分編은 두 통 이상의 편지가 문집 편집 과정에 한 통의 편지로 잘못 묶여 있어 다시 별개의 편지로 분리한 경우를 말함.

甲寅年(1554年, 退溪 54歲, 寯 32歲, 安道 14歲)

12月 8日

「追寄雋」/「寄子寯」

蒙兒明年十五, 不可每呼幼名, 別紙書去, 依此命之, 幷解釋詩義而敎之, 且令謹藏, 毋致遺失. 大抵此道之於人倫日用, 如飮食裘葛, 旣不可須臾無, 亦莫非平常之理也, 今人纔說'道'字, 便以爲異事, 惟致力於學問, 而後知此意, 故詩中云爾.

(『先祖遺墨』, 上溪 光明室 所藏, 第5, 張19a·b // 『退溪先生文集〈內集〉』, 卷40, 張16b. 『韓國文集叢刊』 30, 『退溪集』 II, p.394하 / 『退溪先生全書〈內集〉』, 卷57, 張1a, 『陶山全書』 3, p.211상)

「孫兒阿蒙, 命名曰 '安道', 示二絶云」

失敎今當『大學』年, 命名爲道若欺然. 他詩見此如裘褐, 始信吾非濫託賢.

記誦工夫在幼年, 從今格致政宜然. 但知學問由專力, 莫道難攀古聖賢.

(嘉靖甲寅臘月初八日, 在漢京書寫.)

(『先祖遺墨』, 上溪 光明室 所藏, 第5, 張20a–21b / 『退溪先生續集』, 卷2, 張12a, 『韓國文集叢刊』 31, 『退溪集』 III, p.107하 / 『退溪先生全書續集』, 卷2, 張12a, 『陶山全書』 3, p.482하)

乙卯年(1555年, 退溪 55歲, 寯 33歲, 安道 15歲)

2月 16日

「寄安道孫 鳥川」/「寄安道孫(乙卯○先生嗣孫中懿家藏)」

近因鳥川諸秀才致京, 知汝好在, 爲慰. 汝父今日以試才事, 早入吏曹, 未及修簡, 此意告于汝母爲可. 行次欲以十九日間發去, 但猶未得船, 故未定是日之行,若退則二十一日定發矣. 餘歸人告忙, 不一.

乙卯二月十六日朝, 大父.

(『先祖遺墨』, 上溪 光明室 所藏, 第6, 張1a·b / 『退溪先生全書遺集外篇』, 卷6, 張1a, 『陶山全書』 4, p.288상)

戊午年(1558年, 退溪 58歲, 寯 36歲, 安道 18歲)

6月 6日

「寄安道 *榮川*醫院」/寄安道孫(戊午)」

人還, 知汝好往入接, 爲慰. 但大水多壞田畓, *羊坪*尤甚, 可恨. 未知彼中如何? 細問連同, 後來人報來爲可. 就中黃鈞來接中乎? 『後漢書』, 所當卽送, 切於考覽, 至今未果, 得無遲之耶? 此意傳說. 餘百愼毋忽, 勤勵勤勵.

戊午六月初六日, 大父.

(『先祖遺墨』, 上溪 光明室 所藏, 第6, 張1b-2b / 『退溪先生全書遺集外篇』, 卷6, 張1a·b, 『陶山全書』 4, p.288상)

己未年(1559년, 退溪 59歲, 寯 36歲, 安道 19歲)

9月 14日

「安道復 *道谷菴*」/「答安道孫(己未)」

因書, 知讀書安好, 爲慰, 汝父往古里岾, 汝母晩後大槩平安, 但自昨往往微有腹痛, 不無少慮耳. 淸醬一器·彌魚一小笥, 付來僧送去, 至納爲可. *榮川*打作近欲爲之事, 億守昨日來報. 想汝非久下來, 故只此.

己未十四日, 大父.

(『先祖遺墨』, 上溪 光明室 所藏, 第6, 張2b-3a / 『退溪先生全書遺集外篇』, 卷6, 張1b, 『陶山全書』 4, p.288상)

庚申年(1560年, 退溪 60歲, 寯 38歲, 安道 20歲)

9月 20日

「安道寄書 安東上衙」/「與安道孫(庚申)」

昨日凡禮, 何以爲之? "敬迎爾相, 承我宗事, 勖率以敬, 先妣之嗣, 若則有常." 對曰, "唯恐不堪, 不敢忘命." 右醮禮之辭. 汝所聞知. 千萬戒之. 大抵夫婦, 人倫之始, 萬福之原, 雖至親至密, 而亦至正至謹之地, 故曰, "君子之道, 造端乎夫婦." 世人都忘禮敬, 遽相狎昵, 遂致侮慢凌蔑, 無所不至者, 皆生於不相賓敬之故. 是以欲正其家, 當謹其始. 千萬戒之

庚申九月廿日, 大父.

(『先祖遺墨』, 上溪 光明室 所藏, 第5, 張3a-4a // 『退溪先生文集(內集)』, 卷40, 張18b-19a, 『韓國文集叢刊』 30, 『退溪集』 II, pp.395하-396상 / 『退溪先生全書(內集)』, 卷57, 張5a·b, 『陶山全書』 3, p.213상)

12月 2日

「安道寄書 玄沙寺」/「與安道孫」

因來人, 知來寫山寺, 但歲月如流, 千萬勉旃, 汝近日如許悠悠, 恐業之不進, 倍於曩時, 憂心不弛. 京中金就礪, 汝所曾見. 今與一後生, 遠來求學, 無辭可拒, 時寓溪齋. 人能篤志如此, 於汝獨無愧乎? 深欲與汝相見, 然汝不可頻數往來, 歲時來見, 未晩也. 今見汝婦以余生日, 送獻巾襪, 誠意則然矣, 但時未來見, 故如此之事, 未安於心. 汝須諭以此意, 至可至可. 『論語』吐及訂說, 金君求見甚切, 不知何在? 通示爲可.

庚申臘月初二日, 大父.

(『先祖遺墨』, 上溪 光明室 所藏, 第6, 張4a–5a // 『退溪先生文集(內集)』, 卷40, 張19a·b, 『韓國文集叢刊』 30, 『退溪集』 II, p.396상 / 『退溪先生全書(內集)』, 卷57, 張5b–6a, 『陶山全書』 3, p.213상·하)

12月 11日

「安道復書 玄沙寺」/「答安道孫(庚申)」

書來, 知安穩. 此處亦幷好在. 曾祖墓祭往參事, 如前教爲可, 但更思之, 自他處備壺果而往, 於事未便. 今須停寢, 以待後日更教以爲之, 可也. 且汝凡事當謹愼, 而今見寄而精書, 大字亂草, 此何意耶? 愼勿好爲麤狂之態.

庚申臘十一日, 大父.

(『先祖遺墨』, 上溪 光明室 所藏, 第6, 張5a–6a / 『退溪先生全書遺集外篇』, 卷6, 張2a, 『陶山全書』 4, p.288하)

辛酉年(1561年, 退溪 61歲, 寯 39歲, 安道 21歲)

1月 14日

「答安道孫兒 某山寺」/「答安道孫(辛酉)」

見書, 知在寺讀書無恙, 爲慰. 不意有此下旨, 下于監司, 道與直承召旨無異. 所當卽時上途, 而春寒如此, 寒疾方劇, 計不知所出, 憂惶柰何柰何? 行計未定, 汝不可頻數往來, 姑徐而勉業可也. 金而精輩亦在此未安, 明明間當發行還都耳. 大而書貝悉, 病中未別修報, 傳謝爲可. 權秀才昆季, 傳致寒暄. 前日草草未款, 追恨不已.

辛酉上元前一日, 大父.

(『先祖遺墨』, 上溪 光明室 所藏, 第6, 張6a–7a / 『退溪先生全書遺集外篇』, 卷6, 張2a·b, 『陶山全書』 4, p.288하)

1月 20日

「安道復 安東衙」/「答安道孫」

見昨書及所製, 知汝好在, 爲慰. 繼而持藥人來, 又見書知悉. *醴泉*嫂氏之喪, 出於不意, 驚慘已極. 又當凶歉, 治喪甚難, 無以捄措, 悶甚悶甚. 予聞訃急往*溫溪*, 至*淸吟石*下, 馬跌墮水中, 衣裝盡濕. 他不知有傷, 而右臂戾傷, 通連渾身, 又似寒熱交雜, 沈因惡風, 想必因濕而風寒入也. 不可不治, 故求藥而三種藥卽刻送來, 深喜深喜. 比意致謝于城主前爲可. 餘因不一.

辛酉正月卄日, 大父.

汝父馳往*醴泉*未還耳. 製述隨後科送, 今則因未暇矣. 汝姑不入來亦可. 而精等處來書還送.

(『先祖遺墨』, 上溪 光明室 所藏, 第3, 張7a-8a / 『退溪先生全書遺集外篇』, 卷6, 張2b-3a, 『陶山全書』 4, pp.288하-289상)

1月 21日

「復安道 安東」/「答安道孫」

書來知意. 昨服順氣散, 汗未快出, 今曉始服導滯散微注, 更服爲計, 加減順氣, 不須用也. 且臂傷處連痛不止, 故方爲熨治. 京行不可已, 而病勢如此, 悶慮. 然非他病之比, 官人有弊, 頻數來問未安, 須稟白停寢爲可. 就中*醴泉*宅內病氣熾發, 宏姪又得病, 人物不通, 不知何狀, 痛慮痛慮. 汝父與騫, 中路聞奇, 不入而還耳. 因不一.

辛酉正月卄一, 大父.

汝書中語畢處, 多用'耳'字, 尊長前不宜用'耳'字, 知悉.

(『先祖遺墨』, 上溪 光明室 所藏, 第6, 張8a-9a / 『退溪先生全書遺集外篇』, 卷6, 張3a-b, 『陶山全書』 4, p.289상)

5月 9日

「安道復書 安東」/「答安道孫」

書來具悉. 旦秀才遠來求學, 則甚佳, 顧我無以副其所望, 柰何? 非從此耳. *陶山*時無寓處, 亦一礙事難處者, 如之何如之何? 餘惟做業勤勵萬萬.

五月初九日, 大父.

『啓蒙傳疑』, 在其處, 則後人送來.

(『先祖遺墨』, 上溪 光明室 所藏, 第6, 張9a·b / 『退溪先生全書遺集外篇』, 卷6, 張3b–4a, 『陶山全書』 4, p.289상·하)

8月 2日

「安道答書 *安東宅傳次*」/「答安道孫」

去後未聞, 行路何如? 今見汝金遷書, 始知好去, 喜慰. 且朽船不乘, 甚善爲計. 未知水路及入京何如? 所寓亦未知何家? 慮慮. 此處皆依舊. 疫氣奴家已行三分之二皆好行, 但兒輩時未行, 以是關心耳. 餘惟凡百勤愼勉厲. 只此.

辛酉八月初二日, 大父.

(『先祖遺墨』, 上溪 光明室 所藏, 第6, 張10a·b / 『退溪先生全書遺集外篇』, 卷6, 張4a, 『陶山全書』 4, p.289하)

8月 11日

「安道寄書 *大全洞安東宅*」/「寄安道孫」

近得命福持來汝書, 又昨得府使書, 知汝無事入都, 深喜. 但未知試事如何, 念念無已. 此間幷依舊, 疫尙蔓行, 惟以兒輩未行爲念耳. 金而精書見之爲慰, 而未及修報, 隨後爲計. 今年早霜, 大失西望, 柰何? 尊子中書, 亦已領得矣. 餘俟後書, 人忙只略.

辛酉八月十一日, 大父.

(『先祖遺墨』, 上溪 光明室 所藏, 第6, 張10b–11a / 『退溪先生全書遺集外篇』, 卷6, 張4a·b, 『陶山全書』 4, p.289하)

8月 12~30日(晦日)

「安道 *大全洞安東宅* 李生員, 甯兼寄 李生員」/「寄甯姪·安道孫」

今見自安東送來榜目, 知爾等得中, 雖知僥倖, 不覺折屐之喜. 但恨寯與應祺等失占, 而其他門族多得, 眞所謂“喜恨交幷, 不容于心” 者也. 且家中疫氣方作,下二兒已好行, 長一兒時方行之. 以此拘忌太甚, 雖聞此奇, 非但不得走人于京, 亦不得修一簡, 爲恨云云. 想應榜及接房等事行之而後下來, 則似不在速, 未知如何如何? 徐·權·曹·吳·琴·安諸君處, 忙未別書, 爲我致賀. 餘不一. 凡事極須同議詳愼, 毋貽人笑, 望望.

府使明明來訪于此. 權生員前亦致賀, 萬萬.

(『先祖遺墨』, 上溪 光明室 所藏, 第6, 張11b-12b / 『退溪先生全書遺集外篇』, 卷6, 張4b-5a, 『陶山全書』 4, pp.289하-290상)

10月 5日

「安道寄書 安東衙」/「寄安道孫」

奴龍孫以銀口魚未納告悶, 問而善處之爲可.

辛酉十月初五日, 大父.

(『先祖遺墨』, 上溪 光明室 所藏, 第6, 張12b-13a / 『退溪先生全書遺集外篇』, 卷6, 張5a, 『陶山全書』 4, p.290상)

「安道 安東衙」/「與安道孫(辛酉)」

汝父來, 知汝還府, 又向尙州, 此亦勢不可不往也. 回來十五日, 忌祭臨近, 又不可不來參行也. 寂妻得疾, 今已四日, 以此吾與汝父, 皆不得參, 故汝雖奔走之餘, 必須來參可也. 但以汝婦新禮, 不得已又退, 其間大有相妨事, 可恨, 然勢至於此, 無可如何故也. 就中汝於今行及凡赴同年筵席, 十分操持, 愼勿乘喜多作狂妄事. 凡先生所令戲事, 雖不可不從, 聊暫爲之, 僅以免責而已, 不可極爲淫媟鄙慢之態, 以供人笑樂, 如倡優輩所爲也. 汝常時不善飮酒, 此則可喜. 然吾見後生輩得小小名字, 自以爲平生一大事, 多失常性, 如狂如醉, 甚可悶笑. 千萬戒之. 况汝侍尊長以行, 尤非他比耶?

辛酉十月初五日, 大父.

(『先祖遺墨』, 上溪 光明室 所藏, 第6, 張13a-14a // 『退溪先生文集〈內集〉』, 卷40, 張19b-20a, 『韓國文集叢刊』 30, 『退溪集』 II, p.396상·하 / 『退溪先生全書〈內集〉』, 卷57, 張6a·b, 『陶山全書』 3, p.213하)

11月 5~29日(晦日)

「答安道孫(辛酉)」

汝婦今始還家, 汝不可不往, 往彼後卽須還來讀『易』爲可. 趙生員今方ㅁㅁ, 若早來則不甚落後, 是爲好也. 况汝近日漫浪紛紛, 何不收斂做工耶?

(『退溪先生全書遺集外篇』, 卷5, 張61a. 『陶山全書』 4, p.285하)

壬戌年(1562年, 退溪 62歲, 寯 40歲, 安道 22歲)

5月 20日

「安道孫答書 *成昌生員*」/「答安道孫(壬戌)」

初慮未及, 書來, 知行次退定, 汝免不及之恨, 可喜可喜. 此處幷依舊. 就中韓·申兩君處前書及今再修書與*星州*書等送去, 須告權上舍, 令傳致爲佳. 其病奴之還, 不及附書, 在我殊甚未安, 故欲速通信, 庶彼知其故也. 上舍多事, 間不無遺忘之弊, 幷告汝婦, 使之銘心圖傳亦可. 韓上舍家在*南小門洞*口開川石橋東邊云, 推之甚易也. 丁舍人胤禧處了簡, 亦白于副正前傳之. 餘在進人.

壬戌五月二十日, 大父.

(『先祖遺墨』, 上溪 光明室 所藏, 第6, 張14b-15a / 『退溪先生全書遺集外篇』, 卷6, 張5b. 『陶山全書』 4, p.290상)

11月 16日

「安道孫兒答書 *竹箭洞*權副正宅」/「答安道孫」

連守下來, 見書好在, 深以爲喜. 在此亦炳依舊. 近者鄭注書之行, 附書得見否? 居泮與權生員偕爲甚好, 第一言行凡百, 極須常加勤愼, 至可至可. *咸昌*問安人往回, 聞副正下來後感寒, 累日不平, 今已永差云, 汝必已知之矣. 諸處書簡傳後其答簡, 則當隨其人要答與否, 不須固求受答也. 中朝事如此, 乃知今天下, 亦有如此奇男子, 甚快人意也. 餘具汝父書, 只此.

壬戌至前一日, 大父.

今去全州二衙了紙封, 招全州邸吏, 細諭授送, 令其必傳毋失爲可. 右州判官趙容, 乃趙大憲光祖先生之子也. 近遣其姪忠男, 來求先生碑銘, 余以不敢作辭之矣. 忠男又携此紙求書, 亦未卽書給. 因思右人千里遠來, 兩事俱不得而去, 心甚未安, 故書付莫同而去, 汝須知此意, 速令傳致也. 其家在靑坡云. 其已還京, 則直傳于其家事亦敎之. 其人還京, 則邸吏必知之.(全州書簡與紙同封柳而立處簡, 傳致爲可.)

吾常畏寒, 毛衣不可無, 而一羊裘二十年, 今盡穿破, 不是小事, 而無可買之資爲悶. 然欲知其價當用幾匹, 而稍欲圖之, 招門莫同以羊皮貼裏價幾匹, 中亦莫價幾匹, 的數書報爲可. 奮聞貼裏價二十五匹云, 此必市裏行用木如此耳. 若正好木, 則何至如是之多耶? 中赤莫價歇, 則欲買中赤莫亦計.

(『先祖遺墨』, 上溪 光明室 所藏, 第6, 張15b-18a ; 『退溪先生全書遺集外篇』, 卷6, 張6a-7a. 『陶山全書』 4, pp.290하-291상)

12月 17日

「安道孫兒寄答 *竹箭洞*李生員」//「答安道孫(辛酉〈壬戌?〉)」/「答安道孫(壬戌)」: 疊載.

戒斤下來持書, 知汝好在, 已入居泮, 深慰深慰. 此處皆無事. 汝父十二日發行向*宜寧*, 但行後雨雪不絶, 想多艱苦, 慮深. 汝母携諸兒, 好在*烏川*爾. 諸處前後答簡, 皆見之. 韓永叔·申啓叔處報書修去, 傳致可也. 金謹恭學識精詳, 必是佳士, 未知已往見否? 「陶山記」, 不意傳播至此, 甚悔不終秘而輕出示人也. 其中雖無過當觸忌之言, 猶恐人之不以爲當也. 大抵泮中, 處之甚難, 而汝則尤難. 言行之間, 常常謙謹, 毋以所不知爲知, 切須操持, 勿放勿午勿多言. 戒之戒之. 且論·策工夫, 勤做習製, 毋以所不能僞辭, 每借人手爲免責之戒. 所持卷, 亦須勤讀, 以備呼出爲可. 就中城主不意見罷, 擧邑駭悶罔措, 不知何以有此事? 可怪可怪. 鄭注書處, 不及爲書, 歲時若見, 爲傳此意. 趙松岡宅, 歲時爲進, 以吾意詮達問安.

壬戌十二月十七日, 大父.

聞朴子進得病, 向慮向慮.

(『先祖遺墨』, 上溪 光明室 所藏, 第6, 張18a-19b ///『退溪先生續集』, 卷7, 張21a. 『

韓國文集叢刊』 31, 『退溪集』 Ⅲ, p.201상 / 『退溪先生全書續集』, 卷7, 張22b–22~a. 『陶山全書』 3, pp.589하–590상) // 『退溪先生全書遺集外篇』, 卷5, 張61a·b. 『陶山全書』 4, p.285하)

12月

「答安道孫」

汝書"父行定發於十日耶", 當云"十日否", 不當用'耶'字也.

(『退溪先生全書遺集外篇』, 卷5, 張61b. 『陶山全書』 4, p.285하)

癸亥年(1563年, 退溪 63歲, 寯 41歲, 安道 23歲)

1月 13日

「孫兒安道答書 *竹箭洞李*生員」/「答安道孫」

縣人申億年來, 見汝書, 具知汝好在, 深喜深喜. 此處皆無事. 西家眞同·合昷兩童, 得病出送後, 更無他患, 料其自此無患, 則汝母晦間當還于此. 宜寧近有來人, 汝父亦無事在彼云云. 汝春間圓點幾何? 何時可得下來耶? 量勢示來爲可. 前去書簡等傳之耶? 羊裘價已知之, 價物若備, 則傳人送去爲意. 就中前城主被駁事, 人言多多, 至爲未安. 汝之所聞如何? 隨所聞書報亦可.

癸亥正月十三日, 大父.

(『先祖遺墨』, 上溪 光明室 所藏, 第6, 張19b–20b / 『退溪先生全書遺集外篇』, 卷6, 張8a·b. 『陶山全書』 4, p.291하)

2月 15日

「答孫兒安道書 *竹箭洞權*副正家傳次」/「答安道孫」

城主來時來書及自咸昌送來書, 具知汝無事, 圓點將畢, 將有挈眷下來之意,慰喜慰喜. 但副正書, "女息得疾, 逾月未差, 欲待其差率來, 故時未定期"云云. 然則汝書何無此言耶? 未知何故, 深慮深慮. 副正又云, "近又當有自京來人, 來後, 知其病勢定日下來"云, 故姑待此聞. 汝父今明當到而未到. 就中西舍則今已平安, 但婢銀臺得病危篤, 未知死生. 雖出在其父家, 然未知厥終, 深慮深慮. 羊裘價物時未備, 故今未送去, 寯也月納欲上去, 故其時欲送之. 凡事亦當更通子細, 今略言耳. 餘在金上舍之行.

癸亥二月望, 大父.

上國事及星變, 皆可憂念, 不知意如何? 鄭說書·鄭正字等諸答簡, 上舍持去, 金而精等處答簡, 寯行付送爲意.

(『先祖遺墨』, 上溪 光明室 所藏, 第6, 張20b–21b / 『退溪先生全書遺集外篇』, 卷6, 張8b–9a. 『陶山全書』 4, pp.291하–292상)

2月 下旬

「寄安道(癸亥)」

前見汝書(戒斤持書)云, "欲挈家下去." 又得咸昌送來書只云, "持冰泮下去." 而副正書云, "女息得病, 逾月未差, 枯姑停來計. 近有自京來人, 來則女息差未差可知, 知後, 當使人通之." 至今無黑白, 未知何如? 且如此則汝書何不言乎? 深慮. 且汝父初欲及來於今月卄日汝叔忌祭云, 而至今不來, 此亦未知何故, 疑慮多端. 前云羊裘價物, 求貿於宜寧, 而汝父尙未來, 未知准數與否, 亦不及寯行一時送去, 亦可恨也. 金秀才謹恭, 見其書, 可知其人, 汝得從遊可喜. 韓·申諸人處, 未及爲書, 金而精·李棐卿, 則皆有來書, 故答去耳. 若定來計, 須速尋來人通報爲可. 星變今則如何? 餘在寯去, 不一.

琴仰聖妻得病甚苦, 黃星州病危篤, 未知竟如何, 駭慮萬萬.

『退溪先生全書遺集外篇』, 卷6, 張10a·b. 『陶山全書』 4, p.292하)

甲子年(1564年, 退溪 64歲, 寯 42歲, 安道 24歲)

2月 4~7日

「寄安道孫」

汝父來, 且見汝書, 知汝無恙與凡事, 爲慰. 在此大小皆依舊, 但監司嫂氏遭母氏之喪, 深爲驚怛耳. 初九日京行, 無進退耶? 若至太緩, 則日數不滿可慮. 且春寒尙甚, 行路愼護萬萬.

(『退溪先生全書遺集外篇』 卷6, 張10b–11a. 『陶山全書』 4, pp.292하–293상)

2月 15~30日(晦日)

「寄安道孫」

因*醴泉*人來*安奇*, 知汝十三發行上去, 但春寒尙峭, 未知水陸行言與入京歇泊某處, 念之不已. 在此皆無事, 汝父以今日迎命于*善山*耳. 就中奴孫伊不意得病, 去夜身死. 此奴於我家有關, 而早死無子, 極爲憐慘, 柰何柰何? 汝父還時, 京中親舊, 多有書信. 其中可緩答處姑置, 而今所答去若于處, 甯姪忙似難傳, 汝須隨便傳上, 毋或中失爲可. 然皆是答書, 但當愼傳莫要回報亦可. 汝圓點猶可及數耶? 如李正郎·金而精·李棐卿·韓別坐·申啓叔等書, 今皆未答, 若見, 爲致此意. 餘惟凡百愼密勉勵. 不一一.

平章守所圖出掌隷院文字, 銘神推送.

(『退溪先生全書遺集外篇』 卷6, 張11a·b. 『陶山全書』 4, p.293상)

3月 1日

「寄安道孫」

不知居泮安否? 向慮不已. 此處皆無事, 汝父迎命于*善山*, 昨還*安奇*, 近當來此耳. 甯姪持去諸處書簡, 傳致否? 乾雉一首送去, 領納爲可. 餘在前書, 不一.

權生員處安否? 愼仲·惇敘及甯姪, 皆已無事到京矣. 人忙未及各書爲傳之. 子粹處亦然.

(『退溪先生全書遺集外篇』 卷6, 張11b–12a. 『陶山全書』 4, p.293상·하)

3月 11日

「答篤(甲子. 先生十代孫彙廷家藏)〈寄安道孫?〉」/「寄安道孫」: 疊載.

前見汝書, 有未定行期之語, 今見月初四日書, 乃知初七發船上來, 而十一間可到金遷. 但在此得書之日, 卽汝下船之日, 從馬勢不及送. 汝之留滯必多, 柰何柰何? 何不早定而示之耶? 慮慮. 在此大小皆無恙, 但權好文初一日遭母喪, 出於意外, 哀痛不可勝不可勝. 餘具汝父書, 姑此.

(『退溪先生全書遺集外篇』, 卷5, 張14a. 『陶山全書』 4, p.262상) // (『退溪先生全書遺集外篇』, 卷6, 張12a. 『陶山全書』 4, p.293하)

5月

「答安道孫」

前見書, 知與兩君寓榻金生, 甚善甚善. 不知僉意欲留幾時耶? 所貴高栖, 得專靜中做工, 若悠悠度日, 亦無益耳. 『春秋集解』, 具帙送去. 石首魚八尾都呈, 分上各寓處爲可, 且道未奉各書之意.

(『退溪先生全書〈內篇〉』, 卷57, 張6b–7a. 『陶山全書』 3, p.213하–214상)

7月 27日

「答安道孫」

見書, 知將出山之意. 及權施伯將歸, 僞傳歷此可面別之意爲可. 方伯以廿八入縣, 故汝父亦以其日來此, 亦可與施伯相見矣. 餘在昨書, 姑此.

(『退溪先生全書遺集外篇』, 卷6, 張12a · b. 『陶山全書』 4, p.293하)

8月 1~5日

「答安道孫」

前見書, 具悉. 未知近日何如? 在此及安奇皆無事, 椒井之行皆好還, 汝父則近以迎使行, 往在眞寶云耳. 汝來時來榮川行祭以來事, 已定矣. 傳聞逹同云, "祭肉未得, 恐未及初十日設祭之期." 恐與汝行有相違之弊, 如何如何? 慮慮. 且中龍宮溘逝去, 汝想聞之, 安有如此不祥乎? 無以無意, 只將白紙二束封送, 幷賻狀封送. 汝來路須歷入拜於喪次, 以吾意呈此賻紙於護喪處, 又於衙內詮達聞喪驚痛疾未奔走進吊之意, 兼門何時發引, 其兩壻何日可來等事以來爲可. 對客, 餘事未悉, 都在德萬.

(『退溪先生全書遺集外篇』 卷6, 張12b-13a. 『陶山全書』 4, pp.293하-294상)

9月

「答安道孫」

見金遷書及義孫齎書, 知行入城無事, 爲慰. 在此皆依舊, 但閔姪女竟不捄. 其兄弟之亡, 皆在一年, 尤爲悲慘. 試榜得失何如? 前云汝婦不安, 中間得其諺書, 似已向差, 猶未細知, 慮慮. 若已安則冬間留泮爲可. 餘在汝父, 不一.

(『退溪先生全書遺集外篇』 卷6, 張13a · b. 『陶山全書』 4, p.294상)

「寄安道孫」

琴聞遠來, 得見汝書, 知無恙, 爲慰. 試之不中, 於汝不爲怪, 獨怪一鄕諸君, 皆推讓於來之一人, 何耶? 未見榜目, 未知其他親舊得失如何. 來之講經又何? 企佇企佇. 汝過冬之計旣定, 固當遂之, 但經書之功蔑裂, 雖使滿點得試, 恐徒勞無益耳. 壵失持來藥, 恐與疾證未盡相當, 未敢飮, 近方問知而服之, 大槩向差, 而猶有餘證. 汝父去時, 證錄去, 今不再云耳. 金而精 · 南時甫 · 李叔獻 · 李棐彦諸君書, 皆荷承見, 便遽未及奉報, 如或相見, 爲道之爲可. 餘凡百謹愼謹勵.

(『退溪先生全書遺集外篇』 卷6, 張13b-14a. 『陶山全書』 4, p.294상 · 하)

10月 10日

「安道復書 *竹箭洞*李生員」/「答安道孫」·「寄安道孫」: 合編 및 分編.

今見柳而得奴傳致書及策題, 爲慰. 但書出已久, 其後雖見琴聞遠持書, 近間消息, 全未聞知. 汝父入京, 想在晦初間, 回人至今未到, 琴生員亦必速還而尙未至, 深以爲慮爲慮. 此處皆依舊. 烏川大宅來見憑家慶宴, 來留汝家, 明當還矣. 余證大槩向差, 餘證汝父錄去, 然遠處求藥, 及已得藥, 則證勢已變, 是爲難矣. 吾今所患, 臟腑有熱, 不敢服熱藥, 可恨. 柳而得處答簡附去. 而得〈以下 缺落〉

(『先祖遺墨』, 上溪 光明室 所藏, 第10 張12a·b / 『退溪先生全書遺集外篇』, 卷 6-1, 張33a ɔ. 『陶山全書』 4, p.312하)

乙丑年(1565年, 退溪 65歲, 寯 43歲, 安道 25歲)

4月

「箴銘諸訓跋」

嘉靖乙丑首夏, 書與孫兒安道, 爲學之要, 悉具於此, 然苟不深體而力行之, 雖格言至論, 日陳於前, 猶爲無益. 況復有讀未終篇, 欠伸思睡, 而束之庋架, 付之塵蠹者乎? 汝其思勉.

(『先祖遺墨』, 上溪 光明室 所藏, 第13, 張25b // 『退溪先生文集〈內集〉』, 卷43, 張24ɔ. 『韓國文集叢刊』 30, 『退溪集』 II, p.468하 / 『退溪先生全書〈內集〉』, 卷60, 張24ɔ 『陶山全書』 3, p.294하)

5月

「寄安道孫」

高山靜處, 讀書如何? 『易』書不易讀, 愼勿草草打過了. 此中皆依舊, 吾眼患今亦差歇, 但苦昏耳. 義興金縣監來訪而還, 留其子壽恢, 在*隴雲*質『論語』等書, 不久當還, 此乃壽愷之弟也. 今送大慧師書.

(『退溪先生續集』, 卷7, 張21a·b. 『韓國文集叢刊』 31, 『退溪集』 III, p.201상 / 『退溪先生全書續集』, 卷7, 張22~b-23a. 『陶山全書』 3, p.590상·하)

6月 24日

「答安道孫」/「答安道孫(乙丑)」

書來, 知移寓*滿月菴*. 此尤一山佳處, 甚善. 但汝於讀『易』, 未知潔淨精微之義, 圖書卦畫之原, 只看作講席應答之計, 爲可惜耳. 金而精書, 阻水未送, 今汝闕報, 可恨, 然闕報之由, 吾書已言之.

(『退溪先生續集』, 卷7, 張21b. 『韓國文集叢刊』 31, 『退溪集』 III, p.201상 / 『退溪先生全書續集』, 卷7, 張23a. 『陶山全書』 3, p.590하)

7月 21日

「答安道孫」

僧來見書, 知好在, 爲慰. 此間皆無事, *汝父*明間將往任所耳. 僧還草此, 不一. 金子厚來, 與士純同寓*溪齋*讀『通鑑』. *土谷前奉化*, 十九日逝去, 驚怛何喩?

(『退溪先生全書遺集外篇』, 卷6, 張14b. 『陶山全書』 4, p.294하)

7月 23日

「答安道孫(乙丑)」

僧來得書, 深慰係念, 在此大小悉佳. *商山*諸人, 移文道內, 大意謂當請誅罪僧時, 上教每諉以殯殿方臨, 不可戮人, 今虞·哭過訖, 正當討罪之時, 故倡作合道伏闕之計. 此意甚壯, 此邑人亦有聞之投袂而起者. 然而余意甚不可者, 故旣勸令會議, 而又力諭止之. 其中如彦遇·士敬輩, 殊不以止之爲當, 中懷墳鬱, 而姑且强止云. 然余之老孱, 亦豈無所見, 而妄沮人忠憤之發耶? 此等事, 當以義理斷之, 一毫客氣著不得處. 後日當知之, 今難以片言盡也. 昨見朝報, 王大妃未寧已久, 避寓桂山君房, 上體未寧, 亦非偶然, 雖屛伏遐外, 憂悶罔極罔極. 新陵, 十五日已畢, 今二十八日爲卒哭云. 卒哭後黑笠·黑帶, 已知之乎?

(『退溪先生文集〈內集〉』, 卷40, 張20a·b. 『韓國文集叢刊』 30, 『退溪集』 II, p.396하 / 『退溪先生全書〈內集〉』, 卷57, 張7b–8b. 『陶山全書』 3, p.214상·하)

8月 1日

「答安道孫」

僧齎書, 知下*蓮臺*無事讀書, 爲慰, 此中及*安奇*皆無恙. *溪齋*自作禹景善又來寓, 今日德弘輩三人又來, 然處隘人多, 德弘輩不能久留云.

(『退溪先生全書遺集外篇』, 卷6, 張14b-15a. 『陶山全書』 4, pp.294하-295상)

8月 3日

「與安道孫」

鄭士誠過此, 見書知悉. 就中金士純·禹景善, 今欲讀『啓蒙』. 汝旣讀『易』, 『啓蒙』不可不讀, 此時不可失也. 『易』雖未畢, 且當置之, 卽須下來同讀, 至可至可. 但向來觀汝之志, 專不在學問, 吾意恐汝未讀程·朱書故如此. 及去冬讀晦菴書, 猶未見有感發興起憤悱求益之意, 吾心大失所望. 頃者又與書言, "汝讀『易』而不知圖書卦畫之原, 淸靜〈淨?〉精微之義, 爲可恨" 云云. 汝得書後無一語報答, 則其無意求知所未知者, 可知一向馳心於外慕得失之際. 立志凡近如此, 今雖强汝以讀此書, 何異於使不樂者强歌耶? 雖然, 在吾則不可緣此而終不導汝可知之路, 故爲遣奴馬, 汝獨不能奮發而思改乎? 汝旣下來, 則壎之似不可獨在, 故因子厚之歸, 已通于來之處, 想亦必遣人馬, 未可知耳.

讀『易』, 亦是一項大工夫. 汝今年入山堅坐, 辦此一事, 甚善. 吾非以汝獨『易』爲非, 只是頓無向學憤悱之意, 苟用心如此, 雖盡誦諸經, 不錯一字, 何益於事? 眞晦菴所謂 "棄卻甜桃樹, 巡山摘醋梨"者也. 近看金·禹兩友志趣甚好, 能專意此事. 立心之誠切如此, 何求不得? 何學無成? 有友如比, 見在齋舍, 汝顧不肯求彊輔之資, 一向胡走亂走, 終不免程先生 "遊騎出太遠而無所歸"之戒, 其可乎? 今有一絶道不盡之意. 汝其思之.

鄭秋巒『啓蒙』二册, 在*陶山*書架, 汝來由*夫浦*, 則路經*陶山*搜取而來. 鑰子在淨一處.

(『退溪先生文集〈內集〉』, 卷40, 張20b-22a. 『韓國文集叢刊』 30, 『退溪集』 II, pp.396하-397하 / 『退溪先生全書〈內集〉』, 卷57, 張8b-10a. 『陶山全書』 3, pp.214하-215하)

8月 4~5日

「寄安道孫」

今得鄭子精書, 有一相云, "李某不當輕接後輩, 今之抗疏紛紛, 李某之所使然也." 可笑. 且云, "其所著詩文, 傳播都下, 亦不當"云云, 此則至當之言也. 景善裒吾拙詩文, 至於成卷, 豈不取人怪怒耶? 今幸入吾手, 切勿推尋事告之. 且『傳疑』書本藁, 取還于此, 朴本汝雖持去, 且以權辭傳告于朴, 而伋收藏不出, 乃爲善策耳. 汝亦知此意, 到處善處爲可.

(『退溪先生續集』, 卷7, 張21b–22a. 『韓國文集叢刊』 31, 『退溪集』 III, p.201상·하 / 『退溪先生全書續集』, 卷7, 張23a·b. 『陶山全書』 3, p.590하)

9月 22日

「與安道孫」

㐂實來, 知皆好, 及書中云云, 具悉. 在此幷依舊. 但前書云云者, 乃聞謗自省自修之道當然耳, 其實無可驚動之事. 所云*禮安*人止之者, 吾實止之, 吾何避其言乎? 且諸君, 亦何必怪我? 人各有所見, 諸君自以所見抗疏, 老夫自以所見止鄕人, 其是非得失, 自有後世之公論, 今豈可各據一邊, 而爭是非較得失耶? 如有問者, 汝當以其實告之曰, "*禮安*人事有相關, 故不得已止之矣. *安東*人則自以曾上疏, 故不往耳, 非大父所得禁之者也"云云, 可也. 其後此中所聞, 皆同汝所聞. 然則鄭子精所云, 必是別有一人之謗. 汝到京, 雖似無暇, 然不遠處, 須一往問子精, 密以報來也. 此謗則兩不足掛懷, 但接後生播詩文等語, 雖非我本意, 然在我所當作戒, 故前日所以語高叔明者如彼, 又於寄汝書中, 亦言云云. 一以防意外紛來之人, 一以警景善輩, 使勿浪播詩文之類於不相悅之人耳. 固非因此而欲令汝輩及此邊人, 遂沮喪素志, 發學問而從時俗也. 朴生『傳疑』, 以其人在都下, 恐有不當見而見者, 故不欲速還, 然豈可終不還乎? 今姑以"未盡修改, 俟他日畢修而後還之" 告之可也. 所歷諸處書簡成送, 知其未安而不能止, 柰何? 行事騷騷, 日期已迫, 何暇更入來? 因留治行以去爲可. 聞小兒以乳少爲患, 不知何以爲之? 慮慮. 只此.

(『退溪先生文集〈内集〉』, 卷40, 張22b–23a. 『韓國文集叢刊』 30, 『退溪集』 II, pp.397하–398상 / 『退溪先生全書〈内集〉』, 卷57, 張10a–10~a. 『陶山全書』 3, pp.215하–216상)

9月 24~30日(晦日)

「奇安道孫」

行計無進退否? 此處皆無事. 將兒事婢子進去, 但與母遠離, 鞠養倍艱, 不知何以爲之耳? 頒赦後, 聞上體不豫, 非偶然, 擧朝遑遑, 驚憂萬萬, 卽又聞旋已復常云, 喜慶又豈可勝言耶? 汝父又受少二殿使者護送差員, 待候之際, 重受箭竹田擲奸差員, 已向醴·豐等處, 明間當到此矣. 吾連因事故, 近留溪上, 今以姑氏神主奠送事, 上溫溪, 臨發草此. 餘俟持馬人去時與書.

(『退溪先生全書遺集外篇』, 卷6, 張15a·b. 『陶山全書』 4, p.295상)

10月 2日

「答安道 安東」/「答安道孫(乙丑)」

人還, 護兒好來, 喜深. 且見此兒, 眼如點漆, 明惡可念, 若得男如此, 定非庸衆人也. 未更來辭, 勢之使然, 恨如之何? 算筒竹, 領之. 『讀書錄』, 已題標在家, 後歸人付送. 但前日謂是金愼仲之冊, 乃爲汝冊耶? 鐵原書簡, 從馬人歸時修送. 上候安慶, 此中亦聞如是, 喜不可名言. 餘在回人.

乙丑陽月初二夕, 大父.

(『先祖遺墨』, 上溪 光明室 所藏, 第10, 張13a·b / 『退溪先生全書遺集外篇』, 卷6, 張14a·b. 『陶山全書』 4, p.294하)

10月 4~5日

「答安道孫」

近又得書, 知行期無進退. 鐵原書簡修送, 可傳則傳, 不緊則不須傳也. 其他所經轎人等事, 何以爲之? 慮慮. 金而精處問書及崔子粹處屛書, 謹傳爲可. 其他京中親舊, 皆未修書, 如有見問者, 曲致戀意幷未奉書之恨, 爲佳. 今聞潔姪逢大黨, 赤身僅免云, 驚痛, 反以爲幸, 然猶未詳知, 已送簡于憑處問之耳. 『啓蒙傳疑』中誤處, 改下語寫云, 審見之, 仍於朴本內依此修改可也. 且關北無士友可相磨切, 愼勿因循嬉發, 千萬倍加敦勵做業, 望望. 『讀書錄』, 題標送去, 漢必者, 本爲持馬而遣, 其馬足蹇未送, 然或備率行, 故仍幷遣之, 知而處之. 餘在奴輩, 不一.

(『退溪先生全書遺集外篇』, 卷6, 張15b–16a. 『陶山全書』 4, p.295상·하)

10月 下旬

「奇安道孫」

漢必等時未還, 未知行言慮慮之際, 今見權生員書, 知十四日無事到金遷, 卽時發船云, 深喜. 但水路及關路, 何以行去? 又深爲慮爲慮. 此處皆依舊, 汝父南行, 亦無事而去云耳. 且介屎婢, 哲金伊不願率居, 速望率下去云云, 處置爲難, 以汝行適入京, 故令汝率去事, 汝父處書通矣. 汝其率去耶? 今此咸昌來人, 欲及今日還咸昌, 立俟受簡, 故不一.

府使前亦未及修書, 此意傳白爲可. 餘惟勤業萬萬.

(『退溪先生全書遺集外篇』, 卷6, 張16a · b. 『陶山全書』 4, p.295하)

11月 下旬

「寄安道孫」

得汝在京時付金而精奴來等數書, 知月望發向德原, 其後不聞, 何以入歸? 時方寒冽, 行遠越關, 艱苦可知. 且江原新監司出後, 轎軍圖得與否, 未知, 尤以爲慮爲慮. 此處大小皆依舊, 淑兒亦安好. 汝母近將往烏川, 則當來此省護爲計. 就中汝在道旅, 三冬過半, 旣到彼後掃除餘事, 勤讀諸書, 至可至可. 金士純 · 禹景善來萬溪齋, 再讀『啓蒙』已畢. 其間或有新得意處, 恨汝不同此耳. 金彦純 · 李逢春 · 鄭士誠輩. 在陶山書齋, 時來質『語』·『孟』等書. 白紙一卷送去, 知關北紙貴故也. 聞汝馬匹病賣, 明春入泮下南等行, 無騎, 柰何? 咸昌權生員急遣人來取書, 夜燈眼昏, 不一. 曾得府使惠書, 亦緣此草草修狀, 恨仰, 此意告白爲可.

(『退溪先生全書遺集外篇』, 卷6, 張16a-17a. 『陶山全書』 4, pp.295하-296상)

丙寅年(1566年, 退溪 66歲, 寯 44歲, 安道 26歲)

1月 26日

「寄安道孫(丙寅. 以下先生十代孫彙載家藏)」

壵失等還, 見書, 知一行無事抵府, 喜不可云. 此處大小皆依舊. 但冬末汝父則在安奇, 附書同府進奉吏, 吾則附書于朴公輔京行, 已而公輔停京行, 而其書中間失傳, 追恨追恨. 吾不意被召旨, 不得已冒寒登道, 然自度病深, 難卜達京, 觀勢欲辭於中道, 未知得請之遲速, 慮悶慮悶. 汝入泮當在何月? 在彼勿怠, 在泮百愼百愼. 今日嘗發草此, 附送于權施伯之行, 不一.

壵失等齋物依受, 感感之意, 陳白爲可.

端淑無恙.

白紙一卷·扇二柄送去, 扇府使前一柄白獻爲可.

閔箕卿, 去十二月以前證加重下世, 痛怛不已.

入都在泮, 極須謹愼, 言語尤不可不愼. 此乃至難處之時, 不可尋常自處也.

(『退溪先生全書遺集外篇』, 卷5, 張47a·b. 『陶山全書』 4, p.278하)

2月 13~21日

「答安道孫」

久不聞安否, 得見正月卄六日, 知好在, 因審闔衙安慶, 深喜. 家鄕皆無事. 但予被召命, 每辭於家未安, 前月卄六發行, 七日到*榮川*, 適雪寒病甚, 上辭狀待命於*豐基*, 今月初十日祇受有旨書狀, 不許而令徐調上來, 且遣醫賜藥, 又令所過優待, 事至於此, 惶悶曷勝? *竹嶺*路惡, 改由*鳥嶺*路行, 到*醴泉*又不可行, 又上辭狀留待, 不知如何, 憂慮方深. 若不得請, 又將三辭. 勢不可入都下耳. 汝之入都, 當與權生員偕行, 生員今始去, 必未可卽還辭出. 汝當同其遲速, 要之在泮下鄕, 皆不涉於溽署爲可. 所讀書如此亦當, 但汝之讀書太草率, 不能記爲未滿耳. 書齋諸人, 以予蹤跡如此, 皆散去. 就中趙士敬爲恭陵參奉, 聞其欲行而窮無資爲悶云. 他事汝父書必言之, 予困臥不一, 亦不能修狀於府使前, 恨意傳白爲可.

(『退溪先生全書遺集外篇』, 卷5, 張47b–48a. 『陶山全書』 4, pp.278하–279상)

6月 18日

「寄安道孫」

前聞汝以病不得與施伯偕行, 不知爲何病, 擧家懸念. 中間金士純書報, 汝以微恙, 未偕權君, 隨後發行, 而卜馬儨水中, 衣裝盡濕, 奴又得病乃還府. 又金功奴松柏回自京來此云, "臨出城日, 聞生員到京, 千斤切欲見我, 我行忙未得往見而來." 聞此後, 憂念稍弛, 然何故汝一不通書至此久耶? 在北時已矣. 若已入京, 則豈無咸昌·安東等處來人, 何不聞見附書以解父母之憂耶? 以此復疑松柏之言, 或恐虛傳, 慮更爲深, 如何如何? 若至京, 則能無病居泮無闕日耶? 惑實有身恙, 有難於居泮, 固不可强作而增患. 不然, 度何時可畢點下來耶? 予蒙恩雖免判書與大提, 濫秩猶在, 又除如事, 皆極未安, 卽欲幷辭, 煩瀆未敢. 然不得已近當上狀, 必多有議, 亦無柰何耳. 吳子强今爲何官? 今去書臆稱'學錄', 傳致爲可. 金士純·禹景善處答簡亦同封, 幷傳示. 洪胖書來, 今未答之意, 如見告之. 金就礪或通書, 傳問寒暄. 李國弼尙未修吊, 愧恨愧恨.

漆扇一柄送去.

(『退溪先生全書遺集外篇』, 卷5, 張48b–49b. 『陶山全書』 4, p.279상·하)

7月 1~8日

「寄安道孫」

今絹施伯書報, 始知汝已到京入泮, 喜慰之深. 但其奴中路逢刼, 赤身而來, 故又不見汝書, 其恨又可勝耶? 幸因施伯書中細報汝所以遷延事, 故云云. 多梗甚矣, 而其中汝婦病患, 又何所致? 今雖云已差, 猶深慮深慮. 且汝初不與權君偕來時傳聞, 因病未來, 其後累月不至京, 千里之外, 不知病之輕重差否, 擧家憂悶何極? 汝何不附書京家, 令附安東進上陪人, 則可計日傳致于此矣? 乃無一字之來何耶? 自此累次奇書, 又不知轉致關北與否, 中間只得金士純書, 略道汝行出馬蹶裝濕, 奴亦得病而還而已. 其後又絶無消息之久, 故疑怪多憂念耳. 去月十八, 因安東人遣書, 不知見否? 其中金士純·禹景善及吳子强處答書同封, 皆得見傳致耶? 此處皆無事. 予身事如此, 必多訾論. 而頃得洪貳相·閔判書書, 皆以不來爲不當, 深加譙責, 至爲惶恐. 然老病日深, 不能奔走, 又不可無黑白, 徒然退伏, 不得已近將上辭狀, 望間似入京矣. 不知汝於其前畢點下來否? 還人告忙, 今不一一.

(『退溪先生全書遺集外篇』, 卷5, 張49b–50b. 『陶山全書』 4, pp.279하–280상)

7月 9日

「寄安道孫」

頃日咸昌人來, 雖聞汝已至京, 其人逢盜失書而來, 至今不見汝一字書, 恨缺不可言也. 其人還, 附書及其前數三次遣書, 其皆得見否? 汝在泮無恙否? 不見汝書而遣從馬, 亦甚可疑, 然來人明言畢點欲下來, 故送之耳.

(『退溪先生全書遺集外篇』, 卷5, 張50b. 『陶山全書』 4, p.280상)

7月 下旬

「寄安道孫」

吾事, 時議多以爲不當, 惶恐極矣. 然不可以此而冒進, 久不辭免, 亦未安, 不得已復上此狀, 不知事將如何, 憂慮不淺. 且"宣教, 初通于詣仲, 終當納于該曹, 勿爲下送"云者, 謂辭免得請則如此耳. 詣仲不審其意, 以告于右相, 右相甚不可, 且"勿告他人"云. 其後尤不當更言, 而中間得書, 近欲歷稟該曹諸相前. 吾雖驚其誤入, 適無歸便, 未及禁止, 而歷告諸相, 皆以我爲不曉事, 妄欲徑納, 可笑可恨. 今因辭狀若蒙許, 則當納曹矣, 如又未蒙則姑藏於汝宅可信處而來爲可.

(『退溪先生續集』, 卷7, 張22a · b. 『韓國文集叢刊』 31, 『退溪集』 Ⅲ, p.201하 / 『退溪先生全書續集』, 卷7, 張23b-24a. 『陶山全書』 3, pp.590하-591상)

閏10月 1~4日

「答安道孫」

今見自安奇送來去月二十四日書, 知無事入京, 喜慰喜慰. 卽今試事已過, 未知何如? 在此皆無恙, 千斤今日發去. 就中物情尙多歸責云, 未知終有何事, 爲慮不淺. 而貂掩受賜, 亦甚未安如此, 而汝之爲計, 又甚誤. 受君賜, 安可遽壞爲他用乎? 千萬勿爲, 而謹藏於其宅, 若其宅未可信, 他可信處託藏可也. 爲此事急修此簡, 俾安奇人傳付陪進上人送之, 未知以時傳否? 餘具千斤持書.

(『退溪先生全書遺集外篇』, 卷5, 張51a. 『陶山全書』 4, p.280하)

「答安道孫」

昨日千斤去後, 得安奇送來汝書, 凡事知悉, 爲喜. 但其書云, "欲以帽掩爲笠掩", 此甚未安, 卽以未安之意, 答書却付安奇, 令附進上人去矣. 然恐或中間失傳, 則汝不知所處之宜, 故今復付此書平昌奴去, 且送舊帽掩. 若以此掩破作笠掩, 而新賜掩持來, 則於義便好, 可依此爲之. 然則其價十疋內一疋貿靴精, 餘九疋可貿鞍子耶? 鞍子經夏蠹壞, 欲改之, 但恐價物不足. 且汝多受冗雜貿物, 又重此事, 勢亦非便. 姑託汝婦同生可信處, 堅藏待春上去, 貿鞍亦似無妨, 如何如何? 餘詳前前書, 今不復云.

(『退溪先生全書遺集外篇』, 卷5, 張51b–52a. 『陶山全書』 4, pp.280하–281상)

「再寄安道孫」

封書後, 有追告之事.

一. 安東進上陪吏符書, 其耳掩可信處置之而來, 更思之, 如此無益, 汝來時持來爲可.

一. 其餘木司貿鞍子, 而汝不及爲, 則申監察處託令貿送, 似可爲之. 若價不足不可貿, 則可信處封藏而來, 亦可也. 大浪皮鞍子則價高, 故慮或不足耳.

(『退溪先生全書遺集外篇』, 卷5, 張52a · b. 『陶山全書』 4, p.281상)

閏10月 初旬

「答安道孫」

今叉得書, 知已過試, 爲慰爲慰. 但遠地尙未見榜, 未知誰得誰失? 在此皆無事, 汝父隨使行尙未還, 望前當還矣. 其耳掩事, 近日李甯奴及安東進上吏等持去兩書已言之. 賜物改作未安, 故當持來, 而在此耳掩, 付甯奴送去, 以此作笠掩可也. 其價物, 依前書買鞍, 汝若未暇, 付申詣仲措買亦可. 若不足, 則加備買次置之而來可也. 德原行止何如? 餘具前書, 不一.

奇獻納來否? 復書報來. 朴和叔令處答簡, 可受則受來.

(『退溪先生全書遺集外篇』, 卷5, 張52b–53a. 『陶山全書』 4, p.281상 · 하)

閏10月 23日

「答安道孫」

昨今連得兩書, 知汝未參講經, 當初高占, 已是僥幸, 今又何恨? 但當速下來而無騎馬云云, 深慮心慮. 汝書送馬之言, 得見太晩, 又適汝父承差, 向寧海等處未還, 故雖見書後, 尙未指送馬之計. 昨日爲遣人于驛, 時未還來, 汝父還驛與否, 亦未知之, 深爲悶慮悶慮. 雖來而圖送, 必致遲遲, 何以若待? 恨恨. 鞍事, 待明春爲之至可, 堅藏其物而已. 適周生員博來對, 未得一一.

來之等, 昨無事入來云, 士敬事深喜.

(『退溪先生全書遺集外篇』, 卷5, 張53a·b. 『陶山全書』 4, p.281하)

閏10月 24日

「答安道孫」

金壕·琴來之持書, 皆答附金得可迎奴允同去矣, 未知以時得見否耳? 人馬今始遣去, 其間苦待可知. 此非他故, 汝之通示晩到, 而汝父適他出故也. 留京之日加點, 或可稍爲, 未知何如耶? 右相前進謁也? 前云朴同知前受答事, 亦不必固受. 其餘處, 但受其所答, 毋拘索答可也. 爲性傳處『啓蒙傳疑』, 則不可不取來耳. 生雉一首送去. 寒路愼保愼保.

鞍待明年可可.

李察訪復伻書如此. 咸昌人近日定來, 則俟其人來通書之意, 答送爲計. 若咸人之來未必, 則旣許而不通書, 是欺之也. 聞汝有製述事, 中輟〈輟?〉作書, 雖甚非便, 然不可不强作裁送也. 其別紙所云“欲給土田·臧獲以和”云云者, 無乃司封於此乎? 其言只問於我耳. 若示於權施伯以及景得輩, 反爲未便. 須圻〈坼?〉取其紙, 送還于此, 只封其簡爲可.

(『退溪先生全書遺集外篇』, 卷5, 張53b–54a. 『陶山全書』 4, pp.281하–282상)

11月 11~29日(그믐)

「奇示孫兒安道二首」

孫兒安道近往龍壽寺讀書, 因追憶先世爲子姪訓戒之詩, 所以誨導期望者, 丁寧懇到, 反復通譯, 不勝感涕拳拳之至, 不可不使後生輩聞之, 謹用元韻, 寄示安道, 庶幾知家敎所自來, 以自勉云爾.

先吏曹府君少時, 與叔父松齋府君, 讀書龍壽寺, 先祖兵曹府君寄詩一絶云, “

節序駸駸歲暮天, 雪山深擁寺門前. 念渠苦業寒窓下, 淸夢時時到榻邊."

先第三兄·第四兄, 少時讀書*龍壽寺*, 先叔父松齋府君寄詩一律云, "碧嶺圍屛雪打樓, 佛幢深處可焚油. 三多足使三冬富, 一理當從一貫求. 經術莫言靑紫具, 藏修須作立揚謀. 古來業白俱要早, 槐市前頭歲月遒."

今混寄示安道詩, 二首. "念爾山房臘雪天, 業成勤苦庶追前. 二詩三復無窮意, 一枕更闌夢覺邊. / 少年*龍社*僦書樓, 幾把松明代爇油? 家訓未忘當日戒, 理源伋昧至今求. 老情蘄汝承遺澤, 忠告資朋尙遠謀. 門擁雪山人寂寂, 好將同惜寸陰遒."(嘉靖四十六年歲在丙寅十一月日. 時安道同樓有益友數人, 故有'忠告資朋'之語.)

(『退溪先生文集〈內集〉』, 卷4, 張22b-23b. 『韓國文集叢刊』 29, 『退溪集』 1, pp.139하-140상 / 『退溪先生全書〈內集〉』, 卷4, 張22b-23b. 『陶山全書』 1, pp.130하-131상)

12月 1~8日

「答安道孫」

知與諸君文會, 可樂, 阿淳亦遣去, 但此兒最不勤讀, 恐妨同學耳. 且其熟讀處末一日所讀, 不熟未成誦, 不可不更熟, 復若須趁同學課程, 則且授新課, 而日間便宜隨暇, 令熟其未熟處爲可.

士敬·聞遠諸君, 今未別書.

(『退溪先生全書遺集外篇』, 卷5, 張54b. 『陶山全書』 4, p.282상)

「答安道孫」

知患風新差, 汝本氣虛, 冒寒執紼, 徹夜奔遑, 固爲可虞, 當令寂往奠矣. 但汝於此喪, 在近不見, 實爲未安. 世俗有三日之奠, 汝母計於此日遣人云. 汝以是日往見, 則非冒夜執紼之比, 無乃可乎? 讀書有當計者, 有不當計者. 汝父亦以隨使于*醴*, 不及來見云, 殊似闕然, 故云云. 然亦當量氣而爲之, 餘患可慮, 則亦不得强作也.

士敬·聞遠後答, 致意.

卄六日祭*孤山*, 卄七日祭*樹谷*.

(『退溪先生全書遺集外篇』, 卷5, 張54b-55a. 『陶山全書』 4, p.282상·하)

丁卯年(1567年, 退溪 67歲, 寯 45歲, 安道 27歲)

3月

「答安道孫(丁卯)」

自安奇書來, 知無事入京, 喜慰. 在道兩書, 亦皆以時得見矣. 初場日雨, 京亦然耶? 得失竟亦如何? 此間幷依舊. 予證大槩如汝在時, 其中痰鬱口燥往復, 猶不止, 耳鳴亦甚, 想病豁除不得, 故如此. 但親舊間支離救藥, 亦殊不易, 須審度可爲而爲之爲可. 行止不獨時議, 情亦每辭爲難, 只恐使行, 或當六七月劇署之時則柰何? 以此尤深憂悶. 宋三宰前答狀及李參奉種茂書送去, 一時傳

致爲可. 存齋·靜存等處答書, 當付子中之行. 子精處朝報蒙示感感. 見則告之. 子修寄信良荷, 人忙未報, 亦爲致意. 餘不一.

詣仲書亦未修答. 且前寄來權右相書, 感感, 知右相已發行, 故姑停修辭, 幷告之.

(『退溪先生全書遺集外篇』, 卷5, 張55a-56a. 『陶山全書』 4, pp.282하-283상)

4月

「寄安道孫」

𡊮失還, 得書具悉. 但德原失火之, 曾未聞知, 汝書亦不詳言, 只問來奴, 知見災不少, 甚爲驚愕. 如此則汝之往見固當. 未知近日闔衙安否何如? 汝亦好在如何? 深慮深慮. 且汝欲率眷先出來之計, 甚善, 未知能如計乎? 此處幷依舊, 但寯舍不平. 寯得病甚危極, 只主學家避寓後, 寯僅得差愈, 近似向平, 何幸如之? 汝若未率眷, 何時還京耶? 吾之行計, 以天使無奇, 尙未定意, 而反復思之, 極多有難處者, 柰何柰何? 所送之藥及諸簡, 皆受之. 試論見之, 其論上四五行之間, 語意殊淺率, 故不入等耳. 餘不具.

此處大旱焦土, 民生可憐.

(『退溪先生全書遺集外篇』, 卷5, 張56a · b. 『陶山全書』 4, p.283상)

5月 下旬

「奇安道孫」

前見四月初二日書, 知無事到彼, 旋因軍威家奴上京者, 答書附去, 令付京中德原宅奴入送. 頃又得同月十九日書, 善山宅奴持來, 具悉, 深慰深慰. 但汝挈家還京事, 書中更不云, 想必以農月爲難而停之耶? 此則無可柰何矣. 汝父意欲汝滿圓點來榜赴館試, 未知於汝意如何? 若欲如此, 夏間不可不早來居泮, 然如吾意經學不熟, 雖得館, 亦恐無益. 此在汝量處之耳. 前來藥試用數服後, 以春間苦於湯藥之故姑停, 謹藏以備後日之需. 天使來聲尙爾寥寥, 勢似至於秋冬寒凍時月, 則病人作行極難, 進退之計, 莫適所從, 悶悶. 宋·金兩處書, 誤傳入北. 凡遠書中間例多此弊, 可恨. 又未知還送後能無誤滯否? 此間依舊, 但察訪兄避出, 尙未還入. 烏川大宅患痁累次, 今已得差爾. *明川*入還草此不具.

似聞端心母不平云, 未知何證, 遠念殊多.

旱災劇甚, 昨始得雨, 猶未洽. 聞之四方皆然, 未知彼中如何?

(『退溪先生全書遺集外篇』, 卷5, 張56b–57b. 『陶山全書』 4, p.283상·하)

6月 26日

「答安道孫」

書來, 知汝婦患病, 何其頻數不平如此耶? 深以爲慮爲慮. 予以每辭極難, 不得已月十二發行, 行十三日忌祭于*樹谷*, 自是曉行書息, 乘舟于*惟新*, 昨得入京. 初欲寓*西小門*家, 以予將來, 則予之寓汝舅宅, 似有相資之勢, 故寓于*竹箭洞*. 景虎氏來見措接而去, 深荷深荷. 汝父欲隨行*惟新*以前, 而不意以〈倭〉國王使護行承差, 自*榮川*馳向下道, 朴改隨行以來. 道間他無事, 在舟中得署痢, 今尙未殄, 故未卽行謝, 然已向差, 勿慮勿慮. 且汝婦先出來爲計已久, 今汝若經來, 則其行又不如計, 其間事多相妨, 須姑留以待開月旬後之行率來, 至當至當. 府使前因客擾, 未及修狀, 恨仰. 且送來魚物感仰之意, 告達爲可. 在鄕諸親, 皆無事. 但中今彦遇奴持書, 答送于*烏川*, 其奴不意逃去, 故其書還*退溪*. 其後汝父因他人送京, 令傳于此, 意謂汝已得見, 今見汝書, 必中滯失傳矣. 餘未一一. 率行愼戒爲善.

天使已越江, 以來月十五·十七·廿日等擇入京, 但上體未寧, 群情悶慮.

今聞汝父以天使時領馬差員, 今日當入城云, 可喜. 不知汝行遲速如何? 率否如何? 若爲率計, 則不可以亡故而更改. 不然, 須速來, 乃可及見汝父也. 汝父天使還後, 似當不久而還, 故云.

(『退溪先生全書遺集外篇』, 卷5, 張57b~58b. 『陶山全書』 4, pp.283하~284상)

7月 11~16日

「寄安道孫」/「寄安道孫(丁卯)」//「寄安道孫」: 疊載.

前書已見否? 余路患署痢, 入都三日, 遽遭國恤, 攀號奔迫, 何所不至? 以此久未差痊, 今似又有脾胃證. 不能飮食, 深以爲慮. 然尙不至重發, 以予本病之身, 反爲幸耳. 所以不寓西小門家而寓此家者, 以與汝同寓爲便耳. 但聞汝婦所患, 尙今未差, 求藥於此云. 是何久而未差耶? 深慮. 然則率來之計, 當何決耶? 有病則遠行甚未易, 如何如何? 吾初意中秋前下去, 今則國事如此, 山陵未畢前下去似難, 勢將涉寒, 歸計多妨, 爲悶萬萬. 餘不一.

天使到安州, 十七日當入京云.

(『退溪先生續集』, 卷7, 張23a. 『韓國文集叢刊』 31, 『退溪集』 Ⅲ, p.202상 / 『退溪先生全書續集』, 卷7, 張24a·b. 『陶山全書』 3, p.591상 // 『退溪先生全書遺集外篇』, 卷5, 張58b~59a. 『陶山全書』 4, p.284상·하)

7月 下旬

「答安道孫」

府人來得書, 知將以十五日登途云, 然汝婦病尙未永差, 汝行猶未可必, 恨慮恨慮. 國恤痛變及汝父入京, 前書已言之. 于今聖明繼照, 賢使善回, 人心胥悅, 不幸中之大幸也. 但吾行未決, 爲悶不淺. 山陵, 初定九月卄二, 以其未滿五月, 欲退於十一月間, 時未定卜. 然則極寒, 似未可待畢而後歸也. 欲於來旬望間歸, 而事多未必, 甚可慮也. 文川人日暮來辭, 暗中草草.

汝父適出, 未修書.

(『退溪先生全書遺集外篇』, 卷5, 張59b. 『陶山全書』 4, p.284하)

8月 2~4日

「答安道孫」

久訝爾來遲遲, 今見書, 知爾婦病許久未差, 證勢非經, 不勝慮悶慮悶. 如此則率來遠道, 豈不甚難? 不如姑留以待差歟. 若猶可上來, 則未寒前率來, 京家調藥, 此尤上計也. 吾今爲劇曹, 不得已呈辭, 得遞則便行爲計. 汝雖速來, 似不及相見, 可恨可恨. 然久病之人, 汝不可不看護救療, 不暇他計也. 送物皆至, 但汝何有所得而如此耶? 餘具汝父書, 只此.

(『退溪先生全書遺集外篇』, 卷5, 張60a. 『陶山全書』 4, p.285상)

8月 5日

「寄安道孫」

權生員持書, 旣見而答去矣. 未知其後汝妻病如何? 汝行止亦何? 病差則率來, 未差則留見, 不過二者而已. 予近日尤憊, 今日在呈辭, 未得遞差, 則初九日三呈, 十日欲乘舟下去, 但恐或有防留者, 慮悶慮悶. 府使尊前, 曾已拜書, 故今不在書, 此意告白. 府使前書有歸志云, 歸則汝妻行自在其中, 吾意雖或未歸, 汝妻則先出來似當, 不知如何? 久留于此, 未及見汝而歸, 可恨, 然勢之然耳, 柰何? 六君子湯若干服劑送. 但人皆云, "胎氣之病, 似此證", 須千萬審察, 毋輕用藥, 至可. 餘具前書, 不一.

下玄宮, 定於九月卄二日, 而李愈上疏, "不待五月而葬, 非禮"云云, 命改卜十月, 十月內絶無吉日, 時方商議, 未定日矣.

(『退溪先生全書遺集外篇』, 卷5, 張60a-61a. 『陶山全書』 4, p.285상·하)

8月 下旬

「寄安道孫」

邸奴自京來, 得書, 知汝武恙, 稍慰情念. 但汝婦頭痛雖愈, 痰吐尙苦, 只此一證, 爲患甚重, 深慮甚慮. 余入都, 直變故多事, 逐隊奔遑, 勞傷太劇, 病發峻甚, 雖在樞閒, 猶難久淹, 適除禮判, 一日不能供職而遞, 負恩〈如〉此, 義不可尸祿濡滯, 故不得不速決歸計. 今聞諸公皆以爲非, 惶愧何勝? 然此但據爲山陵盡情一邊而言也. 若以人臣不職當去, 不可一日冒處之義言之, 情反爲此義所奪, 安得而不急去耶? 况余數十年來, 以病爲去就, 今若不去過冬, 或遇寒疾, 溘然於黯闇之中, 則一生忍窮辭退之意安在哉? 世人皆不思此義而云云, 可歎. 當彼時, 軀命阽危, 不得不用權自救, 爲不死之計, 又得禹性傳劑惠平胃煎, 服之, 不多日間, 漸覺有生道. 自水路半程以後復行素, 以至今日, 尙得支拄, 是則差爲幸矣.

送來足件二受之, 但汝婦病中, 何必如此耶? 存使果遂歸計, 則於汝亦好, 但遠路初寒, 保行甚難, 戒愼戒愼.

(『退溪先生續集』, 卷7, 張23a–24a. 『韓國文集叢刊』 31, 『退溪集』 III, p.202상·하 / 『退溪先生全書續集)』, 卷7, 張24~b–25a. 『陶山全書』 3, pp.591하–592상)

「答安道孫(丁卯)」

就中余以病重, 禮判不任, 慚負新恩, 難於尸竊, 又向寒畏死, 窘迫徑歸. 今聞時論, 大爲非責, 將不復備數人類, 惶恐死罪, 柰何柰何? 汝廢業已久, 離膝下亦多時, 但居泮不可廢. 春間似復有一試, 近毋下來留泮過冬, 亦須隨分勉力, 做得兩邊工夫. 歲月如馳, 豈可徒漫浪以了一生耶?

(『退溪先生全書遺集外篇』, 卷5, 張61b–62a. 『陶山全書』 4, pp.285하–286상)

10月

「安道寄答/答安道孫別紙」

吾行誠爲徑率. 病人行事, 每落一邊, 不滿人意則有之. 然通前後蹤跡與當日病中情狀而觀之, 其間不無義意. 頗聞諸公盛加怒責, 何能戶曉? 只當自反惕省, 携謝而已, 無甚分疎, 乃第一策也. 頃因諸友書來, 答時, 未免或出分疎之言, 而其中答明彦書, 尤說到底裏, 又恐無益而反招悔吝也. 其書金而精奴春山持去, 意或而精之傳致其書, 親見明彦也. 試問明彦見其書, 以爲何如, 人來, 略說來爲可. 且汝遇人之謗我疑我問我者, 但答以大父每謂, "當時實因病重, 不欲死於尸位而徑歸, 若早知至今生存, 何至如此"云云, 可也. 而精若謄來其書, 汝亦可見矣. 其末段所引諸說中, 楊龜山詩句, 似未穩, 抹而去之爲可. 作書未了, 春山來, 索答立俟, 所以未及細思而去之, 亦可恨耳.

(『(韓國書藝史特別殿) 退溪 李滉』, 예술의 전당, p.155 // 『退溪先生續集』, 卷7, 張

24a·b. 『韓國文集叢刊』 31. 『退溪集』 III. p.202하 / 『退溪先生全書續集』. 卷7. 張25b-26a. 『陶山全書』 3. p.592상·하)

11月 初旬

「答安道孫」

就中余以前事毁謗未息, 方俟罪罰, 不意又下召旨, 惶駭莫知所由. 正此隆寒, 恨疾與心熱·痰鬱方纏, 閉戶深縮, 猶懼危革, 觸犯奔馳, 殞踣難測, 不得已又上辭狀, 又恐因而生事召鬧, 深以憂恐. 聞今此召命, 因經筵官所啓, 未知何員? 其說云何? 猶未必汝之到否, 故略此.

(『退溪先生全書遺集外篇』. 卷5. 張62a·b. 『陶山全書』 4. p.286상)

12月 14日

「答安道孫(丁卯)」

前聞十月卄五日發行, 而至十一月望念間, 猶未到京云. 意或今冬不能出來, 渾家憂慮之至. 今得書, 知已無事入京, 深喜深喜. 汝之濡滯關北已久, 此間如趙·琴諸人, 謂汝不當如此, 頗有齒舌, 余答以事勢如此, 不得已而然耳云云. 余歸後毁謗藉藉, 雖爲未安, 在我老病愚拙之分, 庶得因此永棄, 未必非幸. 不意反有欺天罔聖之事, 疊下累至, 不勝震越, 無地措身, 勢將爲凍死中路之計, 適蒙日溫上來之旨, 姑紓目前之窘, 不知到日溫後當如何也? 余平昔, 每望奇明彦能不拘世習, 直陳吾愚病不可用之實, 幷及進退辭受之間, 不可不從其請之意, 以解我倒懸也. 今乃手自推入于百尺之井, 極知吾素行不足取信於朋友, 以至此極, 徒自愧痛而已. 柰何柰何? 家門雪寃之事, 喜慶悲痛, 幽明兩極, 感祝無已. 汝則非徒居泮, 亦有別學, 所當留彼, 但恐身處波蕩中, 不得專意做工, 更須勉勵十分. 奇君處答簡, 今不須問其看如何. 若小有相知, 豈至於此耶? 金而精奴春山來此, 今日受答還去耳. 餘不一不一.

(『退溪先生文集〈內集〉』. 卷40. 張23a-24a. 『韓國文集叢刊』 30. 『退溪集』 II. p.398상·하 / 『退溪先生全書〈內集〉』. 卷57. 張10a-11a. 『陶山全書』 3. p.216상·하)

12月 16~30日(晦日)

「答安道孫」: 疊貳.

咸昌人待來書, 答付其人之去. 今又朴部將奴來見書, 知已入泮安好, 必以爲慰. 在此大小皆依舊. 但吾行處之極難, 當習讀之歸, 果有晦時發行計, 而自謂必無全理, 賴待日溫之旨, 且作目前之幸, 尤以日溫後行止爲難耳. 汝書云, "眷非尋常, 機會亦大"等語, 亦多駭甚. 從前吾之難出, 正爲恩眷過重, 自不敢當耳, 豈以無機會之故耶? 大抵吾之事, 比前倍極難處, 不知終如何出場, 憂慮不淺, 柰何? 奇明彦處答簡, 前日所問, 欲知彼知我意與否也. 今略聞其所以攛掇我者如許, 何必更問知不知耶? 汝父在任所. 餘詳前書, 要之勤業愼口.

(『退溪先生續集』, 卷7, 張24b-25a. 『韓國文集叢刊』 31, 『退溪集』 III. pp.202하-203상 / 『退溪先生全書續集』, 卷7, 張26a·b. 『陶山全書』 3, p.592하 // 『退溪先生全書遺集外篇』, 卷5, 張62b-63a. 『陶山全書』 4, p.286상·하)

戊辰年(1568年, 退溪 68歲, 寯 46歲, 安道 28歲)

11月 6日

「答安道 李生員 竹前洞德原宅」/「答安道孫(戊辰)」: 分編

歲前安東人·本縣從馬人·朴部將宅奴等持來書, 連得見之, 知汝無事且結友居泮, 深慰向念. 卽今歲改, 想諸凡仍好矣. 在此大小悉安佳. 汝父今得京官, 月十六間當發行上去, 他無寓處, 必寓西小門可. 安佐郎必以舍出爲難, 然事勢如此, 不得已之意善白, 使空以待可也. 吾之行止, 今將春和, 不行極難, 行亦尤難, 陳情乞辭, 不可以書狀爲之, 不得不以疏章, 今已草定, 汝父之行, 齎捧進呈. 或致更忤朝意, 未可知, 然任然承當而冒進, 比前有萬倍之難也. 此意姑勿宣播, 汝獨知之也. 賜肉, 只得如汝書所云處之爲當, 何可遠送乎? 定州來兩書, 姑置奚處. 金而精欲得批點本, 其批點一件, 姑付之. 汝父之安奇未還. 餘具汝庶祖母諺書. 部將奴倉卒來受書, 不一不一.

戊辰正月初六日, 大父.

(『先祖遺墨』, 上溪 光明室 所藏, 第8, 張1a·b /『退溪先生全書遺集外篇』, 卷6-1, 張1a·b, 『陶山全書』 4, p.296하)

1月 9日

「安道寄書 李生員 *竹前洞*德原府使宅」/「寄安道孫」

春初想汝好在. 此中亦皆依舊. 就中吾行以待日溫之命, 姑緩目前矣. 然今次敎旨, 恩眷非常, 禮意太重, 比前萬倍, 難以承當冒進. 況去年徑歸, 毁謗如山, 尤不可隱匿於天日之下, 而抗顔以進. 不得已修一疏章, 因李福弘之行, 附之以送, 令傳於汝. 汝顔齎捧, 進入于政院呈上爲可. 然須招素知書吏如金順臣者, 帶率而入, 乃可知院門進呈之節次矣. 此事得蒙天恩, 未可必. 或恐反致違忤, 如戊午年事, 然勢極爲難, 不可不力辭故也. 大意歷陳前後負恩罪過, 老病乞致仕等事耳. 汝父十六間發行. 餘詳數日前朴部將奴持去書, 今不一一.

戊辰正月初九日, 大父.

旣封疏後, 天使時召命書狀又到, 罔知所處之宜, 疏不可中止, 只得上送, 恭俟嚴旨如何耳. 然春寒不減於冬, 柰何柰何?

(『先祖遺墨』, 上溪 光明室 所藏, 第8, 張2a-3a /『退溪先生全書遺集外篇』, 卷6-1, 張2a-3a, 『陶山全書』 4, p.297상·하)

1月 10日頃

「答安道孫(戊辰)」: 分編.

疏末但云正月日, 不云某日, 而李福弘以初九日發行. 製述官召命書狀, 初八日來到, 亦以初九日日晩答上書狀發去. 未知疏·狀入京先後, 若一時幷呈, 或疏呈在小退則好矣. 萬一疏呈後狀呈太緩, 則有不便之勢, 須聞見量處爲可. 狀中亦以疏中意及春寒尙嚴請辭矣.

(『先祖遺墨』, 上溪 光明室 所藏, 第8, 張2a /『退溪先生全書遺集外篇』, 卷6-1, 張2a, 『陶山全書』 4, pp.296하-297상)

1月 10~15日

「答安道孫」

而精奴來, 得見除日汝書及而精書, 諸事具悉. 足以爲慰. 此中皆無事. 入新歲, 吾雖以心熱痰氣, 恐有去年病復發之幾, 然尙未大發, 艱自保指. 若如此支持, 日旣暄和後, 自可延生, 只以頃日自劾疏上, 不知朝意·時論如何, 日夜憂恐. 且疏付李福弘, 而其行似遲. 辭狀付*靑坡驛*奴, 其行似速. 則其〈入〉啓先後, 又不知如何, 亦甚爲慮. 汝書問春和後行止如何, 則似未知去月卄日以天使接應促召有書狀事也. 此書狀則又不待春和令上來, 而又不得上去, 又爲辭狀, 以此尤爲未安耳. 金而精前今二書皆答, 而緣自劾之末未知何如, 親朋諸書, 皆未奉答, 爲傳此意爲可. 餘在汝父之行.

明彦不相知之說, 勿更云可也. 在明彦雖則硏矣, 旣爲絲綸之言, 不當指爲如何. 前此偶未思之. 今乃云耳.

(『退溪先生全書遺集外篇』, 卷5, 張63a–64a. 『陶山全書』 4, pp.286하–287상)

1月 24日

「安道寄答 李生員 *竹箭洞*憲原宅」/「答安道孫」

今見汝十七日書. 自*烏川*來, 知辭狀先到已啓下, 而無他慮慮. 然其狀中幷擧自劾上疏事, 必以疏至後一時發落, 故無傳旨矣. 今想疏亦已達, 未知何以處之? 未測朝意如何, 憂悶憂悶. 知寄書不傳, 恨恨. 其書無他語, 依李福弘持書及今去書處之云耳. 兩書所云, “疏與狀, 一時相續入啓, 則一時有發落爲好. 或狀先而疏後, 或疏先而狀後, 其間多日, 只據一而發落, 則疏·狀兩似無力, 可慮”云云耳. 然狀旣先到, 不可不入啓, 雖非一時, 柰何柰何? 右相去年獨深憂我病重, 故今之所議亦然, 深感且幸且幸. 未知疏下後議處者如何? 深切終惠之望. 今遭此事, 吾之進路益塞, 而朝議如彼, 勢將得罪不可說也. 李庇遠妻, 今朝損生, 痛慘無比. 以此心亂, 金正郎書, 未修報答, 爲傳之. 餘詳今日政府人持去書, 草此.

戊辰正月卄四日, 大父.

(『先祖遺墨』, 上溪 光明室 所藏, 第8. 張3b–4b / 『退溪先生全書遺集外篇』, 卷6–1, 張3a·b. 『陶山全書』 4, p.297하)

1月

「答安道孫(戊辰)」

禹景善前後書, 亦皆奉悉, 今亦以憂撓之故, 未暇答報, 所詢'休'字罷止之義, 承上"機務明習, 綱條總攣"而言故耳.(先生所製康陵挽詞中, 有"母臨休護攝"之句, 所謂'休'字, 乃指此'休'字也.) 「命圖」, 時未更定, 蓋亦未可輕易, 故久未奉還, 此意爲致之. 「格物說」, 亦以畏衆議, 未敢送入都耳.

(『退溪先生文集〈內集〉』, 卷40, 張24a · b. 『韓國文集叢刊』 30, 『退溪集』 II, p.398하 / 『退溪先生全書〈內集〉』, 卷57, 張11a · b. 『陶山全書』 3, p.216하)

「與安道孫」

許承旨公, 爲寄煎藥, 感愧厚意, 但有鄙懇, 欲憑景善以達. 古人固以蔽賢爲罪, 薦賢爲忠. 然以不賢爲賢, 而濫有論薦, 其人與被薦者, 交受其譏. 受譏小事, 因致顚沛病國者, 古來豈少哉? 以許公之知而不慮此, 何耶? 滉與許公, 相與周旋, 亦云久矣, 若可以相知矣. 況去秋以來, 滉方在謗海波飜中, 非唯他人, 許公亦未必不爲譙訶, 乃反忽然無端出此薦言, 大爲揄揚, 致令病躓垂死微蹤, 復見顚沛, 將入罪罟, 其可謂相知乎? 古人有"白頭如新"之語. 許公嘗令滉作其新齋記, 鄭重而久未果. 如或作之, 當以此語爲主意, 乃可乎? 昔嵇康作絶交書, 以絶山濤, 吾嘗疑其過激. 自今觀之, 亦不可以絶者爲全非, 而見絶者固自有以召之也.

(『退溪先生文集〈內集〉』, 卷40, 張24b-25a. 『韓國文集叢刊』 30, 『退溪集』 II, pp.398하-399상 / 『退溪先生全書〈內集〉』, 卷57, 張11b-12b. 『陶山全書』 3, pp.216하-217상)

2月 5日

「安道寄書 *竹前洞李生員*」/「寄安道孫」

近日安否? 此中庇遠家外, 他皆無恙. 去廿九日奉旨, 乃答疏幷狀書狀也. 驚怖罔措. 又上辭狀, 深恐得罪不測, 柰何柰何? 且未知疏出物情 · 朝議如何, 又未知去十九日所上貳相辭狀啓後發落如何, 慮恐慮恐. 來人, 凡事隨所聞, 書報爲可. 餘詳前後書, 不一.

戊辰二月初五日, 大父.

(『先祖遺墨』, 上溪 光明室 所藏, 第8, 張4b-5b / 『退溪先生全書遺集外篇』, 卷6-1, 張3b-4a. 『陶山全書』 4, pp.297하-298상)

2月 7日

「安道答書 *竹前洞李生員*」/「答安道孫」

莫仇知及安奇人持來兩書, 連日得見, 知汝父入京無事, 深喜. 但吾不知平生作何等不義事, 乃不爲天所祐, 身見如此千萬古所無之事, 輾轉推遷, 以至此極耶? 自奉不允批旨, 乃知螻蟻微悃, 雖披肝瀝血, 苦懇哀切, 無以上格于天, 若墜千仞之壑, 震越之餘, 求死無路, 只有逃遁一事, 似若可爲, 而以汝等在都下, 故姑未果. 若更有太迫之事, 恐不得不出於此, 汝等事, 亦不暇計也. 柰可柰可? 汝以疏中之辭, 爲迫切爲分疏耶? 晦菴辭江西提刑狀云, "議者謂臣爲事君無禮, 是則臣罪當誅戮, 豈可復任外臺之寄?" 歐公陳謝表有"置臣於風波必死之地"云云, 皆指時人而言. 以此視吾言, 孰爲迫切, 孰非分疏耶? 汝旣不曉我意, 金而精近書每欲吾進, 他人肯知我意乎? 「格物說」, 本因今城主所問而作, 故曾寄柰城. 況今非其時, 安可取送乎? 後上兩辭狀, 想今皆已上達, 未知何如, 徒深憂灼. 近趙振及億良·欣石連持書去, 不一.

戊辰二月初七日, 大父.

金伯榮·金而精·李棐卿書, 皆未修答, 致意可也. 曆書·奇別來矣.

(『先祖遺墨』, 上溪 光明室 所藏, 第8, 張5b-6b / 『退溪先生全書遺集外篇』, 卷6-1, 張4a-5a. 『陶山全書』 4, p.298상·하)

2月 16日

「安道寄書 *竹前洞李生員*」/「答安道孫」

不知汝父子近日安否? 人或有云"汝父移他司", 未知信否? 信則是何司耶? 天使想已發還, 國歌接待, 其無關事耶? 汝父職事, 亦何過耶? 家中幷依舊, 但吾事今作何狀耶? 兩辭狀今想皆達, 未知發落何如? 吾日夜望有恩許, 而非徒未蒙許命, 反有加憂者云. 苟如是, 豈有可進之日? 必得大罪而後已, 柰何柰何? 以此日夜憂煎, 日覺心證發動. 若朝命不止, 而吾病轉劇, 則汝等似亦難在於京, 事勢有大不便者, 然事到極處, 萬事不暇計也. 須勿以語人, 心中五知之. 寫書至此, 而吳大源適至, 得見汝等書, 粗知近事. 但疏中引'山禽'等語, 本只欲川鑑洞知微臣種種罪過不容時議之實而已, 豈有他意? 今聞領相至欲引嫌, 惶恐惶恐, 陞職之召, 丙寅年已不敢進, 今更埈陞而召, 是何異於塞路而使之行乎? 然言之無益, 俟罪而已.

戊辰二月十六日, 大父.

(『先祖遺墨』, 上溪 光明室 所藏, 第8, 張6b–7b / 『退溪先生全書遺集外篇』, 卷6–1, 張5a–6a, 『陶山全書』 4, pp.298하–299상)

3月 12日

「安道復書 李生員*竹前洞*」/「答安道孫」

自連守奴來後, 續續得書, 具知近事. 但汝父借騎之失, 甚非細, 故初聞猶冀追尋於數日之後, 今見初五日書, 未尋云, 則終不得矣. 詣仲失官又失馬, 其悶厄尤甚, 不可不買馬給之, 賣物今雖營織, 想未易充, 可慮. 汝之鞍子, 亦不可無之物, 不知何以備取? 亦深爲慮. 郭城主之行, 於汝未及爲書, 而與汝父書, 因*榮川*官人適來, 付令傳士于其行, 今未有傳書之報, 想官人之還, 不及城主在*榮川*時, 故失傳耳. 吾前上陞品辭狀, 不達於政院, 想必中路失去, 恨怪恨怪. 今不得已復上一疏, 未知朝意終何以處之? 柳應教及諸公, 諸皆以爲辭之無益, 不如一來乞退, 庶或有望, 此意亦似然矣. 然崇品之秩·貳公之職, 豈老病庸妄人, 試可乃已之地耶? 又況近義文衡之任, 賤名又在其中, 獨不思遠接四人, 以稱病避事, 遭彈擊乎? 彼偶得之病, 猶不免此, 以我長年積病, 又司聞此而冒進, 必遭彈擊而後還退乎? 吾心證非輕, 賴閒靜謹調, 僅得不至於甚. 自去年以來, 長在逆境之中, 雖强加俳遣, 定力不固, 不免有時而鬱悒心地, 若此外之癯悴, 亦何足爲怪? 然常以古人處大患之道, 自勉靳靳度日耳. 汝父受由下來, 不爲無辭, 但吾非臥床之病, 而天使又來, 棄職而來, 亦殊未安, 過使而來, 又至夏晩, 事勢多不便, 又無馬, 不知當何以善處耶? 科學退否如何? 禹景善頻書, 甚荷厚意, 今又以人忙簡多, 未及修報, 愧恨之意傳之.

戊辰三月十二日, 大父.

(『先祖遺墨』, 上溪 光明室 所藏, 第8, 張7b–9a / 『退溪先生全書遺集外篇』, 卷6–1, 張6a–7a, 『陶山全書』 4, p.299상·하)

4月 5日

「答安道 竹前洞李生員」/「答安道孫」

近得去十九日書·卄六日書, 凡事具悉. 又知汝婦娩身得男, 家慶莫逾於此, 喜不可勝喜不可勝. 因汝父書, 知當初其母有小不寧, 今已向差云, 不知如何, 斯爲慮耳. 汝圓點已畢亦喜. 此間并依舊, 但吾間間有小不平, 恐或因事加發, 心常撓悶耳. 當初不以狀而以疏者, 庶欲極陳情悃 冀蒙天許, 而反致敎書遣官之事, 雖悔何及? 若如所云去晦間發京, 則今可到而未到, 未知何故而然耶? 吾難進多端, 疏中備陳 而人皆一筆句斷, 略下省諒, 皆云不可不來, 柰何柰何? 今聞奇承旨因疏啓解之辭, 於我甚得俅拔之力, 深爲感幸. 但不遂請停召命, 使我猶不免於窘束, 是爲可恨耳. 敎書到後, 可決所處之宜, 然正當詔使多事之時, 入則必不免稱病避事之劾, 此尤第一難事. 又況二相不遞 固無可進之義矣. 凡賜物中書册則猶可, 若數則吾未拜二相之命, 而徑受貳相賜物可乎? 勿爲不送, 留置以待後日吾書所云而處之, 爲可. 吾欲於辭狀并辭之故也. 前辭狀皆到之由知之. 大提已歸朴和叔, 可喜. 柳司鍊書及晦齋行狀, 受而詳之, 當衣其示改修, 而心事多撓未果, 無乃以爲避乎? 汝所云"當賓客"'富'字, 固可疑, 但李全仁如此書送, 似不爲誤, 無乃以正二品有時而兼副賓客, 或有其例, 如同知經筵本從二品, 而或以正二品兼之耶? 具景瑞處, 問考此例有無而報來爲可. 泮中請四先生文廟從祀, 此事何可如此輕易乎? 吾見己卯人時館學請寒喧從祀文廟, 其議防啓之辭有曰, "從祀至重, 雖以楊龜山·謝上蔡, 猶不得參, 今豈易言比請? 只於家廟賜祭"云云.(不記其辭, 大意如此.) 此言殊有理, 但家廟賜祭, 亦似未穩耳. 須以此勸景善, 勿爲率然擧大典也, 至可至可. 汝父馬價, 今始送去, 但買馬當與詣仲而無馬, 且京中諸僚多故, 何來尋極難, 柰何? 諸人曾有書及柳司鍊書, 皆不得答. 心鬱故也. 如見, 皆致謝意. 疏草等, 皆下送爲可. 餘具前去諸書, 不一.

戊辰四月初五日 大父.

兒名'壽慶', 一則以其生於五陽昌盛之時, 名曰'昌陽', 二名中取其尤好者, 在汝父子議定. 閔右相挽詞二首書送, 但甚非其時, 雖在山所, 見者必多, 姑勿送之, 隨後爲可.

(『先祖遺墨』 上溪 光明室 所藏. 第8. 張9a-10b / 『退溪先生全書遺集外篇』 卷6-1. 張7b-9b. 『陶山全書』 4. pp.299하-300하)

4月 24日

「答安道 *西小門內*」/「答安道孫」: 分編.

㱐同及白雲地人來, 得初十日·十七日書, 爲慰, 汝結友居接善矣, 想今已罷入試矣. 此處皆無事. 宋判事, 似爲未安, 然必有意, 何可易議? 洪貳相又辭退, 未知何故? 舊人多如此, 益令人悚懼也. 和叔不免其任, 想多悶憂. 趙憲事, 贈職與諡可, 而配享恐皆不當輕議也. 藥物, 固不可輕付雜人也. 習讀回啓及答辭如此, 尙無許命, 柰何柰何? 崔子粹參試可喜. 鄕榜, 信道及琴應壎·具贊祿·金坱參, 而寯也又不中, 恨恨. 盧直提求歸養, 而反得携親至京之命, 今之求退, 可知其爲難矣. 不知終何以處之? 餘不一.

戊辰四月二十四日, 大父.

李·權·安三君惠書, 深荷, 憂畏方劇且病倦, 未得修辭, 愧負之言, 傳告爲可. 德原何時度關至京? 似聞失攝, 慮慮.

(『先祖遺墨』, 上溪 光明室 所藏, 第8, 張11a·b / 『退溪先生全書遺集外篇』, 卷6-1, 張9b-10a, 『陶山全書』 4, pp.300하-301상)

5月 下旬

「答安道孫」: 分編.

非*醴泉*人來也, 寯姪自彼遣人問安于*醴泉*, 得弘祚答書, 昨以答書來送*溫溪*, 又傳又此. 其書云, "自月初二得浮腫證, 旬後又發痢證, 全不進食, 沈困不省, 用藥無效, 勢將難救"云. 不勝煎慮罔極. 今曉已遣人深候, 雨勢如此, 恐阻水尤悶. 昨寯及弘祚書, 還送*溫溪*, 忘不示汝, 亦恨.

(『先祖遺墨』, 上溪 光明室 所藏, 第8, 張12a·b / 『退溪先生全書遺集外篇』, 卷6-1, 張10a·b, 『陶山全書』 4, p.301상)

「答安道孫」: 分編

吾依舊, 但水災振古所無, 田畓大被壞沒. 旣多受債, 又逢此災, 何以卒勢? 又聞*溫溪*諸宅, 田畓覆歿殆盡, 不知門族活計何歸? 不勝憂悶, *醴泉*事, 渴待漢必之報, 而水阻如此, *沙川*非一二日可涉, 尤深煎慮. 汝父行忙, 恐有冒涉之弊, 亦慮.

(『先祖遺墨』, 上溪 光明室 所藏, 第8, 張12b-13a / 『退溪先生全書遺集外篇』, 卷6-1,

張10b.『陶山全書』4, p.301상)

6月 4~10日

「答安道孫」: 分編.

京書內, 初計望時欲發行, 近以憂患等事, 氣數不平, 恐不及望時, 當觀勢, 念後晦前欲發爲計. 但初以降授本品爲喜, 今授准職, 大失本望, 雖進不得出仕, 必欲辭還本品等事, 書中云云, 可也.

(『先祖遺墨』, 上溪 光明室 所藏, 第8, 張13a / 『退溪先生全書遺集外篇』, 卷6-1, 張10b-11a.『陶山全書』4, p.301상·하)

6月 23~24日

「寄安道孫」

汝之今行, 多持冗雜物去, 殊非儒者所宜事, 未安未安. 趙擊守喪何如? 未及修問爲恨. 前日所云事, 旣未免俗, 祭於廬所, 則何可受奠朔望於廟主乎? 若全廢未安, 則朔日令在家子弟略奠, 似亦無妨. 如問之, 以此答之爲可.

(『退溪先生全書遺集外篇』, 卷5, 張64a.『陶山全書』4, p.287상)

己巳年(1569年, 退溪 69歲, 寯 47歲, 安道 29歲)

3月 14日

「安道寄書 竹前洞李生員」/「與安道孫(己巳)」

吾行自驪江以後, 風雨連日, 氣亦不平, 不可久行於水上, 到忠州陸行, 昨宿丹陽, 今日踰嶺, 明當無事入山矣. 溪上疫氣向熄, 而青雲及下數兒未行云, 故姑向陶山. 就中文昭殿事, 兩司所啓, 竟何如結末耶? 後書須細報爲可. 且『十圖』畢刊後, 當印上數件于御前云. 其進上時, 如「西銘」等圖追改與元本不同處, 須一一付標, 具啓所以追改不同之故爲可. 此意汝須細白大司成前, 令通于政院及書堂, 不可忽也. 然其不同處, 大司成亦未詳知, 汝與而精, 須細考付標, 以告于大司成, 爲當, 判官前忙未別簡, 湖船擾未款敍, 恨戀之意傳白. 朴同之應男贈言, 獨無爲欠, 如或詮達受送可也. 然不必强也.

己巳三月十四日, 大父.

(『先祖遺墨』, 上溪 光明室 所藏, 第8, 張13b-14b / 『退溪先生文集〈內集〉』, 卷40, 張25a·b, 『韓國文集叢刊』 30, 『退溪集』 II, p.399상 / 『退溪先生全書〈內集〉』, 卷57, 張12b-13a, 『陶山全書』 3, p.217상·하)

4月 21日

「答安道 李生員*大前洞*」/「答安道孫(己巳)」

連見月初一·初八兩書, 知好在, 點畢將往江亭, 爲慰, 予到山後, 無他自保. 家中曾經夭折之慘, 今則平安, 但疫有餘氣, 而有未經者, 是爲慮耳. 柳大司成所云具悉. 爲招汝信之可感, 一書送去, 傳之爲可. *殿*事後出之說終如何? 在外不能忘情, 柰何柰何? 領相辭事, 亦終何如? 雖以有未安之端而辭之, 詳·禫臨迫, 國有大論, 相位豈當輕退? 雖欲退, 亦豈許可乎? 必已還出矣. 踽凉之譏, 勢所必至, 何族怪哉? 聞若不聞可也. 『十圖』事, 知之矣. 「四書章圖」, 出於上命可賀, 但其第一圖之病, 將爲時學誤入之階梯爲恨耳. 靜存迫別好還, 又得寄詩, 甚喜. 領府事宅, 吾在京, 只一遣六房問安而已, 果爲疎闊. 然出後遣子弟達意, 未爲不可, 而汝不往, 此汝之錯料, 而今則已晩, 難以追達矣. 朴同知前微達其意否耶? 判官前未修別狀, 傳白爲可. 李執義處答去, 白大憲則答吾書, 故不爲答狀矣. 秋場不遠, 奴馬不易具, 汝何能下來乎? 仍在見試爲可. 金*鍾城*簡見之. 『宋史』闕卷, 考出書送, 多至十册, 豈易謄寫? 但其道學諸先生卷闕, 尤可恨也. 餘在汝父, 不一.

己巳四月卄一日, 大父.

(『先祖遺墨』, 上溪 光明室 所藏, 第8, 張14b-15b / 『退溪先生全書遺集外篇』, 卷6-1, 張11a-12a, 『陶山全書』 4, pp.301하-302상)

5月 26日

「安道答寄 大慈寺李生員」/「答安道孫」

汝父書及汝書偕至, 知汝仍栖前寓, 汝廢業太甚, 臨渴之役, 尤不可忽也. 在此大小幷依舊, 里疫永淸, 而雲兒竟不行耳. 吾今在陶山, 凡百差幸, 但未免有外來之弊, 茲爲未穩, 柰何? 便人猝遽, 不復一一.

己巳五月卄日, 大父.

(『先祖遺墨』, 上溪 光明室 所藏, 第8, 張15b–16a / 『退溪先生全書遺集外篇』, 卷6–1, 張12a ㄱ, 『陶山全書』 4, p.302상)

6月 26日

「安道答 西湖李生員接處」/「答安道孫」

見十一日書, 寓接江亭, 甚善. 在此皆安穩. 鄭榮川竟至遭喪, 人事之不可恃如此, 又其家窮甚不忍聞, 惆怛不已. 諸人鄕綠, 領見矣. 金也猶有硜硜之意, 不謂其作如此事, 人固不可知也. 又不知其末如何歸結, 憂心無比. 『圖』印一張來者校送, 但其句點兩圈處, 必皆因元本誤圈處而兩加之, 不知元本是何本, 乃有此多誤耶? 可怪. 畢刻後改作小樣, 故知爲難, 故已告而精改之意矣. 惟其中「心學圖」一幅, 其上下兩旁隋(音佗, 狹而長也.)作之圈, 體小而相去之間疎. 體小, 故其中塡字, 不得不小. 間疎, 故看玩之際, 目力散漫, 不相聯屬. 此圖最不善作, 可恨. 今他圖旣難從小改作, 得改此一幅幸矣. 如欲改之, 只依『心經』本圖模樣而作, 稍展而大之, 使與諸圖之體相稱, 則必無如前之失矣. 此則不須煩白於諸公, 只汝與而精中招李明光, 以吾言詳細指敎, 使之改刻, 宜無所不可也. 若明光託以難自爲之, 乃告於外館主掌官而圖之, 亦可也.

己巳六月卄六日, 大父.

此中今朔苦雨, 今方大雨巨漲, 恐水災如去年, 深慮深慮.

(『先祖遺墨』, 上溪 光明室 所藏, 第8, 張16b–17b / 『退溪先生全書遺集外篇』, 卷6–1, 張12b–13b, 『陶山全書』 4, p.302상·하)

閏6月 15日

「安道孫答寄 李生員」/「答安道孫」

見今月初一日書, 知昌陽母患證, 久而非輕, 深以爲慮. 不知其證與在*德原*時證, 同異如何? 用藥雖不可不爲, 須十分詳審, 毋近小毒之藥, 至佳至佳. 且汝書有向差之勢, 以是爲慰. 其後如何如何? 昌兒亦何如? 慮慮. 此處依舊, 但婢銀臺得胸腹證, 頻頻氣絶, 已過旬望, 難望生道, 自今日始微有可望云. 連伊奴亦得同證, 苦極已四五日, 梁臺小婢亦病苦, 雲同者無故逃去. 霪雨作災, 百穀皆將不實. 事事如此, 心緖不好, 悵悵. 試期且近, 汝之廢業, 亦可慮也. 所示京奇具悉. 右相之辭, 甚未安, 未知終如何也? 諸書册所在, 皆知之, 『啓蒙傳疑』, 柳雲龍借去本, 已送來矣. 幷李龜巖謄本及元藁一件合三册在此, 而朴本不見于此, 無及失去乎? 前聞汝持去一本在京云, 果爾則此必朴本也. 汝須更思尋得爲可. 金泰庭〈延?〉所問, 多是變禮, 吾難決可否以答, 然隨後署報, 今則不及耳. 『十圖』之四, 已附黃*東萊*之行去矣. 但其進『圖』箚子, 不幷刻耶? 不刻則大欠, 須問而處之. 只此.

己巳閏六月望日, 大父.

金而精好在否? *西氷庫*被推事, 於而精何如耶?

(『先祖遺墨』, 上溪 光明室 所藏, 第8, 張18a-19a / 『退溪先生全書遺集外篇』, 卷6-1, 張13b-14b. 『陶山全書』 4, pp.302하-303상)

閏6月 27日

「安道孫答書 李生員寓處」/「答安道孫」

監司入界, 寄傳初十日書, 知近事, 且婦病向差, 爲喜. 想今已永差矣. 此處無恙, 端心患漆瘡方愈, 又得痢今亦差云. 『十圖』未來者二張, 而精寄來, 故校勘送還, 但箚子最末一張, 今亦不來何耶? 旣已畢刊, 一時送來校去, 則可無退緩如此, 可恨. 「心學圖」, 能已改刊否? 時事誠是可憂, 顧此邊人能愼處之, 則可不至大發矣. 不知如何耳? 金君亨彦所要署保, 不煩致之, 且告以毋控.

己巳閏六月卄七日, 大父.

前云病奴婢, 他僅起行, 銀婢餘病尙多, 耳聾愚癡, 如失性人. 朴千奴又得其病, 方苦痛已五六日, 乃心腹痛也. 雲同婢, *奉化*人家婢, 昏夜往來, 去而不還近一月. 初疑逃去, 其婢尙在, 非逃也. 似爲虎食, 或爲本夫所殺, 未可知也.

昨傳聞汝父爲典牲簿, 信否? 惇敍奴持來書見之, 知悉書中辭緣, 人忙, 未暇一一答之耳.

(『先祖遺墨』, 上溪 光明室 所藏, 第3, 張19a·b 및 第9, 張1a·b / 『退溪先生全書遺集外篇』, 卷6-1, 張14b-15b, 『陶山全書』 4, p.303상·하)

7月 9日

「安道孫書 李生員宅」/「寄安道孫」

汝等安否? 昌陽痢差後, 羸弱太甚云. 今則想已差實, 久未聞信, 念之念之. 在此上下近方粗安. 『十圖』末一張, 雖不送來, 別無疑難處, 須令而精或汝持進于奇承旨勘過後, 印出爲當, 不可每以校正之故, 千里往復, 以中延退也. 『啓蒙傳疑』, 若有一本在汝處, 則是乃朴枝華謄本也. 其曲折曾已細告, 須審檢其有無報來爲可. 『東文選』頒賜, 參否? 「四書章圖」, 可推推送. 餘不一一.

己巳七月初九日, 大父.

右出將付㐻失以送, 㐻失退以來朔初上去, 故仍付縣人以送. 汝父以供犧牲長官, 國有兩大祭不遠, 不可不顧而何來, 故迎奴退送耳. 汝妻子皆得差好, 深喜. 但權景虎氏有悼亡之慘, 德原罷官, 又遭此, 深爲歎惻. 汝久寓江舍, 不比在城中漫浪, 可熙. 『小學』卷帙既多, 『東文選』尤多, 非船行難以下來. 汝父來船, 須趁推送, 則難姑置忠州而來, 後日或因便取來也.

(『先祖遺墨』, 上溪 光明室 所藏, 第9, 張1b-2b / 『退溪先生全書遺集外篇』, 卷6-1, 張16a·b 『陶山全書』 4, p.304상)

7月 22日

「安道寄書 李生員」/「寄安道孫」

今汝父子安否? 昌兒想已如常矣. 此處幷無事. 奴連守等欲以來月送之, 恐汝父留資闕欠, 難待來望後, 故當以今卄七八發送, 若甚難留 則過禫下來事爲計. 時事近日何如? 餘具前數書.

己巳七月卄二日, 大父.

(『先祖遺墨』, 上溪 光明室 所藏, 第9, 張2b-3b / 『退溪先生全書遺集外篇』, 卷6-1 張16b-17a, 『陶山全書』 4, p.304상·하)

7月 30日(晦日)

「答安道孫書 李生員」/「答安道孫」

近連得十五日·十七日兩書, 知去西江入寓城中, 雖不似彼之專靜, 終勝在家矣. 朴欐水路好去, 深喜. 昌兒喜已差好, 但其母證中間聞亦差復, 何以尙未復常? 慮慮. 在此皆依舊. 汝母乳證, 雖非大段, 久猶未消, 先事治藥, 豈不宜當耶? 汝父退行, 欲因公下來之意, 未知之, 故恐或苦待從人之往, 欲於晦前連守等起送, 今見云云, 乃不送矣. 但如此則不得久留, 匆匆還去之勢, 爲恨耳. 雲奴死生, 至今猶未的知. 『圖』刻印出事, 今何如也? 末張不須遠寄, 自彼細審校正印出之意, 頃書通之, 其知之, 『啓蒙傳疑』, 東齋·山舍皆無之, 西舍搜檢, 必待汝父來後爲之耳. 洛中景色如彼, 深可怪慮. 未知朴大提辭銓長事, 竟如何也? 人皆辭之, 置國體於何地耶? 可爲寒心. 諸處碣文, 未免强作, 同封寄去, 看標分呈事, 與汝父共處之. 忠州李校理碣文, 亦已撰述, 但其薦學科當代復給事, 未能的知, 不得錄入爲欠, 故前書而信處問通云云, 須速報來, 餘不一.

己巳七月卅日夕, 大父.

(『先祖遺墨』, 上溪 光明室 所藏, 第9, 張3b–4b / 『退溪先生全書遺集外篇』, 卷6-1, 張17a–18a, 『陶山全書』 4, pp.304하–305상)

8月 28日

「安道寄書 李生員 竹前洞權僉正宅」/「寄安道孫」

汝父十八日到幽谷, 以書來告陪赦南行之由, 因知汝無恙, 爲慰, 但汝父遠追監司, 回程當歷宜寧, 以故尙未到此, 未知安否, 爲慮. 又聞朴欐十七發船, 故急送迎從于忠州, 計程昨與昨昨, 當到而不到, 疑慮之際, 今日傳聞朴判官訃音, 無乃緣此而停行耶? 不任驚怛, 且慮且慮. 此處皆依舊. 且汝於今試, 得失如何? 今日此道榜至, 閔應祺又居魁, 來之及李憙·安霽皆中, 可喜, 而惟京榜難待耳. 內賜書册及金惇敍書册, 皆無事來到. 先墓碣銘, 亦謹拜受, 卽蒙製惠, 甚荷奇令公厚眷之至. 今此朴協之行, 傳傳急附書, 未修謝狀, 隨後奉謝爲計. 成渾所索碣文, 彼之苦懇如此, 實難終辭. 其行狀曾來篋藏, 早晩乘痾歇之隙, 試司爲意, 然未可指期爲之. 但其先君手迹及其求書綃幅, 琴生爲積雨所漬, 極爲懊恨, 然姑勿令渾知之. 吾所送諸處碣文, 皆傳致耶? 所甚憂者, 權震卿無乃輕出行狀耶? 時事如此, 切恐出非其時, 千萬戒之.

己巳八月卄日, 大父

在陶山, 因李平叔送奴于朴協處, 草附此書, 不及告取書于汝母, 勿怪也.

(『先祖遺墨』, 上溪 光明室 所藏, 第9, 張4b-6a / 『退溪先生全書遺集外篇』, 卷6-1, 張18a-19a, 『陶山全書』 4, p.305상·하)

9月 3日

「安道答寄 竹前洞李生員」/「答安道孫」

戒斤等何來見書, 知汝無恙, 爲喜. 但汝父至今未到于此, 想留滯宜寧而然, 然遠道奔馳, 憂念殊多. 又朴欐因其門喪, 發行旣遲, 船行又多淹滯, 從馬久待之苦, 一家難待之念, 莫甚. 昨始到榮, 而戒斤等先來, 今始弛念耳. 『傳疑』, 當待汝父來而搜出. 『十圖』, 而精力圖印粧而送, 感荷不可言. 只緣今因聞來之之行, 出於忙遽, 未及修辭. 其他如奇僉知製惠銘文, 喜感極矣, 皆未謝狀, 深恨. 吳子健〈强?〉·權好文·柳仲淹·崔子粹等書, 皆未復之意, 若見其人, 爲傳之. 汝於得失何如? 京榜至今不來, 故云, 閔應祺·琴來之等事, 可喜. 頃日聞朴協爲先上京, 修一書送托以傳, 其後退行云. 早晩汝當得見, 玆不一一.

己巳九月初三日, 大父.

(『先祖遺墨』, 上溪 光明室 所藏, 第9, 張6a-7a / 『退溪先生全書遺集外篇』, 卷6-1, 張19a·b, 『陶山全書』 4, p.305하)

9月 10日

「安道答書 李生員竹前洞」/「答安道孫」

朴郎何來見書, 知悉, 初八日命福來到, 又得書及榜目, 始知汝及諸人得中者多, 深喜深喜. 但惇敍失志, 恨不可勝, 然別擧在前, 偶然一蹶, 何足恨也? 論·賦·策皆已見之, 論·策合等, 賦則似不止此等耳. 別擧且臨, 不之又何如也? 汝尋常讀書, 專不用意加細密精熟之功, 猝然當此, 如行霧中, 何怪之有? 且汝去此, 已過周期, 歸心必切, 但來往道途, 費日廢業, 不如仍留都下, 擇一二好朋友, 上山讀書爲可. 汝父母之意亦同此, 故云. 李後白·金戣·高性傳·鄭崑壽·柳仲淹等處, 答簡送去, 過試後, 無失傳致爲可. 領相辱寄書, 惶悚不已. 當補入復科事, 隨後寫就銘文, 一時復狀爲計. 成渾書亦當後報. 白紙二卷, 付汝父送之. 名紙十張亦送, 但紙似薄, 於用何如? 餘不一.

己巳九月初十日, 大父.

『十圖』, 已粧入啓否? 金而精印粧一件, 又送三處, 其意甚勤. 至聞其往*鴨島*, 答狀隨後報. 李平叔望間將上京, 未答諸書, 其時當答.

(『先祖遺墨』, 上溪 光明室 所藏, 第9, 張7a–8b / 『退溪先生全書遺集外篇』, 卷6–1, 張19b–20b, 『陶山全書』 4, pp.305하–306상)

10月 14日

「安道與書 李生員」/「寄安道孫」

汝父除*奉化*, 久未眞聞, 今始聞似信, 若未換任, 頭痛何堪? 此處皆依舊. 別試榜出, 汝等諸人得失如何? 『十圖』改作小様事, 金士純欲與禹景善圖爲之, 已面言而去. 今送小樣影式一張及塡書一張, 以付士純, 領看此與景善審度可否而善處之, 仍須告其不煩爲佳. 士純近當上去耳. 餘人忙, 不一.

己巳十月十四日, 大父.

(『先祖遺墨』, 上溪 光明室 所藏, 第9, 張8b–9a / 『退溪先生全書遺集外篇』, 卷6–1, 張20b–21a, 『陶山全書』 4, p.306상·하)

10月 28日

「安道孫兒寄書 *竹前洞*李生員」/「寄安道孫」

殿試過已久, 寂然無聲, 豈此間諸人皆不得耶? 今則初得者·初不得者, 同歸於失馬, 可笑. 汝冬間讀書, 與何人, 寓何所耶? 汝父誤聽人言, 不作換計, 其終必至難處, 可恨, 然今不可及矣. 聞其退行於卄五日, 不知今行到甚處? 天又雨雪, 行道想艱, 慮念不已. 此間皆無事, 但寯姪得疝證苦痛, 甚以憂悶憂悶. 汝既上寺, 京中無子弟, 自今時事尤不得聞, 然事勢如此, 柰何? 彸同置書信·藥封於中路而不來, 恐至闊失, 招教令不致終失也.

己巳十月卄八日, 大父.

傳聞權好文云, "李安道, 爲人所周, 可恨." 又聞金參議季應云. "李安道, 某人之孫, 吾謂有聞見可人也, 今知是妄人也." 不知汝因何而得此毁謗耶? 吾意料之, 今者世人之於我, 或內實非蔑而外若推重, 或當面輸心而背則指笑, 或公肆詆誚, 或顯加排擯. 汝徒有主我衛我之心, 於前二者, 或不知其內外面背之異而應之, 則必爲其所愚弄, 此所謂見周也. 於後二者, 或不平其言語氣色而應之, 則必益其所忿怒, 所謂妄人考, 無乃由此等而云耶? 自今凡遇人譽我毁我者, 率皆平氣低心, 閉口齚舌, 勿與之酬和爭較, 十分愼密持身可也. 又聞人以汝爲多識朝紳自矜負云云, 此又人所最憎疾之事, 千萬知戒知戒.

(『先祖遺墨』, 上溪 光明室 所藏, 第9, 張9b–11a / 『退溪先生全書遺集外篇』, 卷6–1, 張21a–22a, 『陶山全書』 4, pp.306하–307상)

11月 20日

「安道寄答 李生員館下典家」/「答安道孫·崔子粹」

自見今月初一日·初八日兩書後, 音信頗阻. 今冬寒甚, 寓家若無溫堗, 何以堪苦? 向念不弛. 昌我羸患, 近日如何? 乳婢不可無衣裝步送, 凡事艱窘, 今乃遣去. 恐兒病已甚, 未易變成充實也. 勢若將然, 何不豫通? 今乃一朝遽報危苦之狀, 又若以父母不早遣乳婢爲恨之意, 何耶? 汝父母近以此事, 殊多勞心, 汝豈知之耶? 此處皆依舊? 汝父亦無事上官, 但官事板蕩, 無以爲率眷之計, 不可說也. 且憲得濕痖等病勢甚危重, 下來奴家治療, 鄕無醫藥, 悶極悶極. 汝無記性, 常時讀書, 專不詳密, 今欲一朝盡記諸書, 固所不易, 且當隨分用功看如何耳, 亦强作不得也. 餘在別幅. 不一.

己巳十一月二十日, 大父.

與子修同榻, 幸甚. 未修別簡, 爲致此意. 前惠書具悉, 感感.

彦弼持來受賜『讀書錄』一件, 其初卷識內賜處, 吾官銜以知中樞府辭書塡, 乃八月日所識也. 然則吾之降判爲知久矣, 汝等何不云耶? 若謂政院誤書, 則入啓文字, 豈如是誤錯耶? 追作一書于安道, 令聞見報來耳.

(『先祖遺墨』, 上溪 光明室 所藏, 第9, 張11a–12b / 『退溪先生全書遺集外篇』, 卷6–1, 張22a–23a, 『陶山全書』 4, p.307상·하)

庚午年(1570年, 退溪 70歲, 寯 48歲, 安道 30歲)

1月 15日

「安道 李生員館主家」/「與安道孫(庚午)」

今得春矣, 牘書如何? 進奉人今可還而未還, 久濶消息, 殊多戀戀. 此處皆無事. 憲病向差, 而甯又足痛苦極, 或因生他病爲慮, 汝母還自烏川, 來月將往奉化, 但官殘索煩, 勢將狼狽, 不可說也. 就中先墓碣役, 近將始作, 而銘文不來, 悶悶. 欲作書奇祭酒. 以陳此意, 恐進奉吏已受來, 故未果. 見其來否, 琴夾之之行, 寄書爲計. 朴郎聞祖母喪, 冒寒單行, 念之不已. 姑此不一.

庚午上元日, 大父.

非但樞府及兼職, 至於校書·活人兩提調, 亦未遞, 近方知之, 尤深惶恐, 乞致任箋, 亦欲附琴君之行.

(『先祖遺墨』, 上溪 光明室 所藏, 第9, 張13a-14a / 『退溪先生全書〈內集〉』, 卷57, 張13a·b, 『陶山全書』 4, p.217하)

1月 24日

「安道答書 李生員館主家」/「答安道孫(庚午)」

進奉吏及金而精奴等持來書, 知無恙牘書, 無喜. 又得女, 雖若可恨, 昌兒蘇復, 欣幸之至. 但汝父書云, "兒母産後不平", 汝書何無此言耶? 偶發微證耶? 不知今何如, 遙深慮慮. 新生兒乳少, 固可慮. 若昌兒則二三歲, 不得飮乳, 人家小兒之常, 當以軟植粥飮等溫養之, 何不可之有? 在此幷無事, 汝母來月當赴衙, 時未定日耳. 銘文高峯許欲趁期, 想已受出, 第未知付何人送來耶? 石役今已始矣. 本職·兼職, 至今未遞, 提調亦然, 惶恐無地. 乞致任箋文及提調不卽辭免待罪書狀, 皆附琴生員兄弟之行, 令崔子粹進呈于政院, 汝則無暇故也. 秋冬以後氣象云云事, 已無可柰何. 汝在波蕩之中, 愼嘿千萬千萬. 乳婢當如所云處之. 憲姪少差. 甯也又痛足非輕, 慮慮. 寂兒得娶少幸. 書院『性理書』, 付船行儒士之還爲可. 柳成龍書見之, 爲慰. 不一.

庚午丁月二十四日, 大父.

得領子修初四日書, 好在珍重, 感慰交集, 爲傳未修報之意.

(『先祖遺墨』, 上溪 光明室 所藏, 第9, 張14a-15a / 『退溪先生全書遺集外篇』, 卷6-1, 張23a-24a, 『陶山全書』 4, pp.307하-308상)

1月 16~30日(晦日)

「安道」//「與安道孫(庚午)」/「與安道孫」

汝於諸丈前, 當虛心下氣, 參聽衆論之不一, 徐究而細察之, 以庶幾從其長而得其益, 可也. 今乃先以粗疎之見, 偏主己意, 信口騰說, 高聲大叫, 以陵駕諸丈說, 假使汝說不違理, 已是咆哮無禮, 非學者求益之道. 況妄見誤入而如此, 其可乎? 其速改之.

(『先祖遺墨』, 上溪 光明室 所藏, 第9, 張17a·b //『退溪先生文集(內集)』, 卷40, 張25b-26a. 『韓國文集叢刊』 30, 『退溪集』 II, p.399상·하 / 『退溪先生全書(內集)』, 卷57, 張13b-14a. 『陶山全書』 3, pp.217하-218상)

3月 4日

「安道寄答 李生員竹前洞」/「答安道孫」

朴郎奴還及鮐同來, 兩得書, 皆云昌兒復患羸病, 不知今尙如何, 慮劇慮劇. 凡兒母有次孕, 則例不得飮乳, 皆以粥物代乳而生活, 豈必待乳母而得保性命耶? 此兒之病, 亦恐非專由於失乳之故, 則其蘇復亦豈專係於得乳耶? 以此日望其蘇復之報, 而近未聞知, 悵悵. 鶴德非不欲送, 生數月兒息, 棄之而去旣不可, 率去又不可. 且其婢有病, 亦少乳, 其兒亦將不育云, 所以爲極難耳. 此處皆無事. 汝母證雖未向歇, 亦不至重, 故尋常不以爲病耳. 來十一日當往奉化爲計. 壎之得中, 喜不可勝. 講日已臨, 不知汝事將如何也? 吾求致仕不得, 反致有召命, 惶恐無地. 月望後, 當復上致仕箋, 欲託安東進上陪去人上送矣. 時事如彼, 誠可憂悶, 爲之柰何? 明彦決去, 甚善. 其銘文已來, 但礱石已畢, 而石有釁潄, 不得刻立, 待秋將求他石而刻之, 悵慮悵慮. 柳副學簡封受感, 答簡送去. 此人告忙, 壎之·應祺·希益等處, 皆不得慶書, 如見, 爲傳之.

庚午三月初四日, 大父.

『十圖』頒賜一件, 樞府送來. 而樞府答狀, 但言受藥, 不言受『十圖』, 樞府若推問鮐同, 須以忘未入答之意. 通于宋都事爲可.

(『先祖遺墨』, 上溪 光明室 所藏, 第9, 張18a·b / 『退溪先生全書遺集外篇』, 卷6-二, 張25a-26a. 『陶山全書』 4, pp.308하-309상)

3月 26日

「答安道 *奉化*」/「答安道孫」

前見*可興*書, 昨又見兩書, 知水陸無事行來, 深以爲喜. 諸書, 汝若明日可來則持來, 如未來則今進人附送亦可. 餘不一.

庚午三月卄六, 大父.

汝父處不別書, 聞還上多無面, 深慮. 且此處川防不可不爲, 何故至今置之耶? 務劇日甚, 恐不得爲也.

(『先祖遺墨』, 上溪 光明室 所藏, 第9, 張15b-16a / 『退溪先生全書遺集外篇』, 卷6-1, 張24a·b, 『陶山全書』 4, p.308상)

4月 5일

「答安道孫」

今聞乳婢棄三四朔兒, 當上京云, 此無異於殺之也. 『近思錄』論此事云, "殺人子以活己子, 甚不可", 今此事正類此, 柰何柰何? 京家必有乳婢矣. 伍六朔間, 兼飼相濟, 以待八九月間上送, 則此兒亦似可以粥物活命. 如此則可以兩活, 無乃大可乎? 若不能然, 必欲今送, 則寧使挈其兒以上去, 兼飼兩兒, 猶可也. 直令棄去, 仁人所不忍, 至爲未安. 雨, 故姑未見汝議之, 先告之, 更思之.

(『先祖遺墨』, 上溪 光明室 所藏, 第9, 張16a·b // 『退溪先生續集』, 卷7, 張25a·b, 『韓國文集叢刊』 31, 『退溪集』 II, p.203상 / 『退溪先生全書續集』, 卷7, 張26b, 『陶山全書』 3, p.592하)

6月 14日

「答生員」/「答安道孫」

今見副正書, 細叙兒病首末, 如目見之, 憐痛尤極. 醫藥所難捄治, 實是天命, 柰如之何? 汝須以此自寬. 但其母傷痛中, 避寓艱甚, 恐生大病, 悶慮不淺. 汝往見爲當, 從馬非可卒辦, 姑當急遣乳婢, 出於不得已. 但棄其兒, 極所不忍, 又多日不哺乳, 路中乳不通之弊有之云, 恐又至空還, 如何處之耶? 諸生尙不散以待, 至爲未安. 吾今欲出去, 以答京書等事, 待明出去, 汝亦不可不速來也.

庚午六月十四日, 大父.

(『先祖遺墨』, 上溪 光明室 所藏, 第9, 張16b-17a / 『退溪先生全書遺集外篇』, 卷6-1, 張24b-25a, 『陶山全書』 4, p.308상~하)

7月 17日

「寄安道孫」: 分編.

予平安, 但汝母證不感, 慮慮. 浴椒之行, 勢不得已. 且此在汝輩, 乃病親療病之行, 其事非輕. 汝不可不往陪行, 純道輩亦當往見行次而還爲可. 兩書熟讀心關, 然不可以此而不往于彼故也. 『大廣書』, 送去.

(『先祖遺墨』, 上溪 光明室 所藏, 第10, 張1a / 『退溪先生全書遺集外篇』, 卷6-1, 張26b, 『陶山全書』 4, p.309상)

7月 26日

「安道寄問 艾田叔井」/「寄安道孫」: 分編.

去後無日不雨, 雨必太甚, 不知何以留苦? 向慮之至. 今日純道始來, 聞皆無事云, 爲喜. 但房舍皆爲他人所占, 不得穩處, 下人雨處無庇, 深可悶也. 不之今尙然耶? 此處依舊, 但雨不止, 禾稼卒痒, 民生柰何? 爲之安否遣人, 草草.

庚午七月廿六日夕, 大父.

何日爲限耶?

彼此間婢僕輩, 淫濫之弊, 嚴加禁防

(『先祖遺墨』, 上溪 光明室 所藏, 第9, 張19a·b / 『退溪先生全書遺集外篇』, 卷6-1, 張26a·b, 『陶山全書』 4, p.309상)

9月 29日(晦日)

「答安道孫(庚午)」

廿七書, 之爾母證尙無減, 鍼治未決, 深以慮悶, 不知盧醫來後何以爲決? *安東*京醫亦來耶? 不鍼使守億耶? 此乃重重族親, 如此急時, 使之下針, 似無妨也, 但與他醫審細商量而後爲之可也. 汝妻病重如彼, 亦甚可悶. 婦人雖云不通, 柰何固執如此之過耶? 待汝母病少歇, 不可不往見. 事事如此, 深可憂悶. 吾亦以江舍高寒, 因於諸人格執所業, 不可支吾, 因憊日劇, 恐遂生病, 今日入于溪上, 爲過冬安臥之計, 喩使諸人自此散去, 或廳惑欲仍留溪齋非一二, 使人生惱耳. 德原書送還.

(『退溪先生全書遺集外篇』, 卷6-1, 張27a·b. 『陶山全書』 4, p.309하)

10月 10日

「安道寄 奉化衙」/「寄安道孫(庚午)」

母證今則如何? 須速迎醫針療爲可. 初六日此縣吏等上京, 勢不及受書於汝, 故吾答德原書言汝以母病未卽上去之意耳. 前聞阿慶居宿於母傍, 此必以侍病非常時之比, 故然也. 然其寢時當少退便宜處, 或別處爲當. 汝不見『小學』十年居宿於外訓乎?

庚午十月初十日, 大父.

(『先祖遺墨』, 上溪 光明室 所藏, 第10, 張2b-3a / 『退溪先生全書遺集外篇』, 卷6-1, 張27b. 『陶山全書』 4, p.309하)

10月 13日

「安道答書」/「答安道孫(庚午)」

母病尙未膿未針云, 慮劇慮劇. 然幸逢此醫, 天也. 須一依其言, 捄療爲可. 金子昻等今在新齋. 李子修今日來此, 適値汝在他, 吾亦齋素, 辭以未安, 請留宿, 不聽施去, 可恨可恨. 日日應接無休暇, 困甚. 今以接客, 京書一未修, 只於禹景善處, 有急欲見報之言, 故一書修去, 令右眞往傳爲可. 金而精處亦未書耳. 餘不一.

庚午十月十三日, 大父.

景善處別幅, 見後, 同封汝書而送.

(『先祖遺墨』, 上溪 光明室 所藏, 第10, 張3a·b / 『退溪先生全書遺集外篇』, 卷6-1, 張27b-28a. 『陶山全書』 4, pp.309하-310상)

10月 19日

「安道答」/「答安道孫(庚午」

一日兩見書, 知尙未膿, 未可速針, 且有移腫痛處, 憂悶不已. 汝家病久而無減, 亦甚可慮可慮. 金子昻人馬已來, 卄二定還. 汝未同處. 又未相別, 可恨, 然勢至於此, 柰何? 浮石事, 寂今日發向. 其餘詳在汝父書中. 純道自作作, 始讀『尙書』耳. 禹·金等書, 頓伊歸時當送.

庚午十月十九日, 大父.

(『先祖遺墨』, 上溪 光明室 所藏, 第10, 張4a·b / 『退溪先生全書遺集外篇』, 卷6-1, 張28a b. 『陶山全書』 4, p.310상)

10月 23日

「安道答」/「答安道孫(庚午)」

昨書針臂稍减, 爲喜. 不知再針後如何? 元腫用藥久未膿, 無乃內無瘡根, 非膿出之證耶? 醫之所云何耶? 子昻垂槖而還. 汝不得同處, 可恨, 柰何? 餘在純道.

庚午十月卄三日, 大父.

寂率人昨夜還, 今曉來現. 頓伊尙不往, 故漢必不得交付仍留云. 三石已得, 第三得者, 時未斲見, 未知無釁與否云. 且當初只卄日計之而至今, 故以供饋不如意, 石手不滿意云, 可慮可慮. 米則時無不足之云. 此意汝父處告之.

大石長廣, 吾見後用否, 宏輩欲速知之云, 送簡須專人卽送爲可.

(以上長不足見樣.) 比前石長不足如上樣, 恐不合用, 更求長准石, 若不易得, 則細書仍用爲計.

(『先祖遺墨』, 上溪 光明室 所藏, 第10, 張4b-6a / 『退溪先生全書遺集外篇』, 卷6-1, 張28b-29a, 『陶山全書』 4, p.310상·하)

10月 25日

「安道答」/「答安道孫」

昨書, 知針處稍歇, 爲喜. 當處何時可針? 偏痛又如何? 浮石事, 更思之, 其石長雖不足, 廣則優, 優可以加行書用, 故勿改求他石, 仍用其石事, 昨已通喩于宏等矣. 漢必者, 至今不來, 不知何故, 慮慮. 就中安東府使, 今早當來此云. 又星牧前聞廿六當來, 而縣報亦廿五離本家云, 亦似今日來此. 然則汝父明日之來, 必與相違, 不知何故先期而來也? 且洞會以來初六, 監司嫂氏大詳臨近, 未安, 故定於晦日, 勢難退定, 柰何? 欲以廿八日間進定通喩, 而不意客來, 凡事匆忙, 不暇圖之耳. 金子昻想已去, 故不答書.

臨接客, 汝父處不及書耳.

十月廿五日, 大父.

(『先祖遺墨』, 上溪 光明室 所藏, 第10, 張6a–7a / 「退溪先生全書遺集外篇」, 卷6–1, 張29b–30a. 『陶山全書』 4, pp.310하–311상)

10月 29日

「安道·純道等」/「寄安道·純道孫」

母證數日如何? 猶未下針耶? 縣吏昨日還來, 京書等物送去, 此處來書幷送, 見後, 還送爲可. 今見李咸亨書, 近欲遣奴來. 其奴還時, 其『心經錄語』, 付送爲當, 不知其冊今在何耶?

廿九日, 大父.

告安道. 汝妻今始開素, 瘡處亦差云, 可喜. 但他證尙未復, 慮慮.

善山朴家擬議事, 雖或更有言端, 姑勿輕爲向意之言事, 汝父母處密言爲可. 遠地遠期, 恐或有難處之事, 故云.

李敬中書見之.

裵三益所送朝報一張送去.

(『先祖遺墨』, 上溪 光明室 所藏, 第10, 張7a–8a / 「退溪先生全書遺集外篇」, 卷6–1, 張30a·b. 『陶山全書』 4, p.311상)

11月 1日

「答安道」/「答安道孫(庚午)」

純道來, 見書, 知母證針後加痛, 益似深重, 慮悶慮悶. 未知昨日針後痛勢如何? 毒隨針洩而病差, 常理也, 今而反此, 不知何故? 尤以煎慮煎慮. 當處, 至今未濃, 久不下針, 病之彌留, 無乃由此故耶? 柰何柰何? 京來銀魚一冬一枝送去. 例賜醢蟹一缸來矣, 欲於時祭薦用, 但遠路勞人輸致爲未安. 今後如有此等賜物, 不須煩送事, 汝家書言之爲可. 汝庶祖母得喉痛, 針百會等處小差, 自去夜復發, 不得已更針, 但此處針亦不易. 兩處憂患如此, 悶悶. 以此諺書未答云云耳. 『心經錄解』 如示姑留不妨. 朴生則艱得曉諭, 昨日還去. 兩金近亦欲使罷去. 餘不一.

庚午十日月初一日, 大父.

(『先祖遺墨』, 上溪 光明室 所藏, 第10, 張8a–9a / 『退溪先生全書遺集外篇』, 卷6–1, 張30b–31a. 『陶山全書』 4, p.311상·하)

11月 3日

「安道復」/「答安道孫(庚午)」

純道來言證勢尤重, 極悶. 今見書, 知昨昨針後減歇還痛, 庶可以針治得差, 深爲喜幸. 未知昨日針後又如何? 意恐醫言殊爲有理, 苦待膿潰, 似非善策也. 庶祖母一番針愈, 俄而復發, 一日夜苦痛, 方欲再針, 但以喉針至危, 商量之際, 不覺自瘳, 必因前針毒洩之故也. 幸幸. 以行忌事, 寂及老婢等, 相繼當往, 姑此.

庚午至月初三日, 大父.

純道以行祭事, 昨往燕谷.

(『先祖遺墨』, 上溪 光明室 所藏, 第10, 張9a·b / 『退溪先生全書遺集外篇』, 卷6–1, 張31a·b. 『陶山全書』 4, p.311하)

11月 7日

「答安道孫(庚午)」

昨居中來, 又見汝書, 知證勢向歇, 喜萬. 不知當處針後如何如何? 今所慮, 正在於此耳. 閑石今已起行, 雖似疑信之間, 人皆云爲疫無疑, 不知此後如何? 命福家里已行三四人, 此處則猶可言也. 衙中多未行, 甚可慮也. 雖不欲相通, 勢有不得已, 柰何? 今日忌祭, 寂與婢不往, 亦爲是故也. 道目裵家亦疫入, 寂妻似得其證云, 時未細知耳. 龍宮來簡送去. 石工給物, 送之太多, 未安無比, 然旣已汝此, 雖辭不聽, 故已答謝矣. 如昨書二匹, 又以米加計一匹, 幷三匹以大石價計給, 其餘米·太, 皆以小石價計給. 他日龍宮處, 汝父亦謝狀事告之爲可. 且輪石使關, 今日送于禮安, 令官人到付于安·禮兩官矣. 但弘祚皆被訟出去, 故寄書于閔道及宋福基, 令進謁郡守, 監督起輸于安東境. 自此至于五里院, 則令宋汝能兄弟·權好文·金允明·守道等, 量分遠近遞督輸運事, 亦當通喩. 五里以後, 則在此子弟監督爲計. 連年如此, 一石極未安, 二石尤不可. 但石工亦云, "二石并輸爲當"云, 恐或有微釁可虞, 故二石煩輸事通之. 知煩而不能止, 兢愧不已. 且適以病患, 汝父子皆未一見, 而坐令他子弟奔走, 亦未安處, 而無如之何矣. 金士純書送之.

庚午十一月初七日, 大父.

汝庶祖母欲用之木不用事, 亦告汝父.

(『先祖遺墨』, 上溪 光明室 所藏, 第10, 張10a-11a / 『退溪先生全書遺集外篇』, 卷6-1, 張31b-33a, 『陶山全書』 4, pp.311하-312하)